主编
庹续华 沈伟民（执行）
王一川 曹正兴

统筹 魏薇 柏咏玫
联络 徐峻杰 蔡越

沉重的救赎

『挑山女人』与一位当代母亲的思考

海上剧谭系列

中国戏曲学会 上海市戏剧家协会
上海宝山沪剧艺术传承中心 编

中国记忆文库

总顾问 陈圣来
总主编 强荧 方立平

上海三联书店

图书在版编目(CIP)数据

沉重的救赎:"挑山女人"与一位当代母亲的思考 / 中国戏曲学会,上海市戏剧家协会,上海宝山沪剧艺术传承中心编著. -- 上海:上海三联书店,2017.5
(中国·记忆文库 / 方立平主编)
ISBN 978-7-5426-5452-6

Ⅰ. ①沉… Ⅱ. ①中… ②上…③上… Ⅲ. ①沪剧—戏剧文学评论—中国—当代 Ⅳ. ① I207.365.1

中国版本图书馆 CIP 数据核字(2016)第 009858 号

沉重的救赎——"挑山女人"与一位当代母亲的思考

编　　著 / 中国戏曲学会　上海市戏剧家协会　上海宝山沪剧艺术传承中心
中国·记忆文库 主编 / 方立平

责任编辑 / 方　舟
特约审读 / 周大成
装帧设计 / 方　舟
监　　制 / 李　敏
责任校对 / 张大伟
校　　对 / 莲　子
统筹策划 / 7312·舟父图书传媒工作室

出版发行 / 上海三联书店
(201199) 中国上海市都市路 4855 号 2 座 10 楼
邮购电话 / 021-22895557
印　　刷 / 上海肖华印务有限公司

版　　次 / 2017 年 5 月第 1 版
印　　次 / 2017 年 5 月第 1 次印刷
开　　本 / 787 × 1092　1/16
字　　数 / 350 千字
印　　张 / 17.5

书　　号 / ISBN 978-7-5426-5452-6 /I · 1102
定　　价 / 68.00 元

编　委

序
从宝山走出的《挑山女人》

上海宝山与安徽齐云山相距近500多公里，巧合于都有一个“山”字，结缘于由生活中的“挑山女人”而创排的优秀现代戏——沪剧《挑山女人》。

宝山因“山”而得名。宝山位于上海东北部长江、黄浦江、吴淞江三江交汇处，明永乐年间“堆土成山、行船运之利”，明成祖朱棣御名“宝山”，居东南通衢之匙，领百年开埠之先。在推进宝山城乡一体化建设的征程中，宝山有“钢花”，依托宝钢，打造全国最大的“互联网＋钢铁”平台集聚地；宝山有“樱花”，每年顾村公园举办的上海樱花节，成为全市人民春日赏樱人气最足的靓丽风景；宝山有“浪花”，吴淞国际邮轮港已成为全球第八、亚洲第一的邮轮母港；如今，宝山也有“梅花”，国家一级演员、著名沪剧表演艺术家华雯因主演《挑山女人》而荣获第十五届文华表演奖和二度摘得“梅花奖”。

梅花香自苦寒来。一部直面人生、直通人情、直抵人心的《挑山女人》，用“梅花”之坚韧，用“梅花”之高洁演绎出了一种自强不息的“挑山精神”。生活中，一个女人，坚定地践行着中华民族的传统美德；舞台上，一根扁担，顽强地“挑起”了“母亲梦”、“百姓梦”。记得2012年10月26日在上海宝山区委党校首演的那一天下午，座位前面放着一包包餐巾纸。我问这是为什么？宝山文广局的同志笑而不答。随着大幕的拉开，情节的展开，剧中王美英命运的坎坷，性格的不屈，母爱的情怀，强烈地震撼到了我。眼泪，止不住地夺眶而出，环顾周围已然唏嘘一片。这样的情景，在《挑山女人》的每一次演出中都会出现。可以说，《挑山女人》是我看得最多的一出戏，《挑山女人》也是让我流泪最多的一部剧。每次流完泪，就会扪心自问，我们当领导的，怎样为老百姓干更多的实事、做更多的好事。这，大概就是常说的优秀艺术作品给人的心灵激荡吧！

“我们就是要创作一部贴近现实生活，老百姓喜欢看的戏”，饰演剧中女主人公的华雯说。这种平和的创作心态，使得以后在收获了包括“五个一工程”优秀作品奖、文华奖“优秀剧目奖”、中国戏剧奖“优秀剧目奖”在内的国内几乎所有重量级文艺奖项，特别是赢得了老百姓发自内心的好口碑后，大家连连说没想到。这些荣誉和点赞，极大地鼓舞了我们宝山文化的建设和发展，极大地增强了我们对中华优秀传统文化的自信心和责任担当意识。确实，一路走来的《挑山女人》，主创团队、整个演职人员倾注了他们的真情实感。他们几下故事发生地安徽齐云山，追寻女主人公原型汪美红风风雨雨17年的“挑山”足迹。华雯与汪美红更是同吃同睡，两个“挑山女人”由此成了好姐妹。在此，我要向《挑山女人》的全体演职人员由衷地表示敬意！

一路走来的《挑山女人》，四年里累计演出达到212场次，观众超20万人次，良好口碑和荣誉的取得，同样离不开各级领导，各方专家、学者的呵护帮助。在我印象中，围绕《挑山女人》的创作演出，修改提高，大大小小的研讨会、座谈会开了无数次。每一次，都有真知灼见，都有点金之笔，都让《挑山女人》往前跨了一大步。本书的付梓便是明证。在此，我要深深地表示谢意！

上海宝山沪剧艺术传承中心，原为宝山沪剧团，是上海乃至长三角地区建团最早的专业沪剧团之一，其前身是著名沪剧表演艺术家杨飞飞等领衔的勤艺沪剧团，至今已有六十多年的历史。无论是在顺境还是逆境，宝山沪剧人始终秉持着对艺术的无悔追求，坚持常年深入社区、农村开展文化下乡演出，在保护传承有着广泛群众基础的"杨派"等传统沪剧唱腔的同时，克服困难创新机制创排新戏，先后推出的《东方女性》、《缉毒女警官》、《红叶魂》等现实题材剧目均受到老百姓欢迎。他们风雨兼程，辛勤劳作在保护传承中华优秀戏曲文化这块土壤上，"挑山"前行。《挑山女人》一路走来，秉承着这一股昂扬向上、无怨无悔的"挑山"精神，体现了上海文化不拘泥于地域的包容大气，体现了广大文艺工作者反映现实、关注当下的文化责任感和使命感，并再次证明文艺创作只要扎根生活，以人民为中心，就一定能获得大众的关注和喜爱，起到温暖人心、提振精神的作用。

沪剧是上海的地方戏，宝山是沪剧诞生和盛行的地区之一。宝山在肩负转型发展重任的同时，不忘文化传承的历史使命。在各级领导的重视关心下，宝山区委、区政府紧紧依靠社会各方力量，坚持把沪剧艺术的传承和弘扬作为文化建设的重点，以戏带团，出戏出人，以政府文化发展专项资金和扶持经费为支撑，探索形成"政府扶持、注重原创、坚持公益、拓宽市场"的"宝山经验"，为剧团可持续发展注入了新活力、提供了有力的保障。

提笔写序此刻，欣闻《挑山女人》再次获邀赴京，参加由中宣部、文化部举办的全国基层院团戏曲展演，同时又入选"中国戏剧梅花奖获奖演员优秀剧目数字电影工程"，获得国家文化基金支持开展全国巡演。这已是《挑山女人》三度获邀、四度晋京，创下了全国现代戏进京演出的纪录，刷新了现代沪剧历史篇章，就整个中国戏曲界而言亦是"前无古人"，可喜可贺！

回顾《挑山女人》四年走来的"挑山路"，令人欣慰。展望《挑山女人》的未来征程，它将继续演绎时代精神、讲述中国故事、展示中国力量，继续攀登新的高峰。

"挑山女人"，从宝山再出发！

汪泓

中共上海市宝山区区委书记

2016年11月8日

目录

第三篇 评论与研究

第一篇　《挑山女人》创作手记全编

《挑山女人》创作缘起

2011年11月17日，晴。

宝山文广局和宝山沪剧团把王复光、孙虹江、吴惠国、华强等几个人请到海南岛。大家尽情享受着南国三亚天涯海角的碧海蓝天。

然而大家的思绪却回到十多年前，那时的宝山沪剧团处在一个十分艰难却又想干事业的境地。从与他们合作的第一出大戏《最女泪》开始，一路走来，也合作过八九个戏之多。

莫非这次又是第十台大戏的开始？果然不出所料，华雯在一处静僻的遮阳棚下向孙虹江频频招手，那里已有曹正兴和王复光坐在里边。

华雯说："在这里歇歇，顺便谈一谈我们宝山沪剧团的下一个戏。"今天的讨论还是挺热闹的，有"八一三"淞沪战争时一位农妇如何帮助国军抗日的故事；也有关注上海快递行业中发生的故事；谈得最多的是关心青少年成长教育方面的故事。

年纪稍长的王复光先生不紧不慢地说，我这里倒有一个故事：就是安徽休宁县有一座山叫齐云山，山下有一个女人……复光先生曾在宝淞美术设计公司从事过展览设计和布展工作，皖南一带是他常去的地方，他见过那个女人，并由衷地佩服她。

这一来，华雯的情绪一下子就升腾起来，说话一向快节奏的她，此时又提了速：我见过报道，我见过报道，讲的是一个女人死了丈夫，为抚养三个年幼的孩子，其中还有一个双目失明的孩子，决定挑山送货挣钱养家。有人劝她改嫁，她说为了孩子天堂也不去，很重的担，一挑就是十多年，结果残疾长子成为自食其力的劳动者，一对龙凤胎双双考进大学。

大家很佩服华雯的记忆力，竟如数家珍地把故事说了一遍。宝山文广局党委书记曹正兴当场表态说：如果没有比这更好的故事，我看可以考虑搞这个题材。说实在的，这是一个很感人的故事，大家暗自掂量着搬上舞台的难度，看花容易绣花难，在我们面前似乎还有一座很难攀爬的大山。

晚餐时，大家又聚在一起，又是一番探讨。

《挑山女人》这台戏的主题就这么确定了下来。

为创作《挑山女人》第一次去休宁下生活

关于第一次去休宁下生活，郑炳辉有如下记录：

时间：2011年12月8日至13日(合计6天)

在宝山区委常委、宣传部长袁鹰同志的直接关心下(原定袁鹰同志与剧团一起去休宁下生活，采访汪美红，因市里有重要会议他未能如愿成行)，创作团队去安徽休宁下生活。

12月8日

上午，在宝山区文广局党委书记曹正兴带队下，由宝山文广局副局长陈贤明、宝山沪剧团团长华雯、宝山电视台记者梁晓峰、上海文广局创作中心艺术策划郑炳辉、上海京剧院艺术指导黎中城、上海儿童艺术剧院编剧洪靖慧、上海越剧院导演孙虹江、上海越剧院舞美设计师吴惠国、宝山沪剧团灯光设计师华强、宝山沪剧团编剧王复光等十几位同志赴安徽省休宁县体验生活，采访挑山女人生活原型汪美红。并进行了反复讨论。

12月9日

创作团队在休宁县招待所召开了第一次讨论会、观看中央电视台拍摄的纪录片《挑山女人》，由王复光介绍了汪美红的事迹与背景，同时拿出了一个简单的提纲与设想。创作团队进行了认真的分析与讨论，制定了休宁下生活的详细时间计划表。

当天下午我们将汪美红同志接到招待所进行了第一次采访与交流，听了汪美红的故事与事迹，创作团队被她的命运而感动。

12月10日

创作团队集体去汪美红的家进行实地考察，被她的清贫艰苦的生活条件所震撼。一个普普通通的中国妇女，十七年如一日地用自己的双肩，在齐云山上来来回回地挑山送货上万次，养活了三个孩子并培养他们学会一技之长和考取重点大学。

12月11日

一早整个创作团队跟随汪美红同志一起上山，看着她挑着150斤左右的担子、走了一个多小时的山路、3000多节石梯到达山顶，创作团队都是空手徒步，几乎所有人都已经气喘吁吁，而汪美红下午还要送货再走一个来回。当天晚上创作团队与休宁县文化部门的领导见面，听取了他们对汪美红事迹的介绍，然而汪美红同志坐在旁边一语不发，同样认认真真地听着别人介绍着她自己的经历与事迹。朴实善良的中国劳动妇女的形象给在座的所有人留下深刻印象……

9月12日

创作团队又与汪美红一整天一起深入交流，因为宝山电视台是全程跟踪拍摄，所以也多次采访了汪美红同志，除了了解她的工作、生活的艰辛，还了解了她的丈夫以及丈夫去世后的个人情感敏感的部分，为日后剧本创作提供了很大的帮助。剧中王美英的扮演者华雯与汪美红朝夕相处数日，对她日后塑造剧中人物起到了极大的作用。

同日，创作团队开了一个总结会议，确定了创作任务和时间节点。

9月13日

返回上海。

关于《挑山女人》第一次去休宁下生活，孙虹江也有一段较详细的补充回忆：

今天是采访故事女主人公汪美红的日子，说实话，宝山人做事非常爽朗，说干就干。海岛别后没过多少日子却又把我们聚集在休宁县的齐云山。昨天开车时，发现我们的队伍中又多了一批老专家，这是文广局创作中心的艺术总监郑炳辉先生请来出谋划策的。曹书记说，这次来齐云山有两个目的，一是采风，二是进行探讨，这个新戏该怎么写？上午九点不到，我们一行十几个人就来到汪美红的家，我已经阅读过相关的资料，十多年前，就是为盖这栋房子，她们家借了不少债，然而，就是为了还债汪美红的丈夫在劳作时意外身亡。房子已经有些破旧，陈设更是凌乱不堪。我让舞美设计吴惠国多关注一点家中的细节。汪美红不大会说话，但她那纯朴敦厚的形象，恰似一阵山风扑面而来，将近二十年的雪雨风霜和生活的困境，她的外貌早已越过她的实际年龄。她与华雯同龄，却有隔代之感，看得出她曾经漂亮过。可巧，今天中午之前，她有一担货要送到齐云山顶，我们一行兵分两路，可以随汪美红挑担上山，也可以坐索道车上山，我已年逾花甲，索道车上山合情合理，但我依然选择了步行上山。作为导演，上山路上的任何一个细节都可能会拨动我的创作灵感。在上山的出发地，我们每个人都想试一下汪美红的担子，担子是一百五十斤，除了年轻时干过农活的曹书记能够勉强走几步，其余人，包括我都动弹不得，天哪，前面是漫漫的山路，汪美红挑着担子徐徐前行，我们紧随其后。这是我有生以来最吃力的一段路程，翻山越岭，奋力攀登，一路上，早已是气喘吁吁，大汗淋漓了。可汪美红保持着同样的速度步步前行，偶尔也停下脚步喝口水却不放下担子，走到较陡的坡面时，拾阶而上的步子颤抖着却坚持着一步一步地攀登。凭着她的意志，凭着她为了孩子的心，一个女人，一百五十斤的重担，一望无边的山路……这是什么？这是伟大的母爱。此时此刻，我更体会到母爱的分量，也想到了自己的母亲。母亲曾是八路军女战士，随大军南下到上海搞地方工作，"文革"中被下放到上海远郊的五·七干校劳动。记得有一天，她得知年幼的弟弟生病是借了当地老乡的破旧自行车赶回市区。陪小弟看完急诊已是半夜，她又踩着车赶了回去。一辆破车，一个女人，一百多里路程，还有天黑、田间小道……这是什么？这就是母亲！这就是母爱！没想到今天在齐云山登山的路上，我的心灵又一次受到了撞击，分不清汗水还是泪水，走在前面那个踏着艰难步子、担着沉重的担子的朦胧身影，还是一位为谋生计的女挑夫吗？不！她就是一位伟大的母亲，我被震撼了，心中涌动着创作的浪花。

晚上回到宾馆久久不能入睡，虽说身体有些虚脱，心中却装得满满的。

第二次去休宁下生活

第二次去休宁下生活是 2012 年 6 月 12—14 日。

关于第二次下生活，柏咏枚有如下记录：

第一天

6 月的天已经很热。

由我们宝山区文广局曹正兴党委书记带队，我们《挑山女人》剧组成员坐着中巴出发去往安徽休宁齐云山。因为将要见到传说中的“挑山女人”——汪美红，我们一行十几人的心显得比六月的天还要热，大家纷纷议论着，好奇地向已经与汪美红见过一次面的华雯团长打探着她的消息，团长则神秘地卖着关子就是不说……

六个多小时后，我们来到了休宁，安排好住宿，安徽休宁文化局的一位女领导带着我们直奔汪美红家。

中巴开过大路，转进小路，经过一座风景优美的桥，我们来到了汪美红的家。没想到，扑了个空，汪美红家大门紧闭，只有晒在门口窗台上那几双破旧的军跑鞋向我们裂开了嘴。大家抬头望着眼前这座两层楼，实在很破旧，我们无法想象里面是什么样……安徽女领导不停地打着电话联系着汪美红，过了好久，只见村口有个穿着红衣服的女人手里拿着根扁担飞快地往我们奔来。会不会是汪美红？果然，她就是汪美红，她气喘吁吁地来到我们面前，嘴里不停地打着招呼：“不好意思啊，我算错你们到的时间了，又去上山挑了一次，快到我家坐吧！”边说她边打开了门。

我们仔细地打量着这个家和眼前的这个女人，家里几乎没有什么家具，一辆很破旧的自行车停在墙壁处，一张八仙桌，两条长凳，一张竹子做的小床和靠在墙角处的几根扁担；汪美红因为是山上急忙下来的缘故，身上的红汗衫已经湿透了；她的脸虽然黑但是很秀气，我想如果她是个城里女人的话，一定会打扮得既漂亮又时髦；她的双肩非常宽而结实，这像男人似的双肩挑起了多少重担，多少责任啊！

汪美红给人的印象很乐观，也很健谈，她和团长俩人谈得很投机，这是两个相同年龄的女人，却有着完全不一样的人生。汪美红坐在小床上，拿出了她家的一本相册和我们一起翻看着，相册里有她的儿女们，也有她的回忆……

太阳落山了，我们约好明天一早和汪美红去爬山。

第二天

一清早，我们如约来到齐云山山脚下，汪美红已经早早地挑过一担，送过一货后在那里等着我们了。

到山顶，有索道，也有石阶。华老师上次下生活时已经有一次自己爬到山顶的经历，这次她还是坚持要走石阶山路上山，并对我们演员说："只有你们自己爬上山，你们才能体会挑山工的不易，体会汪美红的不易，这种体验会对你们接下来要塑造的人物角色将有很大的帮助。"除了作曲汝金山老师乘坐索道外，我们都决定跟着汪美红，跟着我们团长走路上山。

抬头向上望望，这上山的石阶长又长，这巍巍的青山高又高，爬了一小时左右，所有人都已大汗淋漓，脚酸体乏，由于我们走得太慢，汪美红不得不一直在高处等我们。只见我们的团长，她一手拿着手帕擦汗，一手叉着腰，咬着牙，迈着蹒跚的步伐一步一步地往上走着，努力地想跟上汪美红的节奏，还时不时地回头挥着手示意我们大部队不能落下！在她背后望着她艰难的步伐，我们真真切切感受到了她这个"挑山女人"迎难而上的精神，和她极力想走近或者是极力寻找汪美红作为三个孩子的母亲挑山时的心境吧！

两小时多，整整两个多小时，我们总算来到了齐云山的至高点，汪美红神清气闲，笑眯眯地看着我们，我们的团长大人也已经和大家一样上气不接下气说不出话了，对着汪美红竖起了大拇指，我们也学她样，对着汪美红竖起了大拇指！这个汪美红，她就这样挑着沉重的担子年复一年，日复一日度过十七年，不靠别人，就靠手里的那根扁担把她的三个孩子培育成人，有多少女人能像她这样坚持下来?！她真的好伟大！

在山上，用过农家菜，下午，汪美红挑山去了。我们和团长、曹书记围着一张桌子听着两位六十多岁当地唱山歌的老人哼挑山小调，汝老师一边饶有兴趣地问着各种问题，一边拿出纸笔不停地记着各种音符，一位老人一时兴起，要给我们正式唱一段当地的民间小调，他的歌声嘹亮而有力，传得很远很远，传到山下正准备挑山而上的汪美红那里……

第三天

上午，休宁县的文化局的会议室里。

休宁文化局的领导热情地给我们介绍了汪美红的一些具体情况，以及安徽的一些当地民俗、风土人情。

下午，打道回府。车上，大家都感慨万千，都说这次下生活不虚此行，体会多多，感触多多，收益多多！

齐云山，再见！汪美红，再见！下次我们相见在《挑山女人》的首演谢幕时！

（因为第一次作曲家汝金山同志没有时间赴休宁下生活，所以第二次单独去采访汪美红和实地考察齐云山，汝金山同志回来后感触颇深，在创作期间很多时候是含泪写作。）

（备注：剧本第一稿由洪靖慧同志创作，初稿完成后经过十多位专家学者论证、讨论，认为离汪美红原型人物距离很大，经过慎重研究以及与洪靖慧同志商量，因她自己提出对汪美红的人物关系距离太大，主动要求退出《挑山女人》剧本创作，此后由郑炳辉、马博敏出面做工作，邀请剧作家李莉同志担任《挑山女人》的编剧，重新根据汪美红的生活原型创作成为今天的全新剧本。）

剧组赴齐云山体验生活时的照片

下生活照片1:《挑山女人》主创人员第一次下生活,主演华雯在汪美红的指导下试着挑担。

下生活照片2:《挑山女人》剧组主创人员与汪美红一起走在挑山路上。

下生活照片 3：汪美红家，华雯认真倾听着汪美红的遭遇。

下生活照片 4：《挑山女人》剧组第二次下生活，剧组人员在汪美红家，汪美红翻出照片一一给大家看。

下生活照片5:华雯与作曲汝金山(左一)听当地民间歌手唱山歌。

下生活照片6:剧组人员跟着汪美红上山挑担途中。

下生活照片7:汪美红与剧中成子强、幺妹、大郎扮演者合影。

下生活照片 8:汪美红每天需走过的山道。

下生活照片 9:华雯走在汪美红每天“挑山”走的山道上。

编剧李莉创作总结:《“挑山”何止一女人》

(国家一级编剧,上海戏曲艺术中心艺委会主任)

沪剧《挑山女人》从首演至今已过150场,获得了不少好评与奖项,但于编剧来说,已经是过去式了。

期间,除了剧院工作就是埋头创作,先后完成了京剧《金缕曲》,越剧《铜雀台》、《双飞翼》和《甄嬛》第一、第二部等作品。回头再想当初《挑山女人》的创作过程,竟觉得有些陌生了。

记得那时,正日夜颠倒地为云南赶写剧本。师长马博敏几次来说:“知道你很忙,但宝山沪剧团搞一部戏不容易,这题材也有挖掘潜力,你就算为我‘两肋插刀’,接了吧!”好友郑炳辉更是不依不饶,登门“威胁”:“你若不接,我就坐在你这里不走了!”当初,不想接手这部戏的原因有三:一是院里杂务太忙,现实题材需要时间下生活,但不是自己剧院的戏,不好意思请假;二是这类山村的现实题材,与写惯京剧、越剧古装历史题材的我来说,并不擅长;三是对宝山沪剧团这样一个建制简陋,连乐队都没有的团队信心不足。最后,终究拗不过师长与好友的坚持,勉强答应接了,但有言在先:对这部戏不要寄予太高的期望。

宝山沪剧团的这部作品,在我接手前已经搞了半年多,几乎所有的主创和主演都几次去齐云山下过生活,就等剧本排演了。而给我的时间只有两个月,能否完成? 真是缺乏信心。好在宝山的前期工作做得很细致,不仅收齐了当事人汪美红的各种新闻报道、电视专题片等资料,且每次下生活的过程都有录像,这给我的写作提供了很大帮助。

在看那些资料的过程中,我一次次地被感动着,有时甚至泣不成声。其实细想起来,那些感动大多来自我生活经历中的联想:

想起了我的奶奶,因丈夫远离,独自抚养孩子长大成人,靠帮佣、打柴勉强度日,仍支撑着让孩子上学念书。

想起了我的婆婆,因丈夫早逝,除上班外,顶着酷日,一趟趟拖着沉重的满板车水草,为的是换回几毛钱,替五个孩子添置衣袜。

想起了我的母亲,因从军的丈夫长期驻扎沿海前线,在自己日常繁忙的工作之余,辛勤养育四个幼儿。眼前常会闪现:母亲躬身背着米面、扛着煤饼,满头大汗,一步步登上层楼的身影。记得“文革”中,母亲遭批斗回来,擦干眼泪,抹清污迹,依旧埋头为我们缝制衣裤、检查作业的种种情境。

想起了亲朋好友中,母亲为孩子的早逝而痛不欲生……

在我的记忆中,母亲为孩子的所有付出,都是于默默间不计任何回报的。而她们在日常生活中,教导孩子时说的话,几乎也是相同的:要学好!要向上!要有出息!这些联想汇聚到汪美红身上,便有了如下之感慨:一个普通的女人,以生命之"扁担",挑起生活之"大山",经春历秋十七年,蹒跚独行着抚养大三个孩子。也许,她从未想过类似"精神"、"信仰"之理念,然她以自己的实际行动昭示:生命因精神而坚韧,为人因信仰而善美!藉此,中国千千万万之普通便深蕴了蓬蓬勃勃之伟大了……

然而,创作一部戏仅凭感慨是不行的。尤其是现代戏,与历史剧相比,前者需要先求形似,再达神似,后者更多的则是先求神似,再索形似。在创作历史剧之前,先要捕捉历史现象或结论深处的神蕴,寻找到接通现代审美的共振点,即可编织故事了;创作现代戏,则必须先熟悉当事人的生存环境与生活形式,透过这些存在形式,再挖掘深处的神蕴。换言之,故事编得再好,情感描绘再浓,却不像当事人的生活,观众是不会认账的。

所以,写现代戏一定要下生活。

深知自己从小生活在部队大院,15 岁便从军入伍,当编剧后,大多写的是古装戏与历史剧,如何把握当今的山村生活?不啻为一道难题。好在当兵 10 多年,部队就驻扎在山区,风雨天、酷暑日,不乏扛着石头、挑着担子、背着枪支弹药等翻山越岭的经历,对其间的辛苦与艰难并不陌生。加之营房周边的深山村落中住着不少畲族居民,部队年年都有"访贫问苦"、"支农助耕"等活动,使我这个长于大都市的上海女兵,能够切身体会到山区生活的艰辛与不易。

如此,写挑山女人,有了情感上的联想,也有了山区生活的体验,但还缺少对齐云山区民风民俗的认知。于是,到处翻查资料,不管是当地的县志、人物风情、故事传说、民歌民谣,还是相关于山区生活的小说、散文等,都在短时间内搜集并进行了"恶补"性阅读。

又因为明白自己在写京剧和越剧时,用词遣句通常都过于雅致繁丽,与眼前所要写的人物常态相去甚远。所以,在每次打开电脑后,必先敲上一行"质朴质朴再质朴"的字样,以提醒自己写作时,忌繁美、去雕琢、除虚饰,尽可能地采用生活语言来念、来唱,来表达人物的性格与感情。

当上述条件基本具备后,编剧的"职业病"又犯了。我不断地问自己:通过这样一位普通人的普通故事,到底想说些什么?又能够说些什么?该怎样说才好呢?想来不外乎三条途径:

1. 表述生活之苦难与来自外力的救赎:主人翁历经坎坷,在周边的种种帮助和扶持下,终于走出了困境。如此,结局圆满,亦可展示社会的美好;

2. 表述苦难中无奈沉陷地挣扎与悲凄:如此,可赚取同情悲悯的眼泪;

3. 表述于苦难中的独立与担当:在我们这样一个地域广博、人口众多的天地里,对于不平的呼号是必须的,但如果仅仅让主人翁悲天抢地地呼号,等待社会的关注与帮扶,是远远不够的。莫如以实际行动证明:生活担当之不易,精神独立之可贵。在众人眼中,可以读出生命之路是要靠自己坚持走的,也可以在感动之余思考:我们能够为存在的弱势群体做些什么?

《挑山女人》选择了第三条途径。

王美英是悲苦的:丈夫早逝,婆婆疏离,三个幼小的孩子,全要靠自己的力量照看抚养,于无奈中选择了挑山,一种连男人都感到畏惧的生存方式;

王美英是勇敢的：靠着自己的双肩奋争了十七年，以绕地球近两周的辛苦与艰难，将两个孩子挑进了大学，一个送上了自立之路；

王美英是幸福的：她以自己不屈的行动，感召着三个孩子的健康成长，得到了并不圆满但却是真诚敬慕的相爱之情。

她没有向社会哀恳呼号，自己扛起了全部的生活苦难；她放弃了难得的真挚爱情，只为了涉世未深的孩子能够安心学习；她宽谅了疏离的婆婆，并不以自己曾经的苦难而记恨泄愤于旁人。她没有豪言壮语，唯以质朴的行动，使孩子们有了依靠与榜样，使平民观众在一洒同情之泪后，肃然起敬，使握有权柄之人扪心自问：于社会还可以努力再做些什么？

写到剧本结尾处，当三个孩子离开了母亲，当母亲擦干失爱之痛的眼泪，安抚好婆婆之后，又独自挑起担子走向大山深处时，不禁潸然泪下：正是因为有着千千万万这样的母亲，顶起了中华民族不屈不挠的脊梁！

母亲强，孩子健；母亲贤，亲友和；母亲安，天下安！

编剧的写作过程，恰如十月怀胎的母亲，日思夜虑，历经阵痛，艰辛与期盼交织，欣喜与担忧共存。然当“孩子”出生并经过多方协力“栽培”，立于舞台之上，其健康与善美引来众多观者的称道与感动时，编剧“母亲”的幸福也是不言而喻的。感谢宝山沪剧团，克服种种困难排演了《挑山女人》；感谢以孙虹江为首的二度创作班子，将作者的案头文字立体于舞台之上；感谢主演华雯，精心塑造了一位可歌可泣的母亲形象；感谢师长马博敏、好友郑炳辉以及方方面面的领导与专家，关注并推动了《挑山女人》的初步成功！

于 2014 年 7 月 20 日星期日凌晨

主演、总监、导演华雯创作总结：《沉重的救赎——我和〈挑山女人〉》

（国家一级演员，上海宝山沪剧艺术传承中心主任）

今天再让我回忆和《挑山女人》的缘起，千头万绪，无从说起。

提到《挑》剧的原型汪美红，我脑子里自然跳出来“母爱”两个字。高尔基说，世界上的一切光荣和骄傲，都来自母亲。我想说，光荣和骄傲可能还不足以形容美红这么一位伟大的母亲，她用自己谦卑的朴素和真实的生活，给我一种震动。她的故事、她的精神，带给我的灵魂的，是一种救赎，只是，这故事那么辛酸、这精神那么深刻、这救赎那么沉重。

—寻路—

2009年，我们的《红叶魂》获得了很好的口碑，我还以此获得了第二十届上海白玉兰艺术表演奖主角奖，接下来的《红梅颂》反响也很好。作为演员能把这两个不同时代的优秀共产党员、真人真事，用我自己的理解，用沪剧艺术的形式展现在舞台上，那种感觉很过瘾；同时，作为女人，王瑛和江姐这样美丽而又伟大的女性的性格魅力也深深地感染了我，潜移默化重新塑造着我的人生观、世界观和价值观。虽然很累，但这两个戏让我们这个创作团队“玩”得很开心，让宝山沪剧团这个奄奄一息的“家”寻到了一丝再次焕发光彩的希望。如何乘胜追击扩大战果，接下来要搞什么，成了我们几个谈论最多的话题。

这时，经一个老朋友推荐，我看了新民晚报上一篇题为《齐云山最后的挑夫妈妈》的文章，第一个反应就是感动。这样的故事，这样的人物，能感动我，就能感动观众。皖南古徽州休宁县齐云山崎岖陡峭的山路上，这位女挑夫身负重物艰难前行的步履，漫漫石板路上刻下的坚实的脚印，独自一人抚养3个孩子的背影，整个画面构组起来，深深触动了我。于是连夜联络了导演孙虹江、宝山文广局的党委书记曹正兴等，将这个材料和他们进行了分享，《挑》剧诞生的第一声心跳，就是从那一刻开始的……

—初见—

凭着对这个伟大母亲的敬仰，和一股按捺不住的创作欲望，我们即刻组织一个创作小组赴休宁走访美红。

在网上看到过汪美红的照片，一个历尽沧桑的女人，加上她的不幸遭遇，不免让人对图片中的女人增加了很多辛酸的、柔弱的、压抑的感觉。而当我第一眼见到她的时候，第一感觉就完全颠覆了我之前的想象。她很壮实,也很健康,我指的是心理上。可能是刚从山上挑担下来,脸色通红,额头上汗津津的,在阳光的照射下,微黑的肤色显得很亮堂,眼睛不大,但很秀气很明亮,脸架子窄窄的,很难用鹅蛋脸或瓜子脸来形容,总之她长着一个农村里不多见的洋气的脸型,能想象出年轻时漂亮的小模样。再往下看,她的肩像男人一样宽,背像男人一样厚,腰身已完全没有女人的窈窕,腿也很粗,尤其是小腿,就看这一截根本看不到女人的踪影,我的心像被什么东西牵住了,说不清是酸还是痛……

我跟她同年,在上海的一个小镇上长大,从小受尽父母宠爱,长大后不顾全体长辈的反对投身于让我痴迷至今的表演事业。从艺三十多年来虽也经坎坷曲折,历艰难辛酸,但终究不失都市女性对生活的追求,对时尚的热衷,对情趣的渴望。丈夫体贴,女儿孝顺,一个和睦友爱幸福的小家庭冲淡了很多工作上的不顺心。烦躁时约几个小姐妹老同学喝喝咖啡逛逛商场;一段疲劳工作过后带着女儿跟着老公外出旅游休假;甚至在无聊时找一本书,泡一杯香茗,如果在冬天,就燃起壁炉,随着摇椅的晃动,一天很快就过去了……看着眼前这个女人,眼前这个至今还是一贫如洗的家,我的感觉很压抑。她的被褥没有被套,就是一条棉絮;晾衣架上的衣服,没有一件是好的,都是破的,但都洗得很干净;还有一排破破的解放鞋。打开锅盖,那个粥基本上看不到米粒,一缸咸菜是她的永远。桌上有一台永远也放不出图像的9英寸电视机,是她丈夫生前留下的。我真没见过如此贫穷的家。她告诉我,她丈夫刚去世的那几年,那才叫真的苦啊!公公婆婆认定她是个扫帚星,时时追着打她;孩子们都那么小,一会儿这个咳嗽,一会儿那个发烧,可她身上经常连一毛钱都没有。她告诉我,她挑着一对龙凤胎去地里干活时,看着筐里两个孩子望着她的眼神,她就下定决心要把他们养大,那是她一辈子也忘不了的眼神;她告诉我,她寂寞痛苦时就去她丈夫的坟上大哭一场,或者到山上去放声大叫,回来就好多了;她告诉我她和她小姑子的故事;还有她和他的故事……最后她告诉我,她经历的这一切都是很正常的,她不怨天、不怨地、不怨命、不怨任何人。如今她觉得自己不苦了,因为孩子们都长大了,都能自食其力了,她对得起天、对得起地、对得起命、对得起任何人。以后她的日子肯定会更好,因为她有三个好孩子,还有很多关心她的人,所以她要谢天、谢地、谢命运、谢所有的好人……一位活鲜鲜的中国母亲,她饱含着中国农村底层劳动妇女的全部信息,积淀着贫贱之中贫而不贱、卑微之中微而不卑的母亲意象。她不懂政治,但懂得善良;不懂革命,但懂得真诚;不懂阶级斗争,但懂得宽容。她对我说过"饿得了一张嘴,饿不了一把骨头,只要骨头不断,骨气就在",那又是一种何等的力量啊!在当今一切都成为商品和交易的消费时代,在矫情、伪情、假情泛滥充斥的时代,汪美红是那样的孤独和寂寞。但她却用自己的大爱真情,用青春、生命捍卫了"母亲"的尊严,捍卫了生命的本真,捍卫了行将逝去的一些最有价值的精神。走访中,我们见到的是一个简陋、贫寒的家,但却充满了温馨和希望;一个孤独、柔弱的女人,但却是无比的平静和坚毅;一座坚实、苍凉的大山,但却又是那样的温柔和慈爱……

我们不禁又想起了当时震惊全国的"小悦悦被碾身亡"、"医院将活婴当死婴丢弃厕所"等一件件道德沦陷、良知泯灭、精神颓废的恶性事件,令人瞠目结舌。从而更加觉得"齐云山挑夫妈妈"的那种可贵的精神担当,那种浓缩了中华民族善良、勤奋、坚韧、无私的一心向美的优良品质,值得我们去宣传、去提倡、去发扬,这是我们重建道德价值体系的希望种子。在世俗生活中,重拾那些崇高的普遍价值,以良知为镜来反射身心的丑陋。让我们的精神家园凝聚起散落的道德火花,让人们得以抖落蒙在心灵上的尘埃,让追求财富增长过程中伴随着人性价值失落的可能得以止跌,让每个人在细微的行动中表现出道德感,让每个人都能培育心中的善念和责任意识。那么我们就为道德重生尽了一个文化工作者应尽的一份责任。我们越谈越兴奋,越想越沉重。于是,塑造一个平凡的村妇,真正的公民,伟大的母亲,成了我及我的创作团队的一个最迫切的愿望。

—孕育—

然而,愿望归愿望,要将汪美红的真人真事,艺术加工成为一部感人至深的好戏,在舞台上塑造一个真实可信的艺术形象,这过程很难。其间,我们走过了一条漫长而又充满荆棘的道路。确定排练稿,我们用了将近一年的时间,这其中的艰难和煎熬真不是一时间能说得完的。2012 年 9 月 14 日进入排练,一共 40 天,我似乎把汪美红 17 年的苦尝了个遍。首先,活到今天的我别说是挑担,就是连扁担也是平生第一次碰。和汪美红不一样的是她挑着担子爬山,而我挑着担子载歌载舞,当然担子的分量相差很远,但我的肩膀也已经磨破了几层皮。然而最累最苦的不是这些,而是怎样塑造王美英这个艺术人物。为此,我常常坐卧不安,夜不成寐。汪美红的遭遇非常的凄惨,但倘若一不小心,《挑山女人》里的王美英就会变成一个倒霉蛋可怜虫;汪美红的性格非常的坚毅,可一旦处理不好,戏里的王美英就会唱高调,令人不可信。我想我们这出戏追求的是一种悲而不惨、凄而不苦、苦而向上的情感境界。挑山女人悲的是丈夫的不幸离世,一个没有任何收入的弱女人要养活养大养好三个小儿,这在常人眼里无疑是悲惨和凄苦的。但我们的戏要挖掘的就是她如何从悲惨中站起来,如何去包容和体谅曾经伤害她的人,如何坦然地面对不如意,甚至是不幸,如何从凄苦中体会温暖和甜美,哪怕只有一点点,一丝丝,这出戏的味道或者说是意义也许就是这些。

毫无疑问,我们塑造的是一位中国底层社会堪称“伟大”的母亲。但这并不等于把日常生活中平凡的“伟大”变成一个符号化的“伟大”。我们千方百计地把艺术探寻的触角深入到王美英的内心世界,使最后凸显出来的“伟大”,始终带着能为观众所理解的最日常、最凡俗的动机。选择挑山,她并不是想去创造什么后来人们笔下齐云山唯一挑山女人的传奇,而是身处绝境中,能找到一个“既能一家数口活命,又能照顾家中幼小孩子”的最现实的选择。同样,大年三十夜挑担上山,也只是为了“一趟能赚三趟”挑夫钱,可以交了孩子新学期的书本费。世界上有比较纯粹的完全出自于信仰的伟大。但是,更多的“伟大”都是像王美英这样在看起来极其个人凡俗甚至有点卑微的内心世界中堆积、升华出来的圣洁的“伟大”。让人物的每一个决定,每一个行为,每一次波动,都有日常生活中切实可信的非艺术家强加给人物的心理依据,让人物的外部行动折射出清晰的心理逻辑,来作为王美英这个艺术人物内心世界的感人之处。

在中国数以百计的戏曲剧种中,沪剧是一个年轻剧种,它同许多兄弟剧种一样出自农村,但时间很短就进入了中国第一大城市——上海。沪剧的历史短、传统弱,接受外来艺术因素快而且多。沪剧也演过古装戏，但因缺乏功底演不过京剧等剧种。在对剧种发展之路自觉或不自觉的选择过程中，沪剧逐渐形成了以演现代戏为主的特色，成为全国众多剧种中最接近生活原态的戏曲剧种之一。其中最突出的表现，就是其他兄弟剧种极少演出的西装旗袍戏，也就是城市时装戏，沪剧却极为擅长。沪剧演员能够穿着西装旗袍登台演戏，而且在台上坐有坐相、站有站相，因此，自然也就能更加自如地演绎工、农、兵等各类当代人物。在上世纪的五六十年代，沪剧的现代戏创作在全国是走在前列的，沪剧的《红灯记》、《芦荡火种》、《罗汉钱》等优秀剧目都成了全国各剧种学习移植的剧目。

改革开放以后，戏曲的现代戏创作与飞速发展的生活产生了严重的脱节。很多剧团都视创作现代戏为“畏途”，他们宁愿演出帝王将相、才子佳人戏，也不敢触碰现代戏这一“难啃的骨头”。我们不满足于只演沪剧擅长的“西装旗袍戏”，三十多年来，宝山沪剧团坚持创排现代戏这一剧团特色，以现实生活为源泉，以寻求当代题材为创作导向，热情颂扬今天最“美”人物。每次创作新的现代戏，我们都认真深入地体验生活，努力捕捉当下社会中人们最鲜活的生活状态，深入挖掘所要表现人物的内心情感和精神境界，为艺术创作提供丰厚的生活基础。我认为戏之所以感人，很多时候并非是观剧者为戏中的人物而感动，而是引起观众对自身经历和情感的共鸣，这是戏剧的魅力所在。现代戏因为人物、题材的“接近性”，一旦突破就更能引发观众的情感共鸣，这也正是我们创作的现代戏能一部接一部深受观众喜爱的重要原因。舞台上浓缩的是一个丰富又真切的世界，唤起的是观者对自己过往一段段苦辣酸甜时光的记忆。当自信现代戏能成功地完成这种唤起，艺术家就有足够的底气，在塑造人物时省略那些英雄人物式的造型与亮相，而是真正地演人、演情、走内心。《挑山女人》既无曲折离奇的情节，又无缠绵悱恻的爱情故事，更无华美夺目的服装造型，但却得到观众的如此喜爱，就足以证明，只要戏剧足够“接地气”，能真实表现平民百姓的喜怒哀乐、爱恨情仇，就一定能受到广大观众的欢迎。

我要感谢我的创作团队。李莉、虹江、金山，还有舞美设计吴惠国、灯光设计华强，是大家的智慧成就了《挑山女人》，成就了舞台上的王美英。

我还要感谢所有喜欢我们这出戏的观众。《挑》剧演出至今日已超百场，很多人看了五六遍，最多的人看了十几遍。谢幕时，我常常看到很多人还在座位上擦眼泪。我宁愿相信，与其说我们的戏感动了观众，还不如说观众的反应震撼了我们。

我更要感谢各级各界人士对《挑》剧的支持。首先是我们宝山区的各级领导，从区委书记到区长，从宣传部长到文广局领导。从经费到文本、从下生活到排练、从首演到演至今日，近两年的时间，《挑山女人》几乎成了宝山文化工作的头等大事。上演后，从上海市委宣传部到市文广局，从市文联到市剧协，各级领导始终陪伴着我们的演出。从策划到宣传，从上海文化发展基金会的支持到举办大型研讨会，直至最后登上《人民日报》的头版头条，《挑山女人》每前进一步，无一不倾注着市、区各级领导的心血。

—共鸣—

布莱希特说过“一个表演者，两个被表演者”，即指角色和演员自己。《挑山女人》上演至今已近两年,王美英陪伴了我两年,很多时候我觉得我的体力和情感几乎被王美英掏空了。在舞台上,王美英的遭遇牵动了观众的心,也牵动了我的心。观众们都说我的哭戏演得好,其实那真不是在演。每一次掉泪,每一次嘶喊,每一次号啕,都让我心跳加剧、脑子发胀、手脚发麻。尤其是最后一场戏,面对子强的遗物——那根自己送给他的扁担伤心欲绝,以及最后对婆婆唱的那段赋子板,开头的那句"娘啊——",那种撕心裂肺和翻江倒海真不是演出来的,我每次唱到这里都觉得天旋地转,眼前一片漆黑,我有时真的会忘了那是在舞台上,那是在演戏,那种感觉简直像梦游一样。

我也是个女人,也为人女、为人妻、为人母。虽然我和王美英的生活环境截然不同,但作为女人,我们都渴望有人爱、有人疼;作为母亲,我们都渴望自己的孩子健康成长;作为人,我们都渴望被人理解,被人接受。随着年龄的增长,我常常觉得对家庭、对工作、对亲人更有一种依赖,这种依赖让我时而觉得自己很坚实,时而又觉得很脆弱,时而觉得很温暖,时而又觉得很孤独,也许这就叫成长。和王美英相比,我庆幸自己的幸运,脆弱时总会有人来搀扶,孤独时总能找到取暖的地方。而王美英,十七年的含辛茹苦,儿女们成人成才,她对得起良心、对得起先夫、对得起婆母、对得起儿女,而内心可以解脱之时却是与相爱之人的永别之时。如此深爱痴恋她的成子强,却成了她一生最对不起的人,她连报答、抱歉的机会都没有。儿女们走了,她老了、她累了,本想终于可以和心爱之人聚首共度余生,却不料天人两隔。在空荡荡的家里,她抱着扁担,孤独、压抑、愧疚、痛楚、自责、自怜……作为女人,王美英是辛酸的;作为母亲,王美英是欣慰的;作为人,王美英是坦荡磊落的。

这两年因为王美英,我过得特别辛苦,甚至很压抑。每次谢幕时,我从后演区的山脚下往山上走,往台中央走,那条山道总觉得比演出的时候长,走得好累。恍惚间,我总是觉得演出还没结束。而当我站上舞台的最高处,放眼望去,所有的人都看着我,台上的和台下的,我听到了很响很响的掌声,似乎所有的人都在鼓掌。这掌声把我从恍惚间拉回了现实中,我是华雯,不是王美英。家里好吃的在等着我解馋;女儿的作业本在等着我签字;明天上午局里开会;下午陪妈妈看专家门诊……我是华雯,也是王美英。在和王美英相依相伴的两年间,我似乎真正懂得了我平时常说的一句话"得意时坦然,失意时泰然,人生一世当然则然",用王美英的话就是"有些事要牢牢记住,而有些事就不必多想,人,不管怎样,都不能忘记做人的一颗良心"。

最近我常常会梦见自己老了以后的样子,醒来后就常常这样告诫自己:人生短暂,千万珍爱!珍爱你每一场排练,珍爱你每一台演出,珍爱你每一位亲人,珍爱你每一份友谊,珍爱你每一刻幸福,甚至珍爱你每一次委曲和痛苦。因为属于自己的生命很快就会消亡,过去的永远不会再回来,失去的永远不会再拥有。只要你珍爱了现在的一切,你就不怕面对老去,面对消亡。因为爱是生命的精气神,精气神是永生不死的!

两年间,我用我的身心塑造了王美英,而王美英用她的智慧点化了我,我和王美英一样,辛苦、快乐、艰难地享受着,希望今后我无论遇到什么,都能和她一样,每一步可以走得艰难,但一定要走得坚实,突然想起一部我很喜欢的小说,叫《遥远的救世主》,不用去期待被拯救,你就是你唯一的救世主。

导演孙虹江创作总结：《“现实主义”是戏曲表导演艺术的基石》

（国家一级导演）

每当沪剧《挑山女人》演出结束时，观众都会以掌声和泪水给予热烈的回报，来赞美王美英的善良纯朴、坚韧和担当。我想，这出戏真正打动了观众，甚至波及他们灵魂的深处。作为导演，我感触更深的也许是陪同宝山沪剧团一路走来以及这出戏成功背后的一些事。

上海宝山沪剧团是一个区级小剧团，用“十几个人七八条枪”来形容一点也不过分。据说这个团因为有了华雯才得以保存，不然早已散了。然而，就是这样一个小团，近年来却出了不少好戏，也为上海的戏剧舞台增添了一抹亮色。2008年的新版《茶花女》，是我和宝山沪剧团中断了六年合作再度联系，在沪剧杨派创始人杨飞飞早年演出本上重新编排的一出戏。它以舞台新颖、唱腔音乐动听、表演细腻动人赢得了观众的一片叫好，有人称之为“宝山一宝”。2009年，根据四川省巴中南江县纪委书记王瑛事迹编创的《红叶魂》再次打响，成为上海唯一入选文化部举办的庆祝中国共产党建党九十周年现代戏晋京展演的剧目，得到了北京观众和专家的高度肯定。我至今还保留着华雯发给我的一条短信：“我在北京从蔡武部长手里为《红叶魂》领回了由文化部颁发的全国现代戏优秀剧目奖，这是我们团队的荣耀，开心！”2011年根据歌剧《江姐》移植改编的《红梅颂》再一次得到了观众和专家的赞许，因为剧中融进了当代人思考的问题。一位专家看后说：“这是我所见到的移植改编《江姐》中最好的一部戏。”2012年，我和华雯联手执导了《挑山女人》，使宝山沪剧团参加了中国艺术节和中国戏剧节，走上了更高的平台并获得了包括文华导演奖在内的诸多奖项。

2012年的初春时节，上海宝山区的几位领导亲自带领我们几位主创人员、主演和资深的戏剧专家来到了安徽省休宁县的齐云山下体验生活。故事的原型汪美红，我曾在网络和媒体上见过，当时仅仅停留在“这个女人真不容易”的感觉上。那天，随汪美红挑山时我们兵分两路，年岁大的或身体不适的可以坐索道车直接到山顶。按理说我这个花甲等身的人应该排在索道车的行列，但我想，导演如果不能真正体会到三千七百个石阶的艰难，又如何去诠释她的精神呢？于是我和华雯、党委书记曹正兴一行跟随挑着一百四十斤担子的汪美红踏上了我这一生最吃力的一段路程。我身上只有一只傻瓜照相机，已是相形见绌了。翻山越岭奋力攀登，一路上早已是气喘吁吁大汗淋漓了，想赶上汪美红的脚步却永远落在她的身后，只能蹒跚着一步一步往前走。我深深地体会到母爱的分量，也想到了我的母亲……我母亲曾经是一位八路军小战士，随大军南下到上海搞地方工作。许多年前被下放到上海远郊的“五七干校”。

一天她得知我小弟弟病了,便向当地农民借了一辆破旧的自行车赶回市区,回到家已是很晚了,等陪小弟看完急诊又是下半夜了。由于没有准假,她又必须在天未亮时匆匆离家赶回干校,一辆破旧的自行车,来回将近八十公里的路程,天黑,还有田间的小道,一个女人……那是什么?那就是"母亲",那就是"母爱"!齐云山的登山路上,我的心灵受到了又一次撞击,分不清是汗水还是泪水,走在前面那个踏着艰难步子、挑着沉重担子的朦胧身影还是一位为谋求生计的女挑夫吗?不是的,她首先应该是一位"伟大的母亲"!我把这种感受写进了"导演的话",我说:"有一天,我跟随着汪美红走到齐云山顶时感觉是一种震撼,同时也点燃了我们的创作激情。"于是在我们导演创作的土壤中埋下了一颗形象的种子——"为孩子负重而艰难攀登的母亲",这一形象的种子贯穿于《挑山女人》的全剧之中。

有人问我《挑山女人》为什么会如此打动人?我概括为两个字"真切"。而真切的来源,除了我们对人生的感悟和积累,体验生活则是一个不可或缺的重要环节。有了它,我们在创作过程中就会觉得心里踏实,尽力地把浮光掠影的东西屏蔽出排练场。我和华雯都有一个很重要的共识,那就是"心理写实主义"。舞台样式可以千变万化,表演的风格也可以偏向于传统和现代,但"心理写实"这块基石决不能动摇。"心理写实"的依据就是你对人物和他的经历、生活以及生活环境的了解而产生的,是"真切"的源头。我十分欣赏上海宝山区各级领导的真知灼见,近几年来,每排一台新戏之前都要带着我们去体验生活。记得2009年为排《红叶魂》,我们特地赶往四川巴中。戏中一个很重要的情节就是南江县纪委书记王瑛为当地的"背二哥"解决了露宿街头的难题。"背二哥"对我们生活在长江下游的人来说不要说见到,连听都没听说过。他们怎么工作?他们怎么生活?他们想些什么?他们的精神面貌又如何?在我脑子里是一片空白。体验生活使我对他们的认识渐渐地清晰起来。原来,当地是山区,城市中坡路较多,车行不方便,许多物资都靠人力用背篓搬运而形成了一个特殊的劳动群体。他们大多为山区的农民,农闲时就到城市挣钱养家。因为城里没有房子,饿了就从背篓里拿出冷馍馍,夹着辣子吃,晚上就睡在街头。使我奇怪的是,我没有发现一个人是垂头丧气的,在交谈时时常带着爽朗的笑声。一位背二哥还递上一张名片,上面写着"巴中市××街背二哥运输公司"。我真的被他们这种"苦中作乐"的精神感动了,我把这些感悟全用在戏中,宝山沪剧团赴四川巴中演出时,还特地邀请了一批背二哥来看戏,散场时他们迟迟不愿离去,围着演员们说:"怎么这样像呢,那就是我们。"

"生活是艺术的源泉"是一句人人皆知的老话,可是多少年我们却渐渐淡忘了。相当一段时间,在舞台的呈现方式上往往被"空空如也"的漂亮场面所取代,包括我也走过这样的弯路。今天的反思使我悟出了一个道理,我们以往丢弃的恰恰是戏剧最核心的价值——真切。一百年前俄罗斯的契诃夫追求的是"心理现实主义",斯坦尼一生所追求体验的是"真实"加"美",他还特地说明,如果"真实"缺了"美"、"美"缺了"真实",都不是艺术。在沪剧《挑山女人》中我和华雯试图向着这个目标前行,不敢说已经达到了很高的境界,但我们通过几个大戏的磨合确实尝到了"心理写实"的甜头。这出戏不仅打动了一般的观众,就连许多"久经沙场"的老专家也掉泪了。曾经担任中国剧协的领导、著名戏剧评论家王蕴明先生说:"看了这出戏,使我想到了我的童年,想到了我的母亲,禁不住老泪纵横啊。"

我在上海越剧院工作了三十年，有一件事使我终生难忘，那是我的导师、导演艺术家吴琛先生，临终前拉着我的手用尽全力喊出来的一句话：“虹江啊，你要记住，现实主义万岁！”他去世于上世纪八十年代，那是一个越剧舞台几乎要被歌舞淹没的年代。今天我想告慰我导师的在天之灵，学生正践行着您的遗训。

作曲汝金山创作总结：《沪剧〈挑山女人〉音乐创作的体会》

（国家一级作曲）

2011年近年底，接到华雯团长的电话，说宝山沪剧团要创作以挑山工为原型的剧目，马上要深入生活，只因当时手上有创作没能成行。寄来了有关资料，汪美红的经历震撼了我。第二年初夏，在文本创作的空隙里，我随剧组第二次赴安徽休宁深入实地体验生活。宝山沪剧团从《红叶魂》创作开始，有个好的做法，就是重视创作人员深入生活，深入实际，让创作贴近生活，让生活教育、激发创作人员的热情，应该说收到了良好的效果。

六月的休宁，烈日当头，气候炎热。我们到汪美红家时，她不在。华雯设法联系她时才知晓，因为我们未到，她又上山挑了次货。当知道我们已到村上，她急忙下山。刚挑了水泥的她，一路小跑，气喘吁吁，红红的脸上挂满了汗珠，衣服上下沾着水泥的粉尘，壮实的身材已不像一般的女性。她的气韵告诉我，她是一个吃苦耐劳受尽风霜的山村劳动妇女。乱蓬蓬的头发向后扎成一把，朴实、干练、黝黑的脸庞是日月的光顾，显示了岁月的磨砺、命运给她的沧桑。交谈中得知，这几天忙碌自己年老而又多病的父母住院看病，心力几近崩溃。看着这位为人母又为人儿生活在贫苦线上的女人，她肩上的担当，生活的勇气，使我联想良多。

文本确定后，音乐创作是关键。俗语说戏曲成败曲一半，说出了戏曲中音乐的重要性。一个剧目的成功必须有音乐的成功来作为保证。戏剧要音乐化，音乐要戏剧化。要使音乐在表现戏剧情感的深度与广度、音乐技巧发展的高度、形成完善的程度上得到突破、得到发展，成为我创作沪剧《挑山女人》的追求，我的做法是讲究布局，全面构思，强化个性，注重现代。

戏曲音乐的创作中，唱腔总是最重要的。因为唱腔对刻画人物、表现情感最直接。唱腔有没有布局，直接关系到剧中主要人物音乐形象的完整性和深刻性。通过唱腔的整体布局，发挥每段唱腔的功能，对人物作主体的完整的刻画，对戏剧矛盾和情节发展起推动作用。

在布局上，拟以第一场“籽落石缝它也要蓬蓬勃勃发新芽”、第四场“娘要儿经风经雨脚踏实地走正道”、第六场“千千结打动了娘的心扉”、第七场“终收获这风雨过后艳阳天”为主要唱段，加以重点打造。

第一场的“籽落石缝它也要蓬蓬勃勃发新芽”，这是主人公王美英丈夫去世、婆婆出走、留下三个幼儿，生计无来源，在这极度痛苦，在人生最低谷时的心路变化。我设计成：三角板——中板——快板慢唱——柳青娘——挑山工号子——长腔中快板——到最后籽落石缝它也要蓬蓬勃勃发新芽，散——紧——慢——紧，用的是沪剧的传统曲牌，略加变化（是C

调),着力刻画王美英在困境中茅塞顿开,不求天不求地,要用自己的双手担当起抚养家庭教育儿女的责任。

第四场"娘要儿经风经雨脚踏实地走正道",这段腔用的是杨派反阴阳(是F调)。当孩子们用肩扛不起母亲的担子、心痛娘的艰辛时,王美英讲出肺腑之言,不是讲大道理,而是娓娓道来,从心底里流淌出一股清泉,在杨派反阴阳的框架里,加以板式变化形成,中慢——中速,快速——散——成套板式,起承转合。唱段不长,麻雀虽小,五脏俱全,抒发了一个母亲对儿女的殷切期望,和自己的社会价值观。

第六场"千千结打动了娘的心扉",这段唱是全剧的核心唱段。在面对爱情与亲情两难境地,王美英的内心思想矛盾冲突到了高潮,最后决定舍却自己的爱情,实现了人格的蜕变升华。从主人公的情感出发,我应用了沪剧开篇式的组腔方法,摒弃习用的板腔成套方式,从正调慢十字调——长腔慢中板——反阴阳中板——反阴阳慢板,调性从C调到F调,板式慢到中再到慢。王美英听到大郎用自己挑山的断绳打结,计算着母亲上山挑货的次数,表达了一个儿子的感恩之情时,面对千千结,王美英思绪万千,开始应用了正调慢十字调。沪剧女生原本没有慢十字调,就在中板的基础上,用扩充腔幅、尾腔的方法,谱出慢板十字调,然后用长腔慢中板诉说她挑山育儿,母子相依为命的心路,再升格用反阴阳来描绘她遇到成子强后所萌发的爱意,然后用一个大过门把王美英从憧憬转回到理性,在亲情与爱情两难中作出艰难选择,"人生不能求两全,终有日我拄着拐杖向你致歉",在"谦"字上用了七小节的一句大腔凸显出王美英割舍情爱的悲痛心情,最后在"子强啊"的哭泣声中完成。我觉得唱段的形成要因情而生,随情而变,为情而痴,用情动人。

第七场"终收获这风雨过后艳阳天",这段唱腔是在婆媳相见,婆婆的忏悔,打开了王美英的感情闸门,十七年的酸甜苦辣一下子倾泻而出,选用了沪剧的赋子板为基调,改变赋子板的常规起唱,从娘啊直接进入,这里借用越剧起调的方法加以衍化,然后大段诉说的清板,最后用快流水结束整段唱腔。

布局时注意纵向与横向。纵向上是王美英全剧唱腔在叙事、抒情、节奏、调式调性、板式结构上既有对比,又有联系,多角度、多侧面塑造人物;横向上对其他剧中人也要有布局,如幺妹、大郎、成子强、弟郎,安排好横向与纵向的关系,做到有层次、有发展,推动剧情发展为塑造剧中的主要人物完美化添砖加瓦。

幺妹在剧中是王美英矛盾对立面,最后的觉悟,体现了王美英的人格魅力。幺妹在叙述成子强事件过程中的唱腔,我选用春调作为基调,因考虑到她以一个孩子身份唱这段腔,如果用反阴阳觉得老成了,套用春调与情绪距离较大,因春调是小调,就在春调基础上,加以拓展变化,又在过门上加以发展。

大郎的重点唱段在第六场与王美英的千千结情感交流,我选用"夜夜游"作为基调。"夜夜游"也是个小调,要完成大郎对母亲的感恩,必须在原曲调上作较大改动,使其板腔化,造一个有冲击力的大过门,打破原曲调过于流畅的特点。中间部分创造清板,最后在我的亲娘扩展,加强语气,结束整段唱腔,抒发了大郎对母亲的挚爱,为王美英的重点唱段作了重要的铺垫。

全剧男女对唱在第五场出现,成子强与王美英的对唱,基调男声前半部分用的是“阴阳血”,女声是“夜夜游”,后半部分男声是“流水”,女声是“绣腔”,是全剧唯一一段流畅愉悦的男女声对唱,表达了成子强对王美英的执着,与王美英是否接受的矛盾的心理。

重视音乐功能的发挥,使音乐与文学、演员表现完满结合,相得益彰。首先是主题音乐的提炼,要有地域特点,要是沪剧的,又是王美英这个人物的。我把休宁地区的民歌与沪剧的反阴阳调相糅合,演化出一个主题音调。这个音调不是孤立的,它在场景转换、情绪转折、人物喜怒哀乐时,通过变奏、转调、紧缩、扩展,全面撒布在剧中的方方面面,包括唱段的过门和唱腔中,使全剧音乐统一谐调,丰富多彩。

全剧挑山工的号子、劳动、庆祝场景的合唱、对唱,包括挑山老人的唱,是用沪剧早期的曲调与休宁挑山号子相糅合,与剧中人的唱腔既统一又对比,有地域感又有时代感。

贯穿全剧有一个类似山歌的歌,休宁人喜欢在劳动时,女人哼着小曲歌谣,以驱赶犯困和寂寞。剧中“天上日头么歇歇夜,月儿相帮么来照亮也。地上女人么不得歇来,歇来香火么要断档哎”这首看似草根的民谣,用沪剧的山歌调与休宁音调相融合,有目的地在全剧几个感情宣泄点上出现,给人联想和回味。

全局构思要开掘纵深,拓展层面,调制色彩,丰富节奏,使一部戏犹如一部交响诗跌宕起伏、张弛有致。

音乐上有没有独特个性,对一个戏的成败十分重要。独特的风格和样式,丰富的内容,首先在声腔上坚持继承、融化、创新六字方针,确定王美英的声腔以沪剧杨(飞飞)派为基调。一来华雯是杨飞飞老师的嫡传弟子,二来杨派朴实柔和,能较好体现剧中人的母爱之情。在剧中的上半部分较充分展示“杨”派的魅力,如:“籽落石缝它也要蓬蓬勃勃发新芽”,再有“娘要儿经风经雨脚踏实地走正道”、“我猜他是成子强”等唱段。随着剧情展开,人物情感发生变化,矛盾冲突加剧,单纯用杨派就不够了,就需要在杨派的基础上,吸收,熔化,创新。如“千千结打动了娘的心扉”、成子强的人物唱腔以邵(滨孙)派为基调,大郎的人物唱腔以王(盘声)派为基调。加强发展,继承流派,不是死套硬搬,而是要熔化,合理吸收,大胆创新。创新就是追求内容与形式尽可能完美统一,创新要有新的主意、新的构思,塑造新的艺术典型,也是我追求的目标。

音乐上的独特个性还要从大处着想小处着手。每一段音乐都要设想,不要偷懒,不要随意,而要精心;乃至唱腔的引子、过门、间奏、尾奏都要有设计。不要简单套用,要雕塑出有个性的音乐样式,是这个戏的,这个人物的,而不是宽泛的,全都能听到的。我体会到完成了谱曲还不能说是真正完成,要重视音乐表演。“框架在曲,色泽在唱”,演唱、演奏本来也是一种创造。这方面宝山团还是比较重视的,对演唱的加工提高,特别是华雯同志,本来已有很高的演唱造诣,但在排练过程中曲不离口,细细琢磨,做到声与情的高度统一,因此她的唱腔既动听又动人。

我们的时代在前进,我们欣赏水平在飞跃提升,对戏曲作品的要求也越来越高,这需要我们不断学习,更新理念,与时代同步,注重现代就是作品要符合当代人的审美情趣和美学观念。

沪剧《挑山女人》除了以上谈到的几处，在乐队组建上配置了民乐和西洋弦乐与木管相结合的混合编制。沪剧的主胡、扬琴、琵琶为伴奏的主奏乐器，独奏二胡，独奏笛子，一组单管制，木管加五把小提琴，一把中提琴，两把大提琴，一把低音提琴，一架双排键，鼓板，定音鼓，总共22人。首先改变戏曲乐队单纯伴奏的固有定位，要发挥声腔与器乐功能，调动音乐的一切手段。除了以上诸多方面，如何发挥器乐功能、器乐参与表演，为全剧的矛盾冲突、情节展开、情感抒发、渲染舞台气氛、揭示主人公的内心世界，全面塑造剧中人物的音乐形象。借鉴西乐编制的丰富性、和谐性，发扬中乐的个性表达力，声腔与乐器的融合，唱腔和情绪音乐的统一，通过用音乐语言有组织，有层次地表达，形成一个完整的整体。随着戏剧的发展，音乐诸要素：音调、音色、速度、节拍、力度、调高、调性、调式、和声、配器与表演相辅相成，相得益彰。全剧虽不用传统的曲牌，也不用锣鼓经营造气氛，每一段的情绪音乐用主题展开的方法与唱腔形式，既联系又对比，既统一又区别。

全剧音乐在构思上是：一、二、三场淡的，四场浓的，五场淡的，六场七场是浓的，在浓的里面第六场是浓墨重彩，声腔与乐器的高潮点。声腔的高潮点是王美英的“终收获这风雨过后艳阳天”，器乐的情感渲染点是成子强与王美英的分手：涌动的情感，化作淡淡的告别，先是大提琴的独奏，然后是二胡与大提琴的对话，再是基调上全体弦乐的齐奏与二胡的对话，把王美英为了亲情舍却爱情的内心通过器乐外化，用音乐来说话。

在唱腔编配上，发挥器乐对声腔的烘托、补充的能动性，把每个音符作为情感的传达，而不是单纯的起调保腔。灵活应用传统的托腔和管弦乐配器法，有层次地、主体化地展示声腔。在实践中为了防止泛剧种、各剧种采用“三大件”保腔方法，来突出剧种的特色主奏乐器，但不要对比，而是从内容出发，从抒发情感出发，有取舍，甚至可以让三大件停下来，由某一声部或某一乐器来完成托腔。在第六场王美英的唱腔“千千结打开了娘的心扉”配乐的布局上，前四句慢十字调清唱，间奏用小提琴独奏，中间部是三大件保腔配以管弦乐织体伴奏，最后“子强啊”用弦乐的低音区协奏；用独奏小提琴表达纯情的亲情对王美英的感知，用弦乐和低音区协奏来表达王美英割舍爱情的悲痛和对子强的歉意之情，中间部分较浓的织体表现王美英对亲情的依恋和对爱情的向往。结构是由淡到浓再到淡，层次是逐步递进，从单线条到多线条再到单线条，构成一个橄榄形的织体布局，用以展示王美英的心路变化。

注重现代，就是要以现代人的审美情趣与剧中要表达的情感找到一个结合点，我认为是戏曲音乐所要追求的目标。

舞美设计吴惠国创作总结：
《记沪剧〈挑山女人〉舞美设计》

（国家一级舞美设计师）

当我接到上海宝山沪剧团邀请参加沪剧《挑山女人》舞美设计时，既感到荣幸，又深感有压力。荣幸的是宝山文广局领导和宝山沪剧团团长华雯对我的信任。压力是《挑山女人》舞美创作难度肯定很大。好在我们的创作团队非常优秀，这给我创作带来了足够的信心。同时，良好的创作状态就越发显得珍贵重要。

《挑山女人》取材于安徽休宁县齐云山脚下的真人真事。讲述一位丧夫的普通农村妇女靠做挑山工把三个未成年孩子抚养长大的故事，塑造了朴实、平凡而感人至深的“天下母亲”的形象。

2012年初春时节，宝山区文广局带领我们主创团队来到了安徽休宁县齐云山下体验生活。当天，我们跟随挑着一百四十斤担子的汪美红，踏上挑山女人每日每月每年要走的艰辛路。三千七百个台阶，每日往返两次，17年不容易。

创作离不开生活，生活是艺术的源泉。几天的采风生活让我收集了大量的创作素材，大山、台阶、山石、建筑等等。回上海不久剧组开始工作，经过设计和导演的沟通探讨，都觉得《挑山女人》舞美采用转台作为这台戏的基本结构更合适，更有利于表演。

转台作舞台基本结构直径800厘米，高200厘米。360度来回旋转，因此舞台布景，大道具，天幕，包括幕布，设计必须非常严谨，科学，合理。

《挑山女人》故事发生在安徽齐云山。齐云山为安徽黄山山脉，风景优美，因此舞美用写实与写意相结合的手法，更能表现当地的风情风貌，同时在设计转台时必须考虑360度旋转时与周边环境的结合。整台舞美布景的基本色调为黑、绿、灰。天幕采用剪贴黑白对比来衬托，以上舞美设计处理跟这台戏的总的精神融入得非常贴切。

沪剧《挑山女人》演出取得了圆满成功，参加了中国艺术节，中国戏剧节，走上了更高的平台，并获得第十四届文华奖“优秀剧目奖”和第十三届中国戏剧节“优秀剧目奖”在内的诸多奖项。作为该剧的舞美设计感到非常欣慰和高兴。舞美作为戏剧综合艺术的一部分，它为这台戏添了色也增了光。

灯光设计华强创作总结：
《〈挑山女人〉灯光设计与舞台呈现》

《挑山女人》是一出真实题材的原创现代剧目，它歌颂了中华民族自强、善良、担当的优良品德。人性地刻画了主人公王美英坚韧不拔的毅力，微而不卑的正气，善良伟大的母爱。人物性格简洁明了，她很平淡，也很从容，正可谓平平淡淡从从容容才是真。

《挑》剧没有曲折离奇，波澜起伏的剧情，它的舞美也非常写实，山是山，水是水，给灯光的空间微乎其微。舞台灯光艺术是为戏为人物服务的，不能有喧宾夺主的体现、华而不实的表达。贯穿全剧的设计，我首先把时空感，室内室外光区的分割告诉给观众。再从人物的内心世界找口子，哪怕一个微小的变化，让人物的内心，哪怕是没有台词的时候，随着音乐的起伏，推波助澜。

有好几处戏的灯光处理，都很微小，但是能达到加量的效果。比如第六场，王美英决定为了孩子而放弃爱情时和成子强的那段对白。室内微弱的光亮，一道残阳透过小窗洒在王美英的背上，当王美英说"美英祝你幸福"音乐起，此时追光渐渐地从王美英的脸上消失，整个人物的正面是黑的，而背上那一道残阳显得格外的明亮、沉重。理想和现实背驰，希望和艰辛共存。再如第七场，当王美英知道成子强的死讯，送走考上大学的孩子们，狂奔回家抱起成子强的遗物（扁担）撕心裂肺的号啕时，灯光迅速响应"深蓝"，冰一样的深蓝，天空深蓝，屋内深蓝，王美英的内心深蓝。而那一道残阳却依旧透过小窗，洒在蜷缩在灶台边上的王美英身上。可却没有了当年成子强进屋时带来的那一丝暖意。演员的表演加上音乐舞美灯光，彻底摧毁了观众的泪防线。

尾声的处理，也是比较大胆的。没有浓墨重彩渲染。淡淡的绿茵中透入点点橙红，明亮蜿蜒的山道，蔚蓝的天空，王美英依然挑着沉重的担子，艰难地向上，向上……

全剧的灯光设计都围绕着写实的框架思路进行，并得以呈现，追求人物的内心刻画，细微的色调以达到最大的目的。

我除了担任《挑》剧的灯光设计，还担任了《挑》剧演出的灯光主控。灯光设计和灯光主控有一个沟通理解的过程，主控人员如何把设计的思想理念完完全全告诉给观众，完美地呈现在舞台上，这需要大量的磨合和沟通。而《挑》剧灯光设计和灯光主控就是我一个人，这样就少了上述那一步的繁琐。灯光就跟戏、跟音乐、跟演员的配合会更加贴切，更加融合。戏中主演及导演华雯经常和我探讨灯光变化的节奏和时机。比如序幕，我最先的设计是内亮，然后随着伴唱和音乐循序渐进。演了几场以后华雯就对我说，她感觉不舒服，演员定格的时间太长,戏的节奏就不对了。我就把起光点改在男声伴唱的尾音上,随着女声伴唱加量加重,一层一层地加以渲染。第六场,大郎送千千结的那段唱,戏随着演员的表演一点一点地加深,台上台下的气氛渐渐地升温,大郎最后的那句唱“儿的亲娘”唱完,此时音乐大作,王美英紧紧抱住自己的儿子,戏到了有泪必下的小高潮。我当时的设计是染上一片橙红,让简陋的小屋内加进一层暖意、一点温馨、一丝辛酸。几十场下来,华雯又对我说,她感觉不舒服,说能不能把心揪起来就看光的节奏和时机。我就把变化点改在高潮音乐结束后:静场,一把小提琴缓缓响起,我的橙红也跟着小提琴渐渐倾入,一丝丝地加强,提升,直至千千结降完。此变化必须懂音乐,懂节奏,不能快,也不能慢,尺度的把握要有感情要入戏,人、光、戏融为一体。《挑》剧的灯光变化很多地方都是这样操作的,有时候一个灯光变化的行程要走整整一大段唱。《挑》剧的灯光走到今天这一步,都是在演员、导演和现场演出中不断地更新,改进中成长到今天的程度。

特别要说的是舞台剧是综合艺术,再好的设计,再好的构思,必须要有优秀的团队才能得到完整的呈现。宝山沪剧团虽然是个区级小团体,但是以华雯团长为首的全体演职人员认真、严谨,对艺术一丝不苟的精神,令人感触颇深。还有宝山文广局乃至区委区政府的各级领导,对宝山沪剧团的爱护、关心和支持,都是成就《挑山女人》的有力保障。《挑山女人》不失众望,屡屡拿下国家大奖。我身为《挑山女人》的一员感到无比的自豪。在此祝愿我们的《挑山女人》越挑越高,越挑越远,挑出上海,挑向全国,挑向世界!

“成子强”扮演者王文创作总结：《虚拟的他同样有一份大爱》

（国家二级演员）

高高的齐云山，山与云齐，让人望而生畏。

在那里，有个挑山女人感染了我们，并被搬上了舞台，沪剧《挑山女人》就是根据她的故事改编而成。围绕着“挑山女人”王美英，剧本设计了一条爱情副线——虚拟人物挑夫成子强为王美英坚毅自强的刻苦精神所深深感动，从心底里由衷地涌现出对她的一片爱心。在剧中，我饰演了这个深爱挑山女人“王美英”的挑山夫“成子强”。

成子强这个角色看上去是一个根本不起眼的普通人、寻常小百姓，但是他绝然不同于以往戏曲舞台上曾经出现过的先进或落后的农民形象。他是一个忠厚老实的大孝子，同样因为家中有人需要照看，和王美英一样选择了挑山来养家糊口的同时能灵活安排时间照顾亲人。作为一名挑夫，他对王美英这样因家庭的生活重担而去挑山，在同病相怜中渐生爱意，从喜庆活跃的抬花轿动作开场到慢慢地爱上了这位挑山女人。成子强的心中充满了爱，在他憨厚本分的外表下，内心深处深藏着对王美英的一份滚热情谊，多少年来一直隐忍不露、暗中相帮，最后有机会吐露真心时却又被王美英的女儿硬生生地割断，两个人终究未成眷属。虽遭拒绝，他却又强忍住内心的痛苦，带着王美英送给他的扁担，带着对王美英的理解，带着爱离开了其实也深爱着他的王美英，而当儿女们长大成人后想挽回两人感情时，成子强却因火海救人壮烈牺牲。如果说王美英是一朵花，那么成子强他就是一片叶，他用他青翠欲滴绿叶的至诚衬托了王美英鲜艳夺目花儿的美，因为他和王美英一样同样有着一份大爱。

其实初定剧本时，“成子强”并不是由我出演，在后来的调整角色中，我被委以“成子强”一角，于是我便相识了成子强，并与他从 2012 年一起走过了一年多的时间，走到了现在。

塑造好一个有血有肉、丰满的人物形象不是一件容易的事，在排练时会遇到各种问题。唱腔、形体、还有对人物表演的把握度，都会给你带来不同程度的纠结，这个过程是一遍又一遍，直到你找到了其中一条正确表达人物思想感情之路；这个过程也让我收获了很多，让我乐在其中。

我以前演过类似成子强的农民，这对我塑造一个不同于以往的农民“成子强”带来了一种无形的压力。好在我身处在一个互帮友爱、切磋钻研的创作环境里，在大家的帮助下，我试着去感受王美英的扮演者华雯老师的“内心写实主义”表演风格带给我内心的冲击和震撼，努力走进成子强的内心深处，去体会他的喜怒哀乐，再试着将内心的强烈感受用适合挑夫身份的形体台步,声音台词,唱腔气息来体现种种情绪。

成子强是个孝子。第五场,当成子强老母逝世后,他不用再边挑山边照顾瘫痪老娘而准备去省城打工,在离开之前他终于鼓起勇气向王美英表白整整十年的相守相望。这段戏我在仔细研究他的心理后,正确把握了语气节奏,结合唱腔来体现深爱王美英十年的挑山夫的心理脉络。在紧张欲以表白时,成子强的心情是愉悦的,但又是紧张忐忑的。一句"我想带你一道去!"的话体现了他在表白爱情时的露怯;一句"区区小事何用谢,我……我,我要与你美英配成双!"的唱体现了他的急切,向观众展示了一个憨厚朴实耿直的山里男人形象。

第六场是成子强向王美英示爱遭拒的一段感情戏。当成子强吞吞吐吐,到鼓起勇气向王美英表明心意后,王美英的拒绝使他犹如当头一棒。这段表演,我一开始的处理是:遭拒后呆若木鸡,与王美英对视和对话时是流泪的,声音带哭音的。几遍排练后,导演与华雯老师都觉得这时用"哭"虽然也会感动观众,但是没能更准确地表达人物情感层次。他们提议我试试能不能反着来,用另外一种表演方式来体现成子强此时的心理,那样会更走心,更感染人。经过反复排练,形成了我现在的表演方式:一开始是羞于开口旁敲侧击,再是吞吞吐吐终于出口,到最后的打击和失望、当头一棒呆若木鸡。但又为了成全王美英的母爱而强行克制,终于缓过神来对她满含热泪、脸带苦笑,肢体语言僵硬,把一份对王美英隐忍了十年的大爱深深地埋在心底。他的脚步虽是在一步一步往后退,可是眼睛始终没有离开王美英,当两人面面相觑后终于爆发了苦恼人的笑,直到转身离去。这段戏以"笑"来揭示成子强复杂的心理,这笑既掩饰成子强被拒绝后的尴尬,更凸显了成子强的难能可贵、可敬之处,以及对他身上的所蕴含的大爱作了很好的诠释。虽然篇幅不长,我自己演来觉得非常过瘾,大家也都觉得这样表演更符合成子强这个人物性格,符合他此时的心情,这个人物形象由此更为饱满了。

唱腔、表演、人物基调拿捏准确之后,也会有一些小问题出现在排练和演出中。"字正腔圆"是对戏曲演员的基本要求。我有个陋习,就是沪剧中"姜阳"韵脚的咬字问题。在唱腔中,我经常会不经意地将"姜阳"韵脚的字眼在收音结束时归音不正,变成了"唐郎"韵。我知道,如果字眼归音不正这个问题不解决,将会使我的唱腔分丢失很多。"字正腔圆"字在前,必须字眼正了才能腔圆。要把多年的坏习惯一下子改掉还真不是件简单的事,但事在人为。为了纠正咬字问题,在平时练唱或演出时,我会让同事把我的唱给录下来,然后回去仔细听,逐字逐字纠正。我明白,只要脑子一直紧绷那根弦,这个咬字问题会迎刃而解。

这几年,我们剧团连续创作出《宝华春秋》、《红叶魂》、《红梅颂》几台优秀的剧目,我在其中饰演了性格率直的"李明",奸诈虚伪的特务头子"沈养斋"等主要角色,塑造出这些一个个鲜活人物的过程是很让人享受的。对于我来说,能够与华雯老师演这些对手戏又是非常的幸运,我极其珍惜这样的机会。因为和华老师演对手戏,她会时不时地在戏里给你新的刺激,她精彩、细腻、细致的表演会不断地带动我,对我塑造每个人物角色有着非常非常大的帮助。不单是在排练中,甚至是在平时演出中,她都会根据她的创作灵感,来调动我在舞台上的表演,使我更贴切地找到人物感觉,也会使我觉得在舞台上的我离成子强、离沈养斋这些人物更近了。我很庆幸也非常感谢这些年有华老师带我走过了《宝华春秋》、《红叶魂》、《红梅颂》和今天的《挑山女人》等,她对我今年能够如愿以偿摘取白玉兰表演配角奖是功不可没的,她在艺术上对我的教诲和指点是我在艺术前行道路上拥有的最大财富。

《挑山女人》至今已经演了一百五十余场，获得了戏曲舞台的许多奖项。在这频繁演出的舞台实践中，我不断地摸索、前行。白玉兰配角奖的获得是对我以往成绩的肯定，也是我前进的动力。我珍惜这来之不易的一切，也将一如既往地坚守在我挚爱着的沪剧舞台上。

“幺妹”扮演者柏咏枚创作总结：《梦想照进现实》

（上海宝山沪剧艺术传承中心副主任）

演员这个职业是我从小向往的，她可以使你脱离生活中的自己，站在舞台上变成了一个个其他人。小时候，那个神秘莫测的舞台时常会带给我无限的遐想；没想到，今天儿时的梦想已照进现实，如今的我已经在这个沪剧舞台上工作了许多年，塑造了许多角色。

做演员以来，虽然我一直是担任着配角的角色，但是“只有小演员，没有小角色”这句话始终记在我心间。我从未因为我演的都是配角而感到难为情，我始终热爱着那些我饰演过的每个人物。

2012年9月，一直担任配角的我却接到一个新任务：饰演《挑山女人》中王美英的女儿“幺妹”一角，这是一个女二号角色。记得分配角色后，我心里有着很大的顾虑，不单是因为我第一次接受如此重要的角色，也是因为剧中的幺妹和我的年龄相差得太大了，能否演好一个十二岁而且有着重要戏份的角色着实让我担忧了好一段时间。

为了使我有信心刻画好幺妹这个人物，我的老师华雯先给我上了一课。她帮我分析角色，帮我一起理清人物脉络。她告诉我，一个演员很难碰到一个好角色，幺妹就是一个难得的好角色，既有年龄跨度，而且戏份也重，希望我能把压力化为动力，加足马力演好幺妹。如果演好了这个角色，那么她将是我一段精彩的舞台人生。老师的话对我是鼓励，我很快地调整好心态进入到了排练场中，做好充足的准备下决心来演好这个小我二十几岁的女孩。在创排的过程里，从唱腔到表演，老师的耳提面命、悉心指导又使我少走了很多弯路。

剧中，幺妹有两个年龄段——12岁和19岁。两个年龄段的幺妹都一直深爱着那个慈爱无比、为他们付出一切的妈妈，但是她爱妈妈的表现却完全不一样。12岁，可爱却又傻乎乎的幺妹在听了奶奶的话后，担心妈妈抛下他们而拆散了妈妈与成子强；19岁，幺妹长大懂事后，深悔不该破坏母亲与成子强的情感关系，赶在离家上大学之前，要到城里找回成子强“给妈妈一个惊喜”。当她有心弥补时一切都晚了，子强叔叔因救人而牺牲了，幺妹她只带回了子强叔叔的遗物就是王美英在他进城打工时送的一根扁担。相别7年，扁担上刻有7个“等”字，幺妹永远失去了弥补当初强拆妈妈与子强叔叔婚姻的机会。终于，她带着深深的愧疚向妈妈忏悔了年少不懂事时所做的错事。

如何演好这两个年龄段，刻画出幺妹她爱妈妈——一起挑山，担心失去妈妈——跟踪，不要新爸爸——求妈妈，到最后长大逐渐明白妈妈的痛苦——忏悔的复杂心路历程，并在有限的舞台上得到体现？为了找到答案，我仔细研究了剧本，理清她的行动线，加深了对人物的理解。在导演和老师的启发下，我慢慢地感受着人物，不断地尝试在情感上与幺妹找到共鸣。此时的我已经不再像先前那样迷惘，取而代之的是强烈的创作欲望。

在声音处理上，我给自己设了门槛：必须时时控制自己原本大大的嗓门，用细细、嫩嫩的但又不显做作的声音来塑造12岁的幺妹；在形体方面，我仔细观察生活中和幺妹年龄相仿孩子的神情体态，抓住那个年龄段孩子特有的可爱活泼劲。特别是在第三场，全剧中节奏、气氛最为欢快轻松过年的那场戏中，我结合“紫竹调”的唱腔，利用相对夸张的动作在舞台上与其他人物相互配合，体现了12岁幺妹的天真活泼，拉大了与长大后19岁幺妹的反差，向观众勾勒了一幅除夕夜一家团圆，其乐融融的景象。在表演上，我努力试着靠近人物，不加以自己平时的处事方式来表现幺妹，力求正确地掌握人物的节奏感和分寸感，将自己对于人物的体验用细腻、真挚的情感准确、真实地表达出来。

剧中，在幺妹求妈妈不要找新爸爸和向母亲忏悔的戏段中，“幺妹”我极其可怜、委屈地向妈妈倾诉了对逝去爸爸的思念，怯怯但又十分坚决地向妈妈坦言“如果妈妈真要去找新爸爸，读书还有什么意义”来哀求妈妈不要去找新爸爸。通过真实、朴实的表演，我刻画了幺妹这个听从奶奶的话、愣头愣脑、爱妈妈却又担心失去妈妈爱的可怜孩子的当时心情。而当王美英拒绝成子强，成子强离去后，幺妹这才发现妈妈是多么爱他们兄妹三个，为他们做出了多大的牺牲时，她那声撕心裂肺的“妈妈”喊出了她的后悔，也为她长大后去找成子强、向母亲忏悔埋下了伏笔。一开始，那看似简单的一声“妈妈”我始终找不到感觉，体现不出幺妹既庆幸妈妈没有离开他们，又对妈妈有着深深愧疚的复杂心理。这时，我的老师，陪我走了一遍又一遍戏的“王美英”告诉我：不能以你柏咏枚的性格来理解幺妹的这一声妈妈，千万别小看了这两个字。这一声“妈妈”是幺妹的后悔，是幺妹要好好读书的决心，那一刻幺妹长大了；这一声“妈妈”可以使观众减轻对幺妹拆散王美英与成子强两人的反感，是为成子强牺牲后幺妹向妈妈忏悔做的铺垫。在老师的引导下，我终于找到感觉，喊出了幺妹的那声“妈妈”。

戏上演了，“幺妹”我站在舞台上接受了大家的审视。根据专家、老师以及观众们对我提出的意见，我又不断地琢磨人物、修正细节，不断地提高自己的表演水平完善着这个人物。

从2012年10月26日首演以来，我跟着我们的《挑山女人》走进了中国艺术节、中国戏剧节、上海国际艺术节；站上了原来连做梦都不敢想的北京国家大剧院和上海大剧院的舞台。每每想起这些，我便会为我是一个宝山沪剧团的演员而骄傲地微笑，为我能遇到这么一个好机遇——在《挑山女人》中饰演“幺妹”一角而自豪。

《挑山女人》的创排演出过程让我受益匪浅。剧中独立养活三个孩子的挑山女人王美英，让我学会常怀感恩之心，学会用责任、用担当、宽容来面对人生；剧外，我们宝山沪剧团的挑山女人，我的老师华雯她对待艺术严谨、坚持的态度值得让我永远学习；《挑山女人》的成功也让我更加珍惜我们这个历经风雨才有今天成就的宝山沪剧团。对于我来说，“幺妹”这个人物还有许多地方需要我不断地去丰满、去调整。我相信，在以后的艺术生涯里，会有更多的角色需要我去塑造，儿时的梦想会继续陪伴我创造出更美好的舞台人生！

“大郎”扮演者张爱华创作总结：《从“亚蒙”到“大郎”》

（国家二级演员）

接到写《挑山女人》演出心得前，心里着实纠结了一番，尤其对我这个平时不爱动笔的人来说不啻是一个天大的难事。我求助于我们的团长华雯老师，她思索片刻，给我出了个题目叫做《从“亚蒙”到“大郎”》，这是我在两部戏中塑造的两个不同类型的人物形象。“亚蒙”是根据法国作家小仲马同名小说改编的沪剧《茶花女》里的男主角，而“大郎”是根据真人真事创排的《挑山女人》里女主角王美英的瞎眼儿子。这两个人物有着天壤之别：一个是(经改编后)出身于书香门第、家境较为殷实的公子哥儿；而另一个则是出生在穷乡僻壤、家境窘困、单亲家庭的瞎眼儿子。这两个人物有什么必然的联系吗？通过苦思冥想，我终于明白了华雯老师的良苦用心。她是要我把进团后的第一部戏《茶花女》，到这两年引起社会各界强烈反响的《挑山女人》作一个对比，看看自己一路走来的演艺轨迹，成长了多少？改变了多少？有什么质的变化？什么地方还有待进一步的提升等等。这个“命题”很大，大到我不知从何写起，还是从《茶花女》说起吧。

毫不讳言，以前我所偏爱的沪剧表演形式是西装旗袍戏。作为戏曲行当中的小生，在舞台上俊逸潇洒，光鲜亮丽，不管人物的个性、所处的人文环境、人物关系，一味地追求人物形体的漂亮、唱腔的动听，把人物的特性抛在脑后。就拿我进团后的第一部戏《茶花女》来说，所追求的就是一些表象的东西。但也得到许多观众的追捧，心里也生发出一种现在看来很肤浅的自满。华雯老师适时地提醒我：“爱华，你要注意了，你在演张爱华，不是在演杜亚蒙，要赋予人物灵魂啊，不然你演一辈子戏还是张爱华，而不是人物的。哪天观众不叫你张爱华，叫你人物的名字该多好啊。”短短的几句话好似醍醐灌顶，使人清醒。作为演员，就应该不断地否定自己固定的表演模式，从中找到一条正确的表演途径。在以后几部戏中，我逐渐地学会分析人物的特点、人物之间的关系、戏剧冲突中人物的行为逻辑等等。在排练场、在舞台上，在导演、华雯老师不断地点拨指导下，从中学到了不少知识，有了一个长足的进步。值得一提的是，2008年《茶花女》重新排练，华雯老师要我们全剧组的人阅读小仲马的原著《茶花女》，通过阅读使我对亚蒙这个人物有了更进一步的理解：杜亚蒙(原小说为阿芒)热情、真诚、执着、痴情、不谙世故，有时还有点“一根筋”。他对白萍(原小说为玛格丽特)的爱是发自内心的，不带任何功利色彩。正是亚蒙那份纯真、浪漫、不谙世故、桀骜不驯、一根筋，给了白萍一种不同凡响的心灵震撼，开启了白萍尘封多年的心。他给予白萍一生之中最最快乐、最最美妙、也是唯一次真正的爱情。同时也因为自己的鲁莽、猜疑、一根筋，给予白萍一生之中最最痛苦、最最难熬的折磨，也注定了这一场刻骨铭心的爱情以悲剧告终，正所谓爱之愈深，恨之愈切。与其说是杜亚蒙父亲的世俗观念，导致了这场悲剧，倒不如说是杜亚蒙亲手毁了白萍、毁了这一场轰轰烈烈的爱情。当他得知真相赶到白萍身边时已为时晚矣，剩下的只有无穷的悔恨和深深的思念。在刻画这个人物形象上，我摈弃了过去表演中“摆摆功架”的桎梏，一切从人物出发，无论在表演、唱腔上，潜入人物的内心世界，做到真听、真看、真想，顺着人物的行动线一步一个脚印地走下去，使我的表演手段有了一个质的变化。其结果是：许多观众、戏迷开始叫我“亚蒙”了。在此我要感谢华雯团长、感谢一切帮助过我的人。

再谈谈“大郎”。我团的原创剧目《挑山女人》是根据安徽休宁齐云山下的“女挑夫”汪美红的真人真事改编。讲述的是上世纪八十年代末，一个年轻漂亮的农村女子生有一个双目失明的残疾儿和一对龙凤胎。两年后丈夫离世，为了抚育三个孩子，她毅然选择了连男人都望而却步的工作——挑山。于是，无论风雨、不计寒暑，整整十七年……最后把双胞胎儿女双双地送进了重点大学的感人故事。

剧中，我扮演的是大儿子大郎。大郎自幼失明，自知是家庭与母亲之累赘，却又无能为力，但母亲挑山之苦、挑山之险却时时记挂心头，母亲挑山一次他即用挑山绳打一结，如此十年下来，打满了九千九百个结，这份牵挂，这份深情，让人动容。我演艺二十多年，第一次塑造一个双目失明且又小于我三十岁的角色，着实吓了一跳。角色与我在年龄上的差异对我来说是个很大的挑战，这样的角色对我而言没有可以参考的先例。排练时对于这个角色，刚开始我找不到感觉，后来在导演启发和华雯老师的鼓励和帮助下使我逐渐进入角色。这个角色，我所作的案头功课比我以往角色的都要多。在角色塑造上，主要靠演员对剧情和人物的深刻理解，我想重中之重就是怎么去演好盲人。于是我从生活中仔细观察盲人生活的一举一动，通过网络查询了很多资料，以及仔细观摩其他影视作品中的盲人角色，看看别人又是怎么去表现的。之后我总结：演盲人最好的表现方式就是目光无神、眼睛看着一个地方不动、偶尔在高兴或激动时也会眼睛放光，这是我观察盲人细微眼神变化中得到的经验。抓住了这个独特的盲人的性格特征，在舞台行动中运用听觉、触觉、思维去判断，去感受，去表达。虽然剧本赋予大郎的戏份不多，但我珍惜场上的每一分钟，特别是在仅有的几段唱段上，我用心去体验，用情去揣摩。第五场“千千结”是大郎的一块重头戏，是这部戏中情感喷发的又一制高点。利用“绳结”这个特定的道具，它承载的是一个瞎眼儿子对母亲的感恩情怀，唱出的是一个瞎眼儿子对母亲深藏多年的颂歌。《挑山女人》已经演了150多场，每每演到此处，我的感情犹如决堤之江水喷涌而出，一泻千里。我的眼泪止不住地往下流，此时我也不用任何修饰自己的声音，任凭情感的闸门放到最大，任其宣泄、任其奔流。何以让观众动情？只有先感动自己，才能感动观众；何以让观众动容？只有自己真情实感地流露，才能让观众为之动容、为之流泪。我对能够塑造“大郎”这一人物形象而感到幸运，为《挑山女人》能有如此辉煌的成就而感到自豪，因为我是里面不可或缺的一员。最为高兴的是，《挑山女人》的演出，许多专家、观众肯定了我所付出的努力，他们开始叫我“大郎”了。

从“张爱华”到“亚蒙”再到“大郎”，这是我从艺路上的节点，每一个节点都是我的一本成长史。成长过程中或许会生病,或许会走弯路,但只要我有一颗上进的心,一颗对艺术、对人生负责任的心,就能战胜一切艰难险阻,朝着既定的目标前进。做一个有准备的人,因为机会永远留给有准备的人。敢于突破自己、否定自己才能有更大的作为,我的艺术道路只有起点,没有终点。

“弟郎”扮演者金洁创作总结：《演剧中凡人，绎人间真情》

“既是剧中人，又是剧外人，剧中和剧外，真假一个人。”中国戏曲的这句谚语，形象、生动地概括了演员进行艺术创造的一个特殊规律。剧中人指的是角色形象，剧外人指的是演员自身，即我们通常说的“演员自我”。舞台上角色的形象离不开演员自我，角色必须依附于演员之体，才能诞生具体、生动、鲜明的艺术形象。

大型现代沪剧《挑山女人》叙述的是发生在安徽齐云山下的一个真实的故事：“女挑夫”汪美红婚后五年丧夫，家中留下双目失明的大儿子和年仅三岁的一对双胞胎儿女。婆婆怕媳妇改嫁，丢下他们，离家独居。为了养家糊口，她选择的工作是连男人都望而却步的“挑山”苦力活，选择了以生命之“扁担”，挑起了生活之“大山”的道路，从此当上了“挑山女人”。每天挑着沉重的担子往返于 3700 级台阶上，还要时刻担心捆绑在桌子边的三个孩子是否平安。十七年走过的挑山路，可绕地球两圈长！十七年后，她将一双儿女“挑”进重点大学。

2012 年上半年，我随剧组赴故事发生地实地采访、体验生活：在齐云山脚下家徒四壁、没有一件像样家具的主人公家中，倾听主人述说风风雨雨十几载饱受的生活艰辛与苦难；在齐云山上，随主人一同感受 3700 级台阶挑担的沉重和辛劳，为剧情创作和人物形象塑造奠定基础。

2012 年下半年，华雯团长让我出演剧中弟郎一角。当我手捧剧本，看着剧中这个人物形象时，我蒙了：近几十岁的年龄距离、性别的反差、迥然不同的童年和少年经历……我不知所措，产生了怯弱。是同事们的鼓励和支持给了我战胜困难的勇气和信心；是恩师华雯老师的精心指导、悉心教诲给了我艺术创作的力量和源泉，从声音上、动作上、语言上、肢体上，都给予了具体的指教，才使我得以较好地完成了角色的塑造和对剧情人物的诠释和演绎。

首先，我着力从内心思想上理解人物形象。我思忖：弟郎应该是一个既有同龄孩子天真、顽皮，充满对美好生活理想和期盼，又有由于特殊的家庭环境和苦难生活经历，使得他有别于一般孩子的人物形象。因此，在表演上我力图把握、展现人物的这种双重性。如除夕送肉那场戏：成子强送来一碗红烧肉，妈妈将缝好的一件新棉衣和这碗红烧肉一起让弟郎送给奶奶，弟郎不肯，还说：从来都是妈妈一个人既要挑山，又要照顾我们，奶奶从未管过，为什么却要对她那么好。在这里，人物性格的两面特征得以充分体现：天真与理解、懂事与幼稚，相互依存、相互转化、相互映衬，产生了对立统一的特殊效应，从而使得人物形象显得更真实、更丰满。

其次，是从外貌形态特征上揣摩人物形象。在生活中，我特别注意观察十多岁男孩的言行动作:在玩耍的时候是怎样的,在吵架的时候是怎样的,在欢乐、委屈时又是怎样的……以至于都有点习惯成自然了,在日常生活中会不知不觉地流露表现出来。雪地和母亲一起送货继而滑倒那场戏,舞蹈设计老师给我设计了转圈劈叉加“乌龙绞柱”的动作。毕竟离开戏校多年,为了练好这个动作,反反复复,几经锤炼,直至腿上青一块、紫一块,才熟练完成,把一个女扮男装的弟郎形象呈现在观众面前。

回顾此剧的排练、参演过程,感触良多。

恩师华雯老师对我们的关心不止于艺术上无私、满腔热情的指教,还在于生活中无微不至的关怀。记得有一次在逸夫舞台演出,外面下着鹅毛大雪,我的嗓子由于感冒而意外失声。老师心急如焚,立即指派同事去药店买“强的松”让我开嗓。由于是处方药,药店不给买,老师又打电话联系熟人帮助,终于在开场前一小时拿到了药,让我吃下,并嘱咐我,虽然嗓子哑了,但情绪一定要到位,甚至可以过一点,以弥补嗓子不足……点点滴滴令我永生难忘!

在塑造人物形象和深入剧情的同时,自己的内心世界也得到了启迪和升华。每每演及在雪地试图帮母亲扛煤气罐、以减轻母亲负担,却又力不从心、无能为力那场戏时,我的热泪禁不住奔涌而出。此时,我似乎已经完全摆脱了生活中的自我:那一刻,我才真切感受到天下父母的良苦用心,原来母亲每天跨越几千级阶梯所肩负的那副生活担子竟是这样的沉重!一种对伟大母爱的感恩、敬仰之情油然而生。在母亲的关怀下成长多年的我,如何今天才有如此感悟?从这个意义上来说,正是通过该剧的参演和舞台人物形象的塑造,使我们演员自身的灵魂和心灵接受了一次空前的净化和洗礼!《挑》剧正是以诸如这样细小、真实的情节,奏响了一曲倡导社会主义核心价值、弘扬中华民族传统美德、彰显人间无疆大爱、传递社会正能量的时代主旋律。这正是该剧的核心意义所在。

“婆婆”扮演者陆瑛创作总结：《用“心”塑造人物》

（国家一级演员）

我和宝山沪剧团非常有缘。几年前华雯团长就曾经来邀请过我参加《红叶魂》剧组，因为工作的原因没能如愿以偿。这次她还是情有独钟想到我，我也抱着没能参加《红叶魂》剧组而愧欠她的心情答应了她。但是，我也顾虑重重：《挑山女人》剧组演出已达好几十场，也完成了第二次修改，已经是一个非常成熟的优秀剧目，我的加盟能得到大家的认可吗？我抱着忐忑不安的心情来到了宝山沪剧团……

记得排练是利用一个星期天进行的。因为我担任的角色只有两场戏，我们行话叫扁担戏（即一头一尾），只有同王美英一角的戏份，所以是由华雯团长亲自为我辅导为我搭戏。她的点拨对我启发很大，使我学到了很多东西。她对艺术一丝不苟，业务上很大度，全盘托出毫无保留，我很感激她。在和她接触的过程中，慢慢对这个人少事大的团体有了些许了解，也对华雯这个宝山沪剧团的“领头羊”有了一种钦佩之感。

《挑山女人》是公认的好戏，而且还要参加文化部主办的“第十届中国艺术节”和中国戏剧家协会主办的“第十三届中国戏剧节”，所以我一点不敢马虎。好在团里好多老师非常热情地指导，也慢慢在平时的演出中逐渐对这一人物有了更深的理解，认识到婆婆这一人物应该怎么演，从什么角度看这个婆婆。她在那个环境、那个年代对于处理问题的想法、看法，再加上她比较软弱，不太能够吃苦，思想比较陈旧，坐井观天没有见过世面：其一是她对这个媳妇非常“怨恨”，对儿子的这一段婚姻始终是反对的，始终认为儿子同媳妇生辰八字不合，又生了三个孩子使他们家欠了很多的债，使得儿子起早摸黑地干活而累死在山上，始终认为媳妇是一个克夫的“扫把星”，并把她们家的一切不幸遭遇的根源全都归结在媳妇身上。其二她是“怕”，她怕儿子不在了，媳妇会离开她们重新改嫁，她怕媳妇走了，孩子们的事全部扔给她一个人。当听说媳妇要出去学习、出去工作，她害怕极了，面对家徒四壁、欠债累累、一家五口度日如年，面对三个幼小的孩子她束手无策。其三她选择了“逃避”，认为只有自己离开这个家，才能拖住媳妇，才能使三个孩子有亲妈抚养，才能让媳妇断了可能重新嫁人的念头，还有就是要惩罚这个倒霉的媳妇。

在表演上如果对婆婆这个人物的个性把握得不准确，就马上会演成一个纯粹是凶婆婆的形象，所以把握好分寸十分重要。虽然婆婆的话语很刻薄，甚至有点不讲道理，但我还是处理成婆婆是唠叨着同媳妇对话，讲到激动时甚至也要流泪；在决定离家出走时她是真伤心，我处理成她带哭下场;在离家独处的这些日子里,她始终关注着自己的那个家,关注着孩子们的成长,下雨送伞到学校里,孩子们生病她也干着急;但是有一点她始终坚持,那就是不能让媳妇重新改嫁,甚至叫幺妹盯着妈妈,残忍地破灭王美英同成子强的爱情之火;而当她听到成子强的不幸遭遇,看到孩子们如愿以偿圆了大学梦的同时,她才意识到了媳妇的不易,她后悔了,她真的觉得媳妇为他们张家付出了很多很多。十七年的风风雨雨,婆婆已经是一个白发老人,她看到王美英如此坚强,对这个家不离不弃,悉心培养着三个孩子长大成人,她羞悔不已,站在自己儿子遗像前百感交集。她对儿子说:“你的儿女们有出息了,你的媳妇也没有辜负你,儿子啊……你在九泉之下安心吧。”而当看到媳妇抱着子强留下的遗物号啕大哭时,这个白发老人再也忍不住了,她想去安慰媳妇,但她一时不知怎么去安慰这个曾经被她伤害过的媳妇,十七年的隔阂太深了。她要向媳妇忏悔自己的所作所为,她要请求媳妇原谅。其中一段台词是这样讲的:“美英啊,娘守寡守了二十年,才将张华养大成人,这种滋味娘晓得……美英啊,娘对不起你,娘今生欠你,来世我做牛做马也要还你啊。”这一段念白,我运用气息声中带一点苍老沙哑的声音,当念到“来世我做牛做马也要还你”时,把感情用足稳住气息、加重语气一下子冲出直至达到高潮,也给女主人公感情爆发做了铺垫。在向媳妇忏悔的一段唱,曲调用的是“迷魂调”,十分符合婆婆此时此刻的心情,在声音的塑造上我采用了以胸腔音为主,尽量把声音的位置放低,这样声音就显得比较苍老,也符合婆婆这一人物。

戏曲是一门综合艺术,表演是刻画人物性格、塑造人物形象的重要手段。如果说对婆婆这个人物个性的把握上有了一些认识,那么我在婆婆这个人物形象上也下了一番苦心。虽然婆婆的年纪不算太大,也就七十多岁吧,但山里老人历经风霜雨雪要显得老一些,再加上她一个人生活,吃不好、睡不好,我处理她有点驼背,这样对塑造婆婆这个人物有一定的帮助。《挑山女人》没有华丽的服装打扮,没有豪华的道具背景,完全是以情感打动观众的,所以就要求我们每一个演员尽量演得真实,虽然是舞台表演,但不乏要表演得生活化,求一个“真”。沪剧擅长演出现代戏,因为缺乏程式化的基本功,很少演出程式化舞台表演技法的古装戏,应该算是比较草根。当然现在我们沪剧也慢慢开始意识到程式化舞台表演技法的重要性,但沪剧还是要以生活化、以真情实感来打动观众,这一点《挑山女人》剧组做到了。我从事戏曲表演艺术也有 40 多年了,演出的大小剧目无数,但《挑山女人》确实是我碰到的为数不多的好戏。参加《挑山女人》剧组是我的荣幸,《挑山女人》带给我们每一位演员不仅仅是怎么样在舞台上表演、享受剧中的每一个人物,同时也是鞭策我们走下舞台怎么样对待自己的人生,怎么样对待自己的家人,怎么样担负起家庭的责任,怎么样做人。在演《挑山女人》的同时,我看到了女主人公身上难能可贵的东西,自尊、自爱、自强,她虽然没有科学家吴健雄(本人主演的另外一出沪剧角色)对人类科学作出的贡献那么伟大,但是我看到了她们身上同样的一种精神——自强不息。

第二篇　剧本、乐谱与演出纪实

《挑山女人》剧本

主要人物：

王美英——挑山女，25～47岁；

大　郎——王美英的大儿子，双目失明，15岁～21岁；

弟　郎——王美英的双胞胎儿子，12岁～18岁；

幺　妹——弟郎的双胞胎妹妹，12岁～18岁；

成子强——暗恋王美英多年的同乡，挑山夫；

婆　婆——王美英的婆婆；

挑山夫——老挑夫、福根、甲、乙、丙、丁等。

序　幕

【1980年代末的秋天，安徽齐云山区；

【远处山影起伏，轻云缭绕，近处竹姿挺拔，苍翠秀丽；

【一条朦胧如链的山道，逶迤曲折地伸向远方；

【小屋一角：上覆古松虬枝，下悬红双喜字灯笼；

【一声高亢的吼声，山道上的一支送亲队伍渐渐走近；

【伴唱：（男声）哎哟哩仔哟哎，

哎哟嗨嗬嗨——（转幽婉的女声独唱）

天上日头么要歇夜，

月儿相帮么来照亮也。

地上女人么不得歇来，

歇来香火么要断档哎——

【花轿中的新娘王美英悄悄掀起盖头红，向外张望，被抬轿子的挑夫成子强看见，立马吼唱起来；王美英害羞，忙盖上盖头红；

成子强　（唱）　哎哟来——哎哟来——

肩上扛着美（呀么）美新娘哎，

（众合）　哎哟咗，哎哟咗美（呀么）美新娘哎。

成子强 （唱） 心里也想进洞房哎。
（众合） 心里也想进洞房，
成子强 （唱） 只是挑夫赚钱少唻，
姑娘怎肯嫁穷郎哎。
（众合） 嗨哟咗，嗨哟咗，嗨哟哩格嗨咗嗨，
姑娘怎肯嫁穷郎哎。
众轿夫 哈哈，成子强，你花心啰！
成子强 格么一道来啊！
众轿夫 好来——
成子强 （唱） 叫声姑娘听我讲哎，
（众合） 嗨哟咗，嗨哟咗，听我讲哎，
成子强 （唱） 挑夫挣活明光光哎，
（众合） 嗨哟咗，明光光。
成子强 （唱） 分分都是干净钱唻，
（众合） 嗨哟嗨哟干净钱唻，
成子强 （唱） 一生挑山哟坦荡荡（呀么）坦荡荡。
（众合） 嗨哟嗨哟嗨，嗨哟嗨哟嗨，
一生挑山坦荡荡。嗨哟嗨哟嗨。

【在高亢重复的吼唱声中，轿夫们踏着节奏、舞蹈颠轿；

【渐收光，内喊：新郎新娘进洞房啦！

【骤起的鞭炮声……

（一）

【五年后的秋天；

【当爆竹声渐渐隐去时，一老挑夫步履沉重地挑担上，一声慨叹，唉！

老挑夫 （唱） 挑山噢，上坡又下坡哎，
做人么，有乐也有苦。
时光匆匆五年过，
当初新娘成寡妇。

【老挑夫渐渐远去；转王美英家；

【客堂十分简陋，丈夫张华的遗像边，有一架 9 寸黑白电视机，是这家中唯一的奢侈品了；

【王美英的婆婆在牌位旁哀哀哭泣；

婆　婆 张华，我苦命的儿子啊！
（唱） 声声哭儿儿不应，

抛下我，孤寡老娘你好狠心。
娘是苦守苦熬二十春，
才将儿，一分一厘养成人。
娘给你订亲你偏不要，
死活要娶王美英。
生辰八字合不拢，
你又怪娘太迷信。
到如今，痛儿累死在山涧，
更害怕，漂亮媳妇难守贫。
倘若她再嫁人去，
丢下我，一门老小怎活命？（泣）

【王美英背柴上，见老人哭泣，忙将柴放置灶台边，上前安慰；

王美英 娘……（递上毛巾）

婆　婆 （哭）这老老小小一家五口，今后日脚哪能过啊？

王美英 娘，总会有办法的……

婆　婆 怪来怪去就怪你！真是前世作孽，我张家怎会讨到你这样的媳妇啊！

（唱）　自从你进了我家门，
张家从此乱纷纷。
生个儿子是瞎子，
两年后一胎双胞又降临。
欠下五千断命债，
害我儿，早起夜做活活做死在山岭。
我是独子一去无指望……

王美英 （接唱）　美英我，侍奉婆婆安安稳稳度清贫。（高兴地取出一张通知书）娘，你看呀！
方才碰着李村长，
嘘寒问暖把办法想。
他说道，镇上宾馆招出纳，
村里帮我把名额争。
还送我，到县城培训三个月，
回来即可把班上。

婆　婆 啥，你要去县城培训三个月？

王美英 我怕三个月还不一定学得好呢！

婆　婆 回来还要去宾馆上班？

王美英 嗯。

婆　婆 咯三个小囡哪能办？

王美英 娘，村里好不容易帮我争取来这个机会，我想……

婆　婆　你想叫我老太婆天天帮你带小囡,你好满世界去飞了是哦?

王美英　娘,我不是这个意思……

婆　婆　我老早就听讲,你与张华结婚之前,就有不少男人盯牢你。这帮野男人,看到你眼乌珠也弹出来了!

王美英　娘,你怎么可以说这样的话!

婆　婆　你当我是老糊涂啊!人家为啥不帮别人偏要帮你?你为啥不在村里寻生活,偏要去路远八只脚的宾馆上班?宾馆是啥地方啦,中国男人、外国男人、有钞票的老板男人,乃侬真是老鼠跌进米缸里了!

王美英　娘……

婆　婆　看你刚才眉花眼笑的样子,心是老早野出去咪!告诉你,不管你是出去做生活还是寻男人,这三个小囡……我老太婆是不会来替你管的!(整理东西)

王美英　娘,你这是做啥?

婆　婆　我搬到老屋去住!

王美英　(急拦)娘!

婆　婆　不要喊我娘!从今以后,你没有我这个婆,我也没有你这个媳妇!

王美英　(拖住)娘,你听我讲,你听我讲呀!

婆　婆　(一把推开,大叫)王美英!你听好了:我已经快60岁了,这三个小囡我是带不大的,你想把他们甩给我,自己飞出去,我、我就带着三个小囡一道死给你看!(抱起铺盖怒冲冲下)

王美英　娘——(欲追难追……转对张华遗像哀哀而泣)张华,你叫我怎么办?怎么办啊?!

(唱)　婆婆怨恨离家去,
句句话儿皆绝情。
劈面羞辱难申辩,
满腹委屈诉谁听?
我若上班去工作,
三个幼儿谁照应?
我若在家照看儿,
不赚钱,一家数口难生存。
再向婆婆去恳求……
她猜疑更深要拼命。
思来想去无路走……(抬起泪眼,茫然四顾,发现捆柴的绳子,拿起绳子恍惚着)张华,我、我还是跟你一道走了吧!

【大郎内喊:"妈妈——"王美英惊觉;

王美英　(接唱)　幼儿岂能失娘亲!

大　郎　(摸索着从房内出来)妈妈!弟郎、幺妹不肯困觉。

【弟郎、幺妹喊着"妈妈、妈妈、我要妈妈……"从房内鱼贯爬出;

王美英 （痛心地拥住孩子们）幺妹，大郎……

（唱） 大郎五岁双目已失明，
他一生的眼睛是娘亲；
弟郎幺妹刚三岁，
哺育照料需娘亲；
还有婆母老大人，
我当为丈夫奉娘亲！
这娘亲两字比山重，
怎抛开、怎舍下、怎辜负我的娘与亲，我的娘与亲！

【远远传来挑山夫的吼唱声：

（唱） 哎哟里仔哟哎，
哎哟哩仔哟哩仔哟哎，哎哟海喃嗨……

王美英 挑山？挑山……我去挑山！我要去挑山——

（唱） 我家住在山脚下，
养家挑山巧安排。
下山歇脚照看儿，
上山送货有明价。
百斤一担五元四，
一日两趟十块八。
我顺手挑点山野菜，
顺道带些烧火柴。
全家生活有着落，
省吃俭用还清债。
这真是，老天无有绝人路，
籽落石缝、它也要蓬蓬勃勃发新芽！

【王美英与三个孩子造型，收光。

（二）

【远处，一群挑夫挑着沉重的担子，吼唱着号子踏山而来；

【挑山号子：哎哟里仔哟哎，哎哟嗨喃嗨——

挑夫甲 （唱） 齐云山怪事一箧箧睐，

（众合） 哎嗨哟，哎嗨哟，
怪事一箧箧哎，

挑夫乙 （唱） 挑山来了个美娇娘哎，

（众合） 美娇娘哎——

挑夫丙　（唱）　她百斤重担压肩上，
　　　　　　　　我心里头痛得来是没法讲，
　　　　　　　　她头上一朵小白花，
　　　　　　　　吓得我想帮、想帮不敢帮。
　　　　（众合）　哎哟嗨、哎哟嗨，想帮不敢帮。

挑夫丁　（唱）　寡妇门前是非多，
　　　　　　　　你我还是少搭腔。

众挑夫　（合唱）　寡妇门前是非多哎，
　　　　　　　　是非多，是非多，

挑夫甲　（唱）　男人最好少搭腔。

众挑夫　（合唱）　少搭腔哎。

挑夫甲　伙计们，已经过了九里十八亭了，大家歇歇脚吧。

众挑夫　好，歇歇吧。（坐的坐，扇凉的扇凉）

挑夫乙　唉，挑山这生活真不是人做的，男人都吃不消，不要说女人了。

【成子强空担子上场，挑夫中有人打招呼：“子强，你已经下山了”。

挑夫丙　就是啊，如果她能坚持一个月，我就把女人挑山这句话反过来讲！

众挑夫　哪能讲？

挑夫丙　我挑女人上山！

众挑夫　哈哈哈哈……（一女子拎着一个包喊上）

女　人　喂——挑山人，等一等……

众挑夫　哈，讲到女人，女人就来了。

女　人　（喘着气）我实在拎不动了，帮我带到山顶，谢谢！

挑夫丙　到山顶啊？还有五里山路……

女　人　不要烦了，我给你两元钱！（众人欲抢，丙马上揽过包来）

挑夫乙　我讲吧，女人上山连一只小包都拎不动，还想挑山？把老人、小人扔在家里不管，再讲又是寡妇，我看啊，人生得漂亮出来做啥？你们懂的呀！

众挑夫　哈哈——

成子强　（猛地甩了下扁担，吼道）人家挑人家的山，管你屁事！

挑夫乙　哎、我们说我们的，要你成子强来光啥火啦！

成子强　我叫你少管闲事！

挑夫乙　我管闲事，跟你搭什么界？你跟她是什么关系啊？

成子强　你……

挑夫甲　哎，都是一个村的，抬头不见低头见……

挑夫乙　成子强，你不要挑不着老婆挑寡妇哦！

成子强　你再讲一遍！

挑夫乙　挑不着老婆挑寡妇！

成子强 我先挑你娘！（一拳挥去，两人扭打在一起，众挑夫劝架，成子强正欲举起扁担，忽然一阵山歌声由远而近，众挑夫顿住，凝望。王美英挑着货物步履蹒跚地上场）

【伴唱： 天上日头么要歇夜，
月儿相帮么来照亮哎。
地上女人么不得歇来，
歇来香火么要断档哎、要断档哎。

【众人顿时安静，远远地看着王美英挑着担，步履艰难地走过；

【众人轻轻叹息，无语地各自挑担而去，成子强独自发呆；

成子强 （唱） 眼看她，身板不稳步踉跄，
一晃一颤汗珠淌。
命运坎坷的弱女子，
为求生计，她竟然上山把挑夫当！
齐云山上下来回三十里，
数千石阶苔苍苍。
平常人空手登山犹心慌，
何况这，百斤重担肩上扛。
我虽敬她懂担当，
却为她，一阵阵怜惜一阵阵凄惶。

【突然，王美英挑担踉跄奔来，一个趺绊，摔倒在地。成子强急忙上前搀扶；

王美英 （神情恍惚）孩子，我的孩子……

成子强 孩子？

王美英 他们在哭，他们都在哭啊！（神经质地念叨）都怪我不好！家里没人照顾，我出来的时候，就把他们绑在台子脚上。大概是饿了，啊呀，肯定给蚊虫百脚咬痛了？我要回去……（哽噎）

成子强 （侧耳细听）你再仔细听听，这山上除了鸟叫声、水流声，没有孩子的哭声啊。

王美英 （听后恍然）是啊，我家住在山脚下，孩子们就是哭破喉咙，此地怎么听得见呢？

成子强 你还是回去看看吧。

王美英 已经好多次了，我好像总是听到孩子们在哭，奔回去一看，他们没有哭。

成子强 你不该来挑山！

王美英 你是说，女人不该挑山？

成子强 我是说你应该在家照看三个孩子，何况一个还看不见……

王美英 你怎么知道？

成子强 我……就住在镇上，以前和你男人一道做过生活。

王美英 哦……

成子强 （有些冲动地）嗳，其实你可以去镇上的社办厂，或者供销社去做临时工，也要比这挑山省力得多啊！

王美英　那些工作都要受管束的，还是挑山好，自己可以做主，能挑的时候就多挑几趟，孩子要是有事，就少挑一趟。

成子强　呵呵，你与我想的一样，我就是看中这一点才来挑山的。

王美英　你也有孩子？

成子强　我还没有老婆。

王美英　（为自己的唐突感到不好意思）对不起………那你为啥来挑山啊？

成子强　我来挑山，是为了我那瘫痪在床的娘啊！

（唱）　子强父亲早去世，
老娘瘫痪在床头。
家中只有我独养子，
侍奉难离她左右。
一日三餐需照料，
洗漱换衣经我手。
她在房里闷得慌，
常要我背她到处走一走。
几回工作皆辞去，
还是挑山最自由。

王美英　（唱）　想不到，同病相怜世上有，
顿觉敬重在心头。
女人持家分内事，
难为他，男儿一片孝心厚。
依稀记得花轿旁，
一曲山歌是他吼。
欲说几句安慰话……
似有芒刺鲠在喉。
青春已随时间走，
说不清是窘还是羞。
如今新娘成寡妇，
男人面前少停留！（整理挑担欲走，突然发现筐内鸡蛋破碎，顿时紧张）啊呀，我的鸡蛋碎掉了！怎么办？怎么办哪？

成子强　（查看）还好还好，就碎了上面几个。

王美英　（数）二、四、八、十……足足碎了一斤多！一斤鸡蛋1元8角（忙翻口袋数钱）只有9角，还不够赔人家的……怎么办，怎么办啊……

成子强　（掏出钱）我这有2元钱，你拿去吧。

王美英　不不不，我哪能好拿你的钱！

成子强　就算我借给你。

王美英 我欠的债已经还不清了，不能再借了……

成子强 （有心相帮）我老娘特别喜欢吃鸡蛋，这些碎鸡蛋你就卖给我，省得我到街上去买了。（边说边将碎鸡蛋捡进随身带的饭盒，递钱）喏！

王美英 你的好意我领了，可这钱我真的不能要！

成子强 啊呀，拿着么好咪！（把钱扔在王美英的鸡蛋筐里，顾自挑上担子疾步而去）

【王美英捧起钱，久久凝望着成子强远去的背影……

【收光。

（三）

【十年后的除夕傍晚，风雪漫天：王美英家中；

【弟郎和幺妹正在看书做功课，大郎在一旁默默地数着一堆绳结；

【远处传来一阵鞭炮声；

弟　郎 （跳起来欢呼）放炮仗喽，过年喽，小八腊子拜年喽！幺妹，快把电视打开，今朝晚上中央台的春晚节目，我最欢喜看了！

幺　妹 我已经开过了，电视机又坏掉了！

弟　郎 又坏掉了？唉，真是老爷货！啥辰光才能买一只新的电视机啊？

幺　妹 等幺妹我赚了钱，一定帮你买只新的电视！

弟　郎 等你赚钱？那要我这个当哥哥的做啥！

幺　妹 什么哥哥呀，你就比我早出世半个钟头！大哥你说呢？

大　郎 早出世一分钟，也是你哥哥！

弟　郎 大哥，你老是打结打结，打这么多结做啥？

大　郎 我……打打玩玩的。

幺　妹 大哥从小就喜欢打结，是业余爱好对吗？

大　郎 嘿……

弟　郎 哎，幺妹，你长大了想做啥？

幺　妹 我啊，我想做的事情多咪！今年我12岁，再过几年，我就去学做医生！

大郎弟郎 做医生？

幺　妹 （唱）　我要做个好（呀么）好医生，
学会一身真本领。
日里去行医，
晚上奉娘亲，
让哥哥的眼睛见（呀么）见光明，
见光明呀，看看妈妈多艰辛，
见光明呀，看看齐云好风景。

大　郎 （唱）　幺妹立志求上进，

大郎我不能再做无用人！
编筐扎帚学手艺，
我要挣钱养家慰娘亲。

弟　郎　（唱）　弟郎也要赚大钱，
带着你们去旅行。
先到杭州去，再游上海城，
飞呀，飞呀，飞机到北京。
一家人呀，看看山外好光景，
好光景呀，一家团聚多欢欣。

【王美英披风戴雪，推门进来；

王美英　唷，什么事情啊，这么开心？

三孩子　（拥上）妈妈！你回来啦！

【三个孩子立时忙乱，叽叽喳喳围着问候，分别掸雪花、搬凳子、捶腿。王美英满足地享受着孩子们带给她的温馨；

幺　妹　妈妈，过年了，你就不要去挑山了。

王美英　过年的时候妈妈挑一趟，好赚两趟的钱，多挑几趟妈妈心里高兴呀！

大　郎　妈妈，幺妹烧好年夜饭，就等你回来吃啦。

弟　郎　吃来吃去就是白菜、豆腐、萝卜、大葱……

幺　妹　蛮好咪，平常只有两只菜好哦！

弟　郎　好好好，吃年夜饭！

众起哄　吃年夜饭喽——

【突然，传来几声敲门声，所有的人皆一震；

弟　郎　哈哈，又来啦！（幺妹忙开门出去）

大　郎　啥人啊？

弟　郎　哥哥……（耳语）

王美英　（默默无语地向门外张望，随即走进内房）……

幺　妹　（捧进一只草窝）妈妈，又是一大碗红烧肉！

大　郎　老规矩，一人吃两块，剩下的送给奶奶吃！

弟　郎　我先吃！我先吃（欲吃）

幺　妹　慢！我去年给奶奶送肉，奶奶又讲，吃人家东西要问问清楚再吃。

王美英　（捧出一件新棉袄）幺妹，喏，这是妈妈替你奶奶做的新棉袄，你拿好，等一歇和这红烧肉一道给奶奶送去。

幺　妹　妈妈，已经十年了，每次过年，都会有人送一碗红烧肉来，他到底是啥人啊？

王美英　小孩子问这么多做啥（把棉袄递给幺妹）拿着……

幺　妹　妈妈！你一直要我们做一个诚实的好孩子。这红烧肉到底是啥人送来的？你也应该诚实地告诉我们呀！

王美英 （唱） 孩子声声问真相，
我猜他当是成子强。
十年来，年年都送这一碗；
十年来，风里雨里暗相帮。
十年来，山道相逢一笑过，
个中滋味各体谅……我怎向孩子讲清爽？

幺 妹 妈妈？！

弟 郎 哦哟好咪，我嘴巴也馋死了，我要吃肉了！（急欲吃）

王美英 弟郎，下雪路滑，你陪妹妹一道去送给奶奶。

弟 郎 妈妈，我真是搞不懂，为啥这个吃的，还有这个穿的，老是要去送给奶奶？她根本就是不关心我们！

王美英 （喝止）不许胡说！

弟 郎 我就是要讲！
（唱） 爸爸去世十多年，
奶奶她，不住家里住外面。
去挑山，你只能把我们绑在家，
欠学费她从未掏过一分钱。
她见你就像见冤家，
斜起眼睛板起脸。
妈妈啊，莫看我们年纪小，
谁好谁坏还能分辨。

王美英 弟郎，妈妈不许你这样讲奶奶！你奶奶这一辈子，也不容易啊。

弟 郎 （倔强地）她有啥不容易啦？要弟郎讲，妈妈才不容易呢！因为我们没有爸爸，小时候给人家欺负也没有人帮；因为家里穷，我和幺妹在学校里经常领不到新书本，妈妈管我们，还要管奶奶，可是奶奶她管过我们嘛？我们为啥要给她送红烧肉、送新棉袄，弟郎不去！

王美英 妈妈知道你们心里苦，可你们想过吗？你爸爸走得早，他又是你奶奶唯一的儿子，她现在孤苦伶仃，靠帮人家看摊头赚几个钱，她心里的苦你们想过么？做人啊，可以怨天怨地怨自身，绝不能怨恨生你们养你们的亲人！

大 郎 妈妈你不要生气，你的话我们都会记在心里的……
【传来重重的敲门声和喊声："大郎娘，大郎娘！"进来的是手提一包年糕的挑山夫福根；

福 根 大郎娘，这是家里过年做的年糕，给孩子们吃。

王美英 福根哥，你年年都送东西来，叫我怎么好意思呢……

福 根 嗳，乡里乡亲咯帮不上大忙，这点东西你就拿着吧。

幺 妹 谢谢福根伯伯。（接过年糕）

王美英　福根哥，进来坐一歇吧。

福　根　不啦，我还有点急事情。

王美英　急事情？

福　根　山上宾馆煤气断档，急着要送两罐气加上牛肉和年糕。人家肯付三趟的钞票，我答应去送，偏偏老婆突然发病，跑了三四家人家，都说过年不肯送，我再去想想办法……

王美英　我去送吧。

福　根　你？只是天气不好，东西又重……

王美英　嘿，都是老挑山了，放心！

福　根　那太谢谢你了！东西在我家里，你等一歇顺路来挑吧！

王美英　哎。（送至门口）福根哥走好！

幺　妹　妈妈，天在落雪呢！

大　郎　妈妈，你脚上有伤，还没有好透，落雪天还是不要去了吧。

弟　郎　妈妈，你就不要去了吧！

王美英　可这一趟能赚三趟的钞票啊！妈妈只要上一次山，你们新学期的书本费就有啦。

幺　妹　书本费？你是说，我们新学期的书本费用不着欠了？

弟　郎　噢，我们有新书本啰！

幺　妹　我建议，我建议，为了赚书本费，我们也出一把力。

弟　郎　我同意，今天东西特别多，我们帮妈妈一起送上山！

王美英　（略略迟疑后决定）也好，这样一来，你们就会更加爱惜书本了。天马上要暗了，大郎看家，幺妹弟郎！

幺妹弟郎　嗳。

王美英　带上面饼，跟妈妈上山！

【造型收光，传来中央电视台春晚开始的声音：“中央电视台、中央电视台2003年春节联欢晚会现在开始……

（四）

【漫天风雪的山道上；

王美英　（内唱）　顶风冒雪上山道——（挑担上，幺妹弟郎跟随上）
飞雪骤、疾风号、摧老树、撕小草、扑面恰似刀剑穿！

弟　郎　（唱）　一阵风雪一阵寒，

幺　妹　（唱）　一步山阶一步喘。

王美英　（唱）　一步一滑一声唤，幺妹，弟郎——
雪天路滑仔细看。

幺妹弟郎　噢！

弟　郎　（唱）　一阵阵，心慌气急脚步乱，

幺　妹　（唱）　一阵阵，头晕目眩星花闪。

弟　郎　（唱）　一阵阵，腿脚发软想回转，

幺　妹　（唱）　一步步，越走越觉山顶远。

王美英　（唱）　心内痛、鼻中酸，几欲停步却不愿。（见孩子跌绊，急唤）弟郎幺妹——

弟郎幺妹　妈妈——

王美英　（唱）　千万当心沟沟坎坎脚下绊。

【幺妹一个趔趄，猛地滑倒崖边，年糕滚下山去，她不顾一切地扑向前去抓抢，被弟郎一把拖住；

弟　郎　（惊恐急喊）妈妈！妈妈——

王美英　（扔下担子，疾奔过来将幺妹一把拖起）幺妹！快让妈妈看看，哪里摔伤了？

幺　妹　妈妈，年糕摔到山下去了，我去捡回来，我要捡回来！（欲走）

王美英　（喝住）幺妹！你不要命啦！

幺　妹　（一吓，怯怯地）妈妈，这几十斤年糕钞票，你上山下山不知道要挑多少趟，是幺妹不当心，幺妹一定要去捡回来！

王美英　（再忍不住了，一把将女儿搂入怀中，失声痛泣）幺妹……

幺　妹　妈妈，你不要哭，你不要哭啊，妈妈——

弟　郎　（仿佛突然间长大了）妈妈，幺妹，你们不要哭，弟郎是男子汉，以后天天帮妈妈挑山！（说着就去挑煤气罐）

幺　妹　（哽咽着）幺妹也帮妈妈挑！

【兄妹两人怎么用力，都无法挑起煤气罐，他们终于体会到母亲肩上的担子有多重了；

弟　郎　（唱）　想不到，妈妈挑担这样重，

幺　妹　（唱）　难怪妈妈，每天回家瘫坐不愿动。

弟　郎　（唱）　想起妈妈，肩上血泡曾化脓，

幺　妹　（唱）　她脚底老茧钻心痛。

幺妹弟郎（唱）　今日更知娘辛苦，妈妈呀——
我们步步长在你的血汗中……（跪哭）妈妈！

王美英　（一把搂住儿女，欣慰感动）
（唱）　砺雨山笋拔尖早，
经霜松柏分外骄。（轻轻擦去儿女眼泪）弟郎，幺妹！
收起泪水莫长抛，
娘为儿女当操劳。
纵使受尽风霜苦，
看你们，日日成长我心欢笑。
来日小鹰飞天去，
人之根本莫忘掉。
记住了，日月星辰是天上宝，

五谷花草是地上宝。
忠臣良将是国中宝，
爱心孝道是齐家宝。
孩子呀，非是为娘看重钱，
让你们雪夜把山挑；
非是为娘不疼儿，
你们都是娘的心中宝。
娘要儿，明生计，肯勤劳。
娘要儿，尝艰辛，心气高。
娘要儿，懂体谅，
娘要儿，知报效，
娘要儿，莫像山藤难独立，
娘要儿，经风经雨脚踏实地走正道！

幺妹弟郎　妈妈！

王美英　弟郎，幺妹，我们走！（造型，收光）

（五）

【老挑夫唱上；

挑山噢，上坡又下坡哎，
做人么，有恨也有爱。
世道要平众人踩，
山花要美经霜开。

【三月后的春天，山顶上的松树林边：成子强独自守望，焦虑地等候着王美英的到来；

成子强　（唱）　松经雨雪花经霜，
送走寒冬迎春光。
与美英，同道挑山十年长，
十年来，心中有话从不讲。
半年前，瘫痪老母撒手去，
诸事料理已妥当。
下决心，今早等她在松林旁，
我成子强要与美英诉衷肠。

【张望无果，叹息着坐到松树下，将草帽盖至脸上，打起盹来；

【王美英空担而来，幺妹躲躲闪闪不远不近地跟在后面；

王美英　（唱）　满怀疑虑下山岗，

幺　妹　（叠唱）　满怀疑虑下山岗，

王美英 （唱） 越思越想闷胸膛。

幺　妹 （叠唱） 越思越想心中慌。

王美英 （唱） 幺妹她近来成绩降，

幺　妹 （叠唱） 幺妹我近来成绩降，

王美英 （唱） 我上午特地去学堂。

幺　妹 （叠唱） 我哪有心思去学堂。

王美英 （唱） 才知晓，她近来读书常旷课，

幺　妹 （唱） 为的是，看牢妈妈跟踪忙。

王美英 （唱） 我回家定要问端详。

幺　妹 （唱） 奶奶的话儿在耳边响，在耳边响！

她说妈妈要改嫁，

对象就是成子强。

还说妈妈性子犟，

唯有幺妹能阻挡。

吓得我，泪汪汪，

痛得我，心惶惶。

幺妹决不让妈妈走，

我就是不吃不困也要紧提防！

【王美英至松林边，见有人坐着，便放缓脚步轻轻绕过；

成子强 （惊觉，忙唤）美英！

王美英 （一颤，停住）是你……

成子强 是我，我在等你。

王美英 等我？

成子强 扁担放下来歇歇吧。

王美英 不了，我刚刚送完货，要马上回去烧饭呢。

成子强 就一会儿，讲几句话就走。

王美英 哦。

成子强 美英，我……想到省城去打工。

王美英 哦。

成子强 我、我想成了亲再去。

王美英 哦。

成子强 我……我想带你一道去！

王美英 啊？！

成子强 美英！

（唱） 十年光阴十年长，

十年话儿心内藏。

如今一身无牵挂，
愿与你，将生活重担一起扛。

王美英 （唱） 十年光阴十年长，
十年隔着纸一张。
多少回，欲猜无心猜，
多少回，欲想无暇想。
多少回，欲问不敢问，
多少回，多少回欲谢怕莽撞。
今天轻轻问一声，
可是你除夕送肉十年长？十年长?!

成子强 （唱） 只为母亲病在床，
心想帮你不能帮。
一片情义碗中藏，
年年送到你门墙。

王美英 （唱） 十年猜测今证实，
更感他平时暗相帮。
子强呀，美英家贫难报答，
深深谢你情义长。

成子强 （唱） 有情有义何用谢，
我……我，我要与你美英配成双！

王美英 （唱） 一句话，窘得美英好心慌，好心慌。

成子强 （唱） 一句话，当面讲出好舒畅，好舒畅。

王美英 （唱） 一句话，偶然闪过未深想；

成子强 （唱） 一句话，千绕百回在心房。

王美英 （唱） 一句话，曾经盼又不敢盼，

成子强 （唱） 她似允未允红了眼眶！红了眼眶。
（白） 美英，你尽管放心！
（唱） 你莫道家中负担重，
你莫虑累赘压我身。
子强少钱财，
却有一身劲。
与你共患难，
合力度光阴。
等到孩子们长大后，
我与你，定有后福好光景！

王美英 （唱） 他句句话儿多实诚，

字字打动我的心。
虽说十年未攀谈，
一举一动见人品。
这事出突然思绪乱，
我还需静下心来理理清……

【王美英掬起泉水捂向发烫的脸庞，成子强递来毛巾，王美英略微迟疑接过。两人无语相视，默默坐在了溪流旁……

幺　妹　（踉跄奔出，大喊）妈妈！妈妈——

王美英　幺妹？

幺　妹　（气喘不定）妈妈你、你快点回去！大哥他……

王美英　大哥？（焦急地）大哥他怎么啦？

幺　妹　大哥他……摔伤啦！妈妈快回去！

王美英　啊！?

幺　妹　妈妈你快回去呀！（拖着母亲急奔而下）

成子强　（片刻惊愣，拿起扁担）哎，美英，你的扁担，你的扁担……（喊着追下）

【收光。

（六）

【紧接上场，王美英家：地上堆着一捧打着无数结扣的散麻绳，大郎正在数着那些结扣；

大　郎　（念）　九千九百十、九千九百十一、九千九百十二……唉！

（唱）　大郎失明长忧愁，
难替妈妈做帮手。
她辛苦天天挑山去，
我牵记唯有结绳扣。
为妈妈，挑山一趟打一结，
一结一结，数来已有九千九。
越数越多越是恨，
恨我无用，只能空在家中守！（难过地抱紧绳扣）

王美英　（慌张喊上）大郎！大郎你啥地方摔伤啦？你不要急，忍一忍，妈妈马上背你到医院去！

大　郎　（紧张地站起来）妈妈，你受伤啦？

王美英　（疑惑地看着儿子）大郎你……没有摔伤？

大　郎　摔伤！谁说我摔伤啦？（走了两步）妈妈你看，我不是好好的嘛！

王美英　（一下瘫坐在凳子上）这？

【幺妹怯怯地倚着门边进来；

王美英 （忍耐地）幺妹，你讲讲清楚，到底是谁摔伤了？

幺　妹 （惊恐不安）我、我只是想要妈妈回来。

王美英 你还要说谎?!

幺　妹 我是怕……

王美英 怕什么？

幺　妹 怕人家抢走妈妈，怕幺妹再也没有自己的家了！

王美英 你！所以你就跟踪妈妈，你就旷课，你就连书也不要读啦?!

幺　妹 （发急喊出）奶奶讲，要想留牢妈妈就要看牢妈妈！从今以后，妈妈走到哪里，我就跟到哪里！

王美英 （气得说不出话，欲打幺妹）你、你……

幺　妹 妈妈！幺妹不能没有你，这个家不能没有你，妈妈——

（唱）　我的好妈妈！
幺妹跪地求求你，
这家中不能没有你。
自从爸爸去世后，
家境虽苦却甜蜜。
大哥双眼看不见，
桩桩件件你亲料理；
幺妹弟郎十二岁，
心中只把娘亲依；
奶奶已近七十岁，
提起爸爸常流泪。
妈妈呀，你千万莫找新爸爸，
幺妹我一生一世会孝敬你！

王美英 （瘫坐在凳子上）……

幺　妹 （边哭边说）妈妈，你常对我们说，我们的爸爸叫张华，他是世界上最好最好的爸爸。他为了我们这个家，日也做，夜也做，就是生了毛病也不讲，结果摔在山沟沟里再也没有起来……幺妹心里已经有最好最好的爸爸了，现在妈妈要给我们再寻新爸爸，幺妹不要！幺妹还读什么书？妈妈，幺妹就不去读书！

王美英 （一把抓起幺妹）你再说一遍！

幺　妹 （倔强地）只要妈妈给我们找新爸爸，幺妹就再也不去读书了！

王美英 （气得发抖，一字一句地）你明明知道妈妈唯一的愿望就是要你们好好读书，你明明知道妈妈唯一的希望就是你和弟郎读好书，将来做有用的人……可你竟敢不去读书……你！（举起巴掌欲打幺妹）

【幺妹倔强地闭上眼睛……

【王美英伤心欲绝，反手狠狠抽了自己一记耳光；

幺　妹　（大惊，哭喊）妈妈——！

大　郎　妈妈！你不要打幺妹！

幺　妹　（哭着）哥哥，妈妈是在打她自己啊，妈妈……

【幕后女声忧伤地独唱：天上日头要歇夜，月儿相帮来照亮也。地上女人不得歇来，歇来香火要断档哎——（渐聚光）

王美英　（缓步走到张华遗像前，抚摸着喃喃倾诉）……十年了，张华啊，我从来没有像今天这样觉得难过、伤心、没用……我二十五岁嫁到张家，三十岁就成了寡妇，现在已经四十岁了。这十年的苦，十年的难，你都看见了吗？多少次我摔在山沟里，半天都爬不起来，你看见了吗？多少次我为了让孩子们多吃一口，自己饿昏在山道上，你看见了吗？那次弟郎幺妹出水痘高烧不退，奄奄一息，可我没有钱带他们到医院去，只能抱着他们兄妹俩跪在你坟前哭，幸亏村里好心人相帮，兄妹俩总算捡回了两条小性命。张华，我苦撑苦挣，苦熬苦盼，总想等着孩子们读好书，做好人，再到你坟前来诉一诉美英这十几年的苦，十几年的难，十几年遭的罪啊！没想到，今朝等来幺妹一句不去读书的话！张华，看来我这个娘还是没有当好，没有当好啊……（随着王美英的倾诉，灯光渐渐拉开）

大　郎　（颤颤捧起麻绳结，几乎是喊出来的）不！你是我们的好妈妈，你是世界上最最好的好妈妈！

（唱）　叫一声好妈妈我热泪淌，
这千千结，是你十年挑山的断绳打。
大郎自幼身强壮，
可叹两眼黑茫茫。
妈妈受苦我不能帮，
多少愧疚心底藏。
悄悄打这麻绳结，
一个结、一个结，一结一结连一结，
是妈妈挑山一趟又一趟。
结呀结，个个结下娘辛苦，
结呀结，个个结在儿心上。
结呀结，十年已有千万结，
千万结，记下妈妈恩情长。
妈妈呀，都怪大郎[illegible]没用，
唯有这，千结情、万结爱，献给儿的亲娘！儿的亲娘！

王美英　（感泣）　大郎！

大　郎　妈妈！

【大静场：灯光渐收，王美英看着绳结百感交集；

王美英 （唱） 千千结，结千千，情结万千，
万千言，无从诉，郁结心间。
千千结，细诉说，孩子真情，
深深情，系娘心，千绕万牵。
与张华，高中同桌三年长，
大学梦双双未实现。
丈夫临去留遗愿，
愿孩子读书成才将梦圆。
从此后，我将两人的梦想担一肩，
心静更比磐石坚。
自从相识子强后，
常觉温馨一点点。
一点点，从未深思过，
一点点，苦中藏丝甜。
今日里，春雨润籽欲吐芽，
想不到，儿女之情似刀剪。
似懂非懂孩子心，
妈妈的苦衷怎体验？（细细审视千千结，渐渐拉开，越拉越长，王美英似看见漫天的千千结飘然而来，渐至豁然）
千千结，情千千，
千缠百绕是依恋。
孩子情在绳中结，
我心深在结中牵。
孩子是娘梦望地，
娘是孩子心中天。
人生不能求万全，
子强哪——
终有日，我拄着拐杖再找你鞠躬致歉！

【突然传来敲门声，千千结隐去，王美英惊回现实中；

【幺妹出来准备去开门；

成子强 （内声）是我，成子强。（幺妹悄悄退回）

【王美英强抑慌乱，忐忑开门；

【成子强提着扁担站在门外，两人一时相望无语；

成子强 （先打破沉默）我、我是来还你这根扁担的！

王美英 哦……（伸手欲接）

成子强 （收回）明天一早就走，总有些行李要挑，我想……

王美英 （明白）那你就拿去用吧。

成子强 嗯……等一切安排妥当，等孩子们长大成人，我，再来还你！

王美英 不、不要了……

成子强 （轻呼）美英……（缓缓退去）保重！（转身就走）

王美英 子……（欲追又止，失神凝望）

幺　妹 （小心翼翼地）妈妈！

王美英 （强抑心酸）幺妹，答应妈妈，好好读书！

幺　妹 （痛呼）妈妈!!

王美英 天还早，妈妈再去挑一趟就回来。

幺　妹 妈妈——（直扑到母亲怀中失声痛哭，母女俩紧紧相拥）

（七）

【七年后的夏天；

【老挑夫站在山上，拔起喉咙喊唱：哎哟哩仔哟哎，哎哟哩仔哟哩仔哟哎，哎哟嗨嗬嗨——

【一群挑夫敲锣打鼓，合着号子踏山而来；

挑夫甲 （唱）　齐云山奇事一筐筐来，
（众合）　哎嘿哟，哎嘿哟，奇事一筐筐唻。

挑夫乙 （唱）　挑山女挑出状元郎哎，
（众合）　呔、呔、呔、呔，状元郎哎。

挑夫丙 （唱）　双胞胎高考双考上，
重点大学中头榜。
喜讯飞来大家喜，
山里人也有——山里人也有金凤凰。
（众合）　哎哟嗨，哎哟嗨，山里人也有金凤凰！

挑夫丁 （唱）　十七年走过的挑山路，
好绕地球两圈长。

众挑夫 （合唱）　乖乖咯隆里咚来，
哎哟嗨，哎哟嗨，
好绕地球两圈长！两圈长哎——

老挑夫 （唱）　锣鼓么敲起来——（众合）咚咚锵、咚咚锵！
鞭炮放起来——（众合）噼里啪、噼里啪！
今朝挑夫不挑山，
凑份子，买两只手机把派头甩。
（众合）　送给我们的大学生，

盼他们，常有喜讯报回家乡来！

福　根　伙计们，辰光不早啦，我们一路敲到王美英家里去！

众　人　好来——（敲锣打鼓下）

【王美英拎着一只购物袋，手执通知函欢快而上；

王美英　（唱）　人逢喜事精神爽，

喜得我睏梦头里把歌唱，把歌唱。

一双儿女上金榜，

一家两人把大学上。

又接残联来通知，

送大郎，学习按摩进学堂。

雏燕高飞远远去，

留我一人清清冷。

我只有，仰望青天暗祝祷，

愿他们，学业有成身健康，身健康。

猛听得，锣鼓鞭炮遥遥响……（张望）

快回家，为儿女出门整行装。（下）

【转王美英家：屋前满是红色的鞭炮纸屑；弟郎正在摆弄手机，大郎则拿着扫帚在扫地；

弟　郎　哥哥，这手机我还不会摆弄哩。

大　郎　你先不要动，等一歇问过妈妈再讲。

弟　郎　我晓得，妈妈不准我们收人家的东西，不过这手机是大家凑份子买的，要退还真不晓得退给啥人噢。

大　郎　你和幺妹一个考中上海同济大学，一个考中省城医科大学，这方圆百里都成大新闻了。大家为你们开心，我也真心羡慕你们！

弟　郎　哥哥，等学校放假，我一定会接你和妈妈去上海游玩。咦，妈妈一早出门，怎么到现在还不回来？

大　郎　她去替幺妹买条裤子。

弟　郎　买裤子？

大　郎　妈妈讲幺妹看中一条裤子要两百多块，一直不舍得买，今朝想来想去，还是决定去买转来。

弟　郎　哥哥你讲幺妹怪哦，去省城办手续办了两天，刚刚回来，就躲进房间里一直不出来了……

大　郎　（侧耳）呀，她好像在哭……

弟　郎　啊？幺妹！幺妹——（进房间拖出哭泣的幺妹，幺妹手中拿着根扁担）到底出啥情况了？幺妹你快讲啊！

大　郎　幺妹你讲啊！

弟　郎　啊呀，幺妹你快讲呀，真是急煞人了！

幺　妹　这两天我到省城办手续，实在是瞒着妈妈，去寻在省城打工的子强叔叔，我想请他回来，给妈妈一个惊喜……

弟　郎　其实子强叔叔早该是我们的新爸爸了！

幺　妹　可是没想到就在半个月前，子强叔叔他……冲进火海救人，再也没有回来！

弟郎大郎　啊?!

幺　妹　七年前，妈妈为了我们回绝子强叔叔。子强叔叔临走时，带去了妈妈这根扁担，如今这是子强叔叔唯一的遗物了。

弟　郎　(惊奇地)快看，这扁担上刻了一排七个“等”字。

幺　妹　一年一个等，七年七个等，子强叔叔他一直在等妈妈……(痛泣)

大　郎　这几天是妈妈这辈子最最开心的时候，她要是知道这消息……

幺　妹　千万不要告诉妈妈……

【传来女人的内声：恭喜呀美英，两个孩子考上大学，你真是不容易啊！王美英的回声：谢谢，谢谢……

大　郎　快，我们假装开心，不要让妈妈看出来，弟郎，快把扁担藏好！

【弟郎急切间将扁担藏到灵台桌下；三个孩子像第三场的调度一般闹着玩耍，幺妹和弟郎围着大郎嚷嚷：噢、去玩喽，去玩喽；

王美英　(进门)唷，嘎闹猛啊！

大　郎　妈妈你没看到，刚才乡里敲锣打鼓来贺喜，那才叫真的闹猛来！

弟　郎　妈妈，他们还送来两只手机，弟郎推也推不掉……

王美英　妈妈在路上碰到他们，都知道了。乡里人的这份情义，你们一定要牢牢记在心上，好好读书，将来好报答他们。

弟　郎　嗯，弟郎一定记在心上！

王美英　(见幺妹避在一旁不吭声)呵，我的幺妹出去两天回来，怎么连声音啊没有了？

幺　妹　妈妈！(奔上前抱住母亲，忍不住哽噎)幺妹想你……

王美英　你看你看，都大学生了，还像个小孩子。幺妹，来，闭上眼睛，把手伸出来……(拿出新裤子)喏！

幺　妹　(顺从地)牛仔裤！

王美英　这条裤子啊，妈妈早就想给你买了，可你总是嫌价钱太贵，不让我买。妈妈今朝想来想去，还是把它买回来了。我的幺妹已经是大姑娘了，总归要穿得漂亮一点，快去试试裤子大小。

幺　妹　(趁机进屋)嗯。

王美英　大郎啊，妈妈也要告诉你一个好消息。

大　郎　大郎还有好消息？

王美英　喏，残联来通知，保送我们大郎到省里去学习盲人按摩。

弟　郎　真的！(取过通知看)

大　郎　（嗡声嗡气地）我不去！

弟　郎　（领悟）妈妈，你就让大哥在家里陪你吧。

王美英　弟郎啊，你哥哥这个机会难得，学费都是政府减免的，哪能好放弃呢？你替哥哥想想，他如果没有一技之长，今后怎么生活？妈妈总不能照顾他一辈子呀！还有你和幺妹考上大学，如果不是现在的政策好，有奖学金，我看啊，你们两个一个都去不了！

大　郎　妈妈！你总是替我们想，你也该让我们替你想想：弟郎、幺妹走了，我再走，你要是头痛脑热，家里连个叫应的人都没有！

王美英　嗨，你们这些小伙子，脑子怎么比妈妈还要老？乡里人送给你们手机，屋里厢再装部电话，想妈妈的时候，给妈妈打个电话，妈妈就心满意足了！

大　郎　噢。

王美英　弟郎，哥哥等会和你们一起走，路上也好照应，你去帮他理一理要带的行李。

弟　郎　好。哥哥，来！（搀下）

王美英　幺妹啊，我的宝贝女儿，试条裤子要这么长时间啊？快点出来让妈妈看看！

幺　妹　（穿着新裤子出房来）妈妈……

王美英　哈呀，大小尺寸，正正好好，我的幺妹真好看！

【王美英左右打量，幺妹左遮右挡，生怕母亲发现桌下的扁担；

王美英　（奇怪女儿的反常）幺妹，你怎么了？

幺　妹　（紧靠桌边，掩饰）没、没什么……

王美英　（发现扁担）咦，这扁担……（幺妹欲阻不及）

王美英　（取过扁担，惊讶）这、这扁担怎么会在这里？（发现上面的七个等字）等？等！（有些激动）他来过啦？人呢？

幺　妹　走了……

王美英　哦哟，你这个小囡真是不懂道理，人家老远赶来，你总要留他吃杯茶、吃顿饭……（边说边到门边张望）他走了多少辰光啦？讲过啥时候再来哦？一晃七年，真难为他还特地来还这根扁担！

幺　妹　（忍泣颤呼）妈妈……

王美英　（回过神来）哦，妈妈没有怪你。今朝碰不着，以后总会碰着咯！

幺　妹　（再也忍不住了，冲上前一把抱住母亲放声痛哭）妈妈——

（唱）　妈妈妈妈你莫伤心，
幺妹向你吐真情，吐真情。
当初年少不懂事，
强阻你与子强叔叔好婚姻。
读书年岁渐渐长，
妈妈的苦楚儿已明。
幺妹决心来补偿，
悄赴省城去邀请。

想送一份天大的惊喜给妈妈呀……
万不料，他、他火海救人已献身，已献身。（取过扁担）
遗物只有这扁担，
深深刻着七个等。
七个等字七年情呀，
他是年年祈盼将你等。
这等字是我强拆碎，
到如今，要想拼全已不能。
妈妈呀——我千悔万恨已来不及啊，
你要原谅幺妹当初幼稚未成人！未成人！

【王美英几乎晕倒，她强撑着取过扁担，颤颤地将它放到桌上，不发一言的她，只有剧烈颤抖的背影，显露出心中的无限伤痛；

【大郎与弟郎站在房门口抹泪；

王美英 （良久，并不转身，缓缓发问）弟郎，妈妈要你去请奶奶，你请了么？

弟　郎 一早就去请了，门锁着，家里没有人。

王美英 （一声长长的叹息）唉……

幺　妹 妈妈！

王美英 （缓缓转过身来）时候不早了，你们该走了。面饼在灶台上，你们去带好。

弟　郎 哎。（进厨房，取面饼出）

王美英 （见幺妹还在抽噎，安抚地劝慰女儿也似劝慰自己）幺妹，你已经长大了，把心放宽些吧，有些事要牢牢记住，可有些事就不要再去深想了……来，都过来，和你们的爸爸告个别吧！（三兄妹至牌位前深深鞠躬）。从今以后，妈妈不在你们身边，你们要照顾好自己！

三兄妹 妈妈！

王美英 妈妈只有一句话：无论到啥地方，不要忘记做人为先！

【伴唱：　天上日头要歇夜，
月儿相帮来照亮也。
地上女人不得歇咪，
歇来香火要断档哎。

【伴唱声中，三兄妹拥着母亲离家而去；

【白发苍苍的婆婆拄着拐杖出现在门前；

婆　婆 （目送远去的媳妇孙儿，抹泪颤颤喊出）张华啊，你看见了吗？你的儿子女儿，都有出息了，有出息了呀！你的美英没有辜负你，你好安心了……（见王美英急急奔来，赶紧躲闪一边）

【王美英冲进门内，扑到桌前，抖抖地拿起扁担拥在胸前，终于嚎啕痛哭……那是十七年来，王美英从来没有过的放纵，从来没有过的宣泄，从来没有过的孤独！

【婆婆被深深地震撼了，她蹒跚着走近王美英，艰难地跪在了王美英的身后，垂首无语；

王美英 （感觉、转身、大惊）娘！（急扶）

婆　婆 （推开）你就让我替我们张家、替我儿子张华，给你磕个头吧！

王美英 （一把搀住）娘……

婆　婆 （唱）　自从那年绝情走，我心难受，
多少个春秋，没日没夜泪暗流。
哭的是，三个儿孙怎么办，
怕的是，美貌儿媳难自守。
狠心肠我把儿孙一起丢，
拖牢你，要想改嫁不能够。
还叫幺妹看牢你，
赶走了成子强我也心愧疚。
常言道，祖孙之情深似海，
看儿孙，我常常躲在校门口。
如今儿孙长成人，
你却是面容憔悴伤痛留。
我替张家拜谢你，
由你骂、由你怨，我绝不还口。

王美英 （痛楚地望着婆婆，一字一句地吐出）十七年了，该骂的早已在心里骂过，该怨的也早已在心里怨过，如今你老了我也老了，就让这个怨恨，一起都老去了吧。

婆　婆 美英，我守寡守了二十年，才将张华养大成人。这滋味娘知道，所以担心，担心你不要孩子再嫁人。

王美英 娘！

婆　婆 美英，娘对不起你！娘今生欠你，来世做牛做马也要还你啊！

王美英 娘！（起调）娘啊——

（唱）　莫说还，莫道欠，
往事已散如云烟。
曾经恨、曾经怨，
曾经在丈夫坟前哭干泪。
想过逃，想过死，
想过改嫁另将丈夫选。
抛不下，抛不下，
三个幼儿将我牵：
弟郎幺妹才学步，
大郎生来看不见。

难忘夫妻肩并肩，
畅谈未来立誓言。
要孩子，读书把心梦圆，
愿孩子把人生命运来改变。
谁料丈夫撒手去，
撇下老小度日艰。
我不信前路能阻拦，
我不信女人无有一双肩。
美英有情更有骨，
不怕山高路又远。
一步步走了十七年，
一步步苦难强下咽；
一步步我为儿女付辛劳，
一步步儿女情将我紧紧牵。
咬紧牙关擦干泪，
为孩子，哪怕天堂我也不去。
婆婆的苦衷我能体谅，
舐犊之情我看见。
那一日，孩子读书风雨天，
校门口，有人送伞不留言。
大郎生病在家中，
炖蛋送到他枕头边。
破衣晾在竹竿上，
旧补丁上新线添。
不用说也无需问，
总是一家血脉连。
婆婆呀，回首往事无怨悔，
一生辛苦已化甘甜！（婆婆抱愧渐渐隐去）
面对张华我无愧意，
想起子强心如煎。
七个等字是他刻，
字字刻在我心尖。
若说今生还有债，
他一片情义我深深欠。
含泪再把等字看，
这等字原来撑着天。

寸土之上两杆竹，
亦苦亦乐相并联。
苦在美英心怀里，
乐在孩子成长间。
苦乐全有是人生，
经风经雨根越坚。
我苦过十七年，
父母责任担一肩。
我乐过十七年，
三个孩子身心健。
我有得有失十七年，
酸甜苦辣全尝遍！
美英生来无大能，
美英本来见识浅，
美英在世无奢求，
美英唯有强自勉：
育儿成才，人之常理，
教儿做人，一生不弃。
自信自立王美英，
终收获这风雨过后艳阳天！（渐收光）

【远处传来三个孩子的呼唤声：妈妈——

【随着孩子的呼唤声，千千结喷泻而下，亮丽夺目；

【男声：哎哟嗨嗬——

【转幽婉的女声，灯光随之渐渐聚向悠远；

天上日头要歇脚，
月儿相帮来照亮也。
地上女人不得歇来，
歇来香火要断档哎……

【伴唱声中：可见逶迤的山道间，王美英挑着担子的身影，不屈不挠地步步向上，向上……

【全剧终。

《挑山女人》音乐曲谱十首

一、主题曲

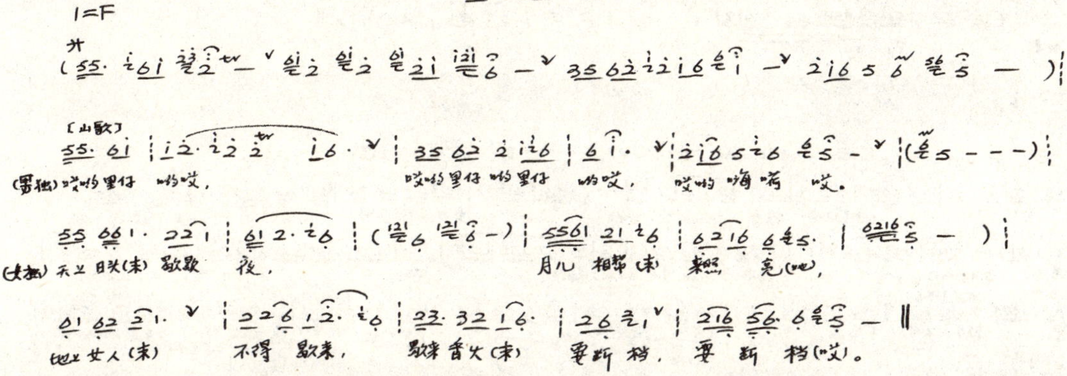

1=F

［山歌］

(男独)哎哟里仔 哟哎，哎哟里仔 哟里仔 哟哎，哎哟 嗨嗬 哎。

(女独)天上日头(来) 歇歇 夜，月儿 相帮(来) 照照 亮(哩)，

山里女人(来) 不得 歇来，歇来 香火(来) 要断 档，要 断 档(哎)。

二、婆婆怨恨离家去 （第一页）

1=C $\frac{2}{4}$ 稍慢

［三角板］

(王美英唱)婆婆怨恨 离 家 去，句句 泪儿 皆 绝 情，

声声羞辱 暗 中 辩，满腹委屈 诉 谁 听。

［长腔中板］

我若上班去工 作，三个 幼儿 谁 照应，我若去家 照看儿，不赚钱，一家数口 难生 存。

［快稍慢板］

我再句 婆 婆 去 息 怒，她 错 就 更 深

要 拼 命。 思 来 想 去

［长腔中板］

无 路 走，

幼 儿 怎能 失 娘 亲。

［稍慢板］

大部 些 ……

明，她一生 的 眼睛 是 娘 亲，弟妹如今 刚三 岁，哺育 照 料 需 娘 亲，还有 婆婆 老大

人，我 当为 丈夫 孝 娘 亲，这 娘亲 两字 比 山

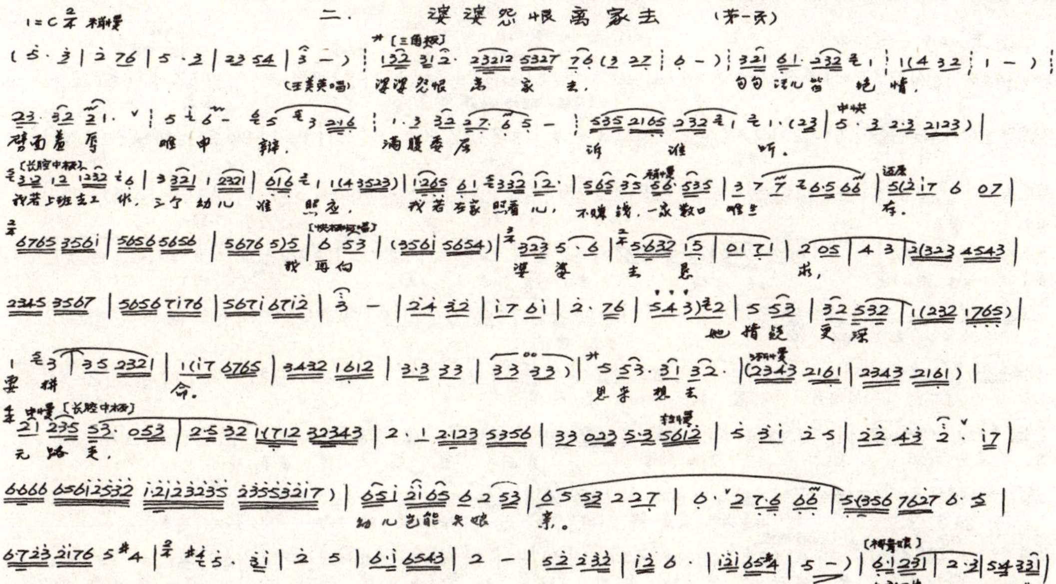

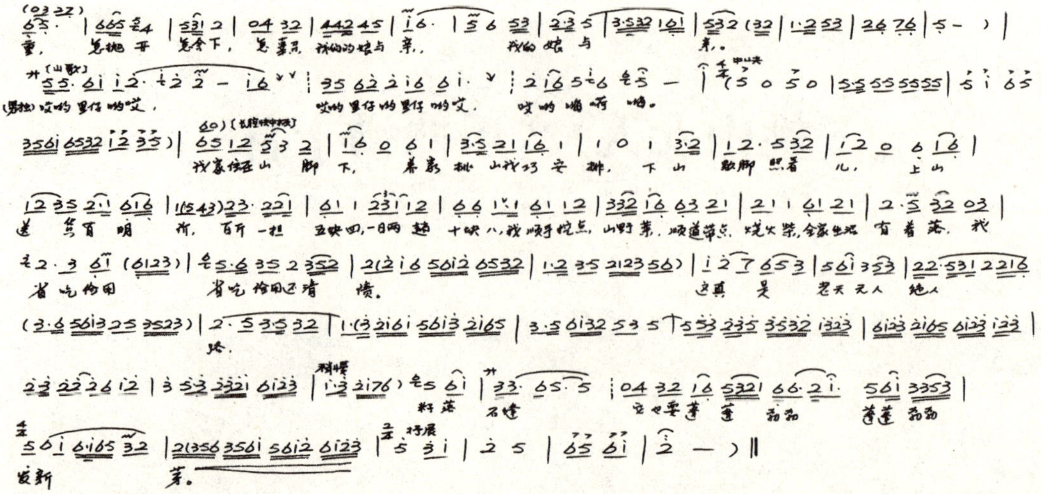

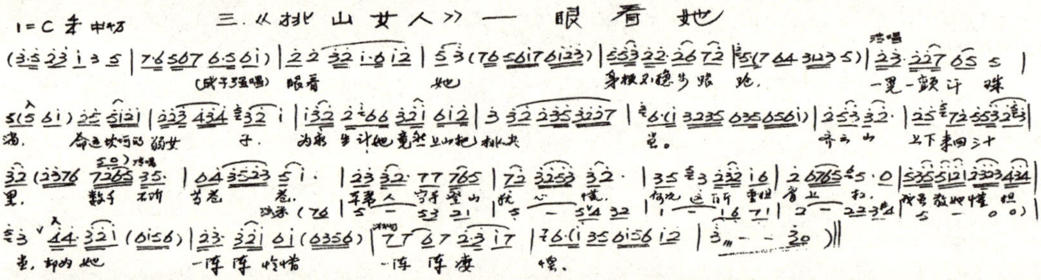

1=C 4/4 中切

三.《挑山女人》一眼看她

1=C 4/4 稍慢

四. 砺雨山笋拔尖早

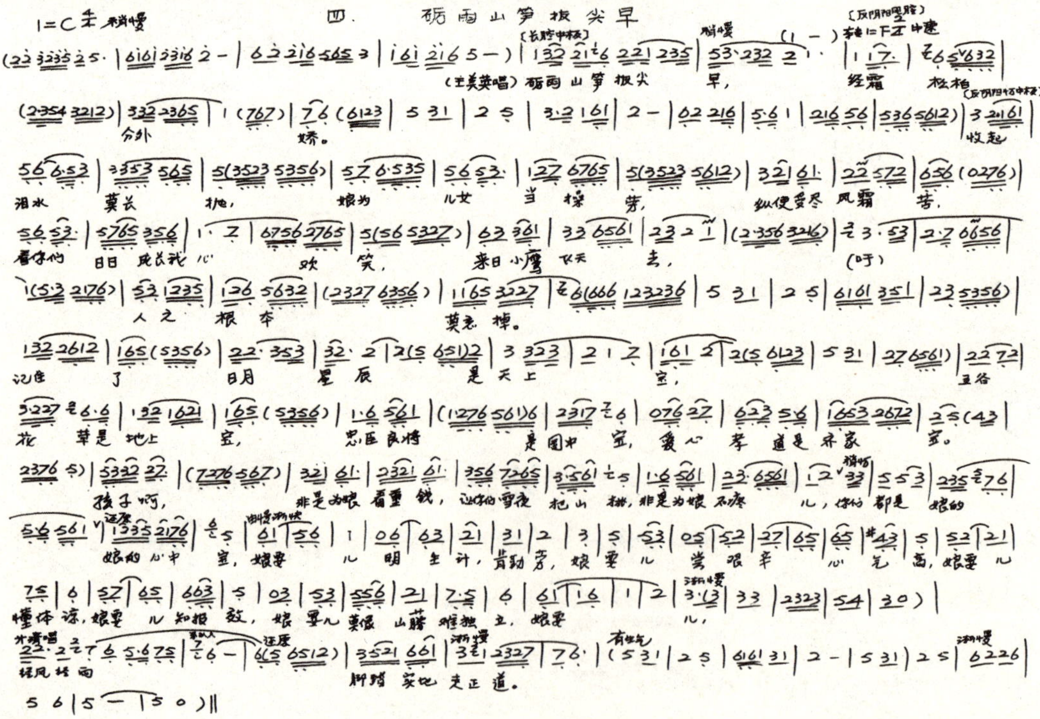

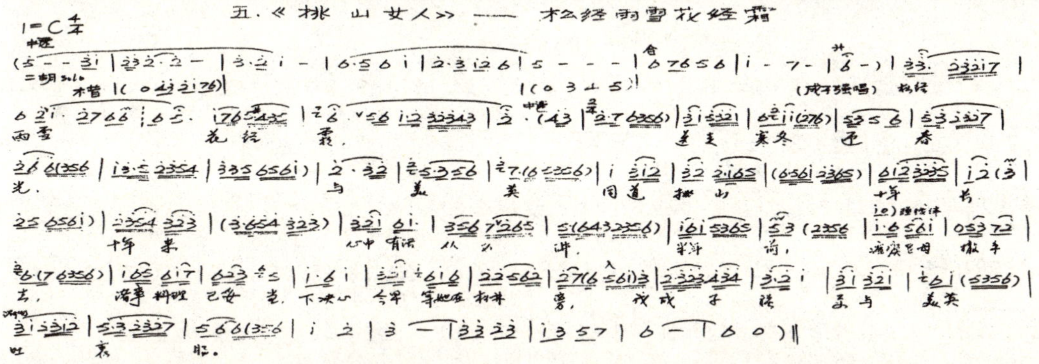

五.《挑山女人》——松经雨雪花经霜

1=C $\frac{4}{4}$

中速

六. 十年光明十年长 （第一版）

1=C $\frac{2}{4}$ 中速

深情激动地

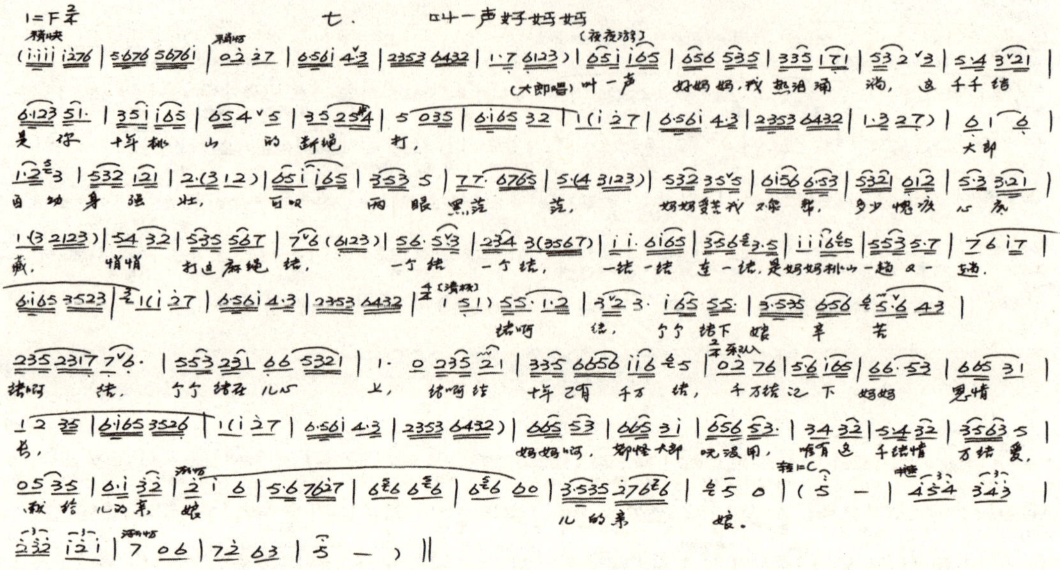

七、叫一声好妈妈

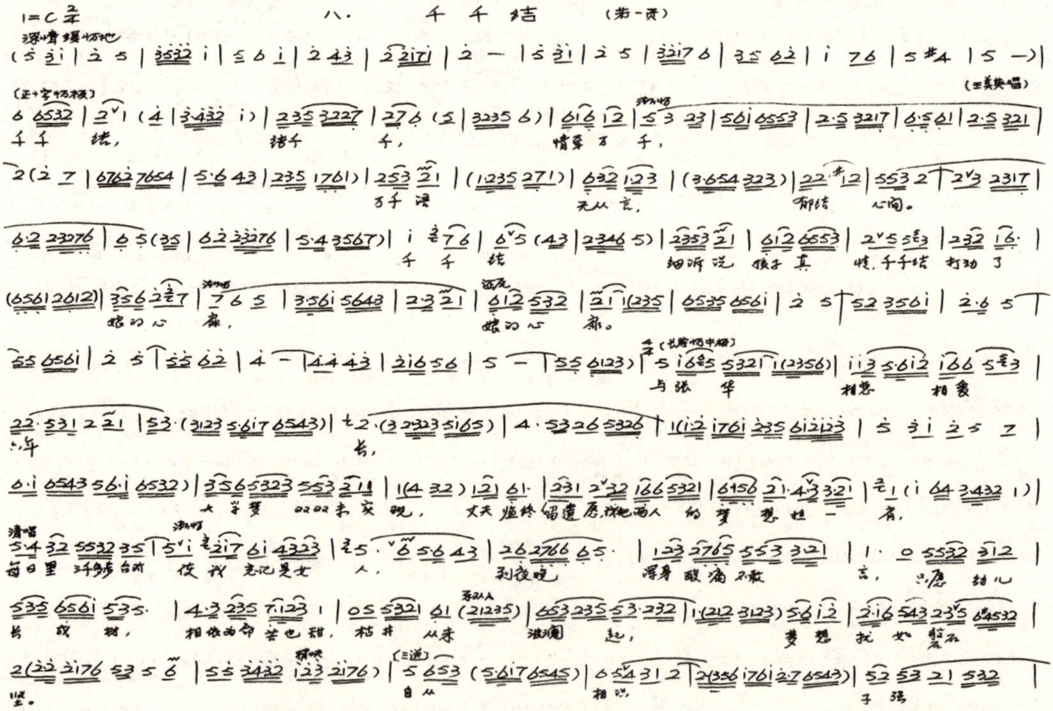

1=F $\frac{2}{4}$

稍快 〔夜夜游〕

（大部唱）叫一声 妈妈妈，我热泪涌淌，这千千结是你十年挑山的麻绳打，

大部 自幼身强壮，可叹两眼黑茫茫。妈妈要我来帮，多少惆怅心底藏。悄悄打过麻绳结，一个结一个结，一结一结连一结，是妈妈挑山一趟又一趟。

（清板）结呀结，个个结下娘辛苦。结呀结，个个结在儿心上，结呀结十年百有千万结，千万结记下妈妈恩情长。

（慢板）妈妈呀，若惟大部吃饭用，唯有这千结情万结爱，我结给儿的亲娘，儿的亲娘。

八、千千结

（第一段）

1=C $\frac{2}{4}$

〔王十朵妈妈板〕

千千结，结千千，情系万千，万千语无从言，郁结心间。

千千结 细诉说孩子真情，千千结打动了娘的心扉，娘的心扉。

（王美英唱）〔长腔妈妈中板〕与张华相恩相爱……年长，

大学梦叩叩未实现，丈夫临终留遗愿，我把两人的梦想担一肩，

（清唱）每日里汗珠白洒，使我忘记是女人，到夜晚浑身酸痛不敢言，只愿甜心长成树，相依为命苦也甜，枯井从来波澜起，梦想托女……坚。

〔三送〕自从……相识……子强

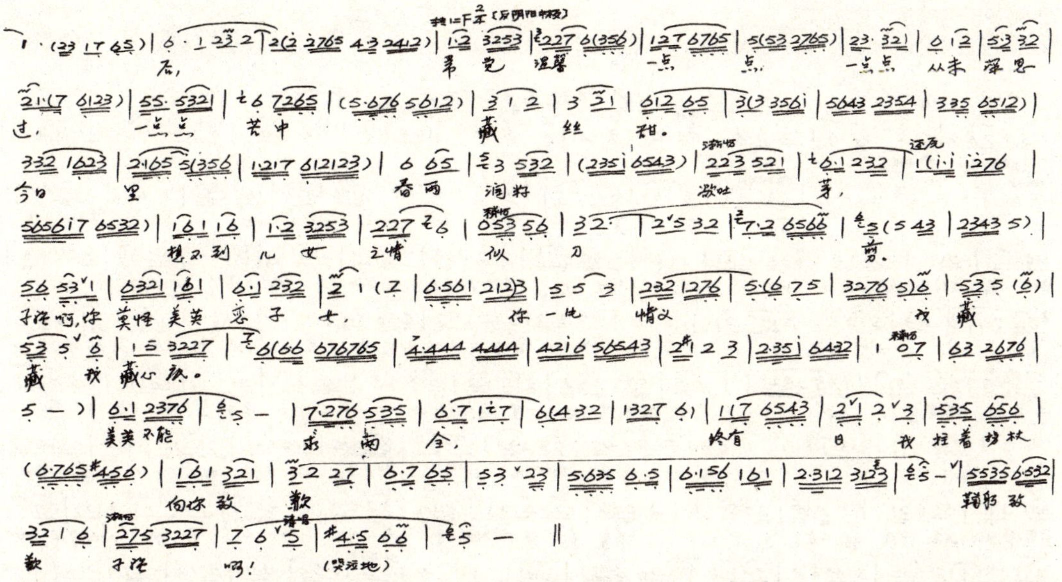

九、妈妈妈妈莫伤心

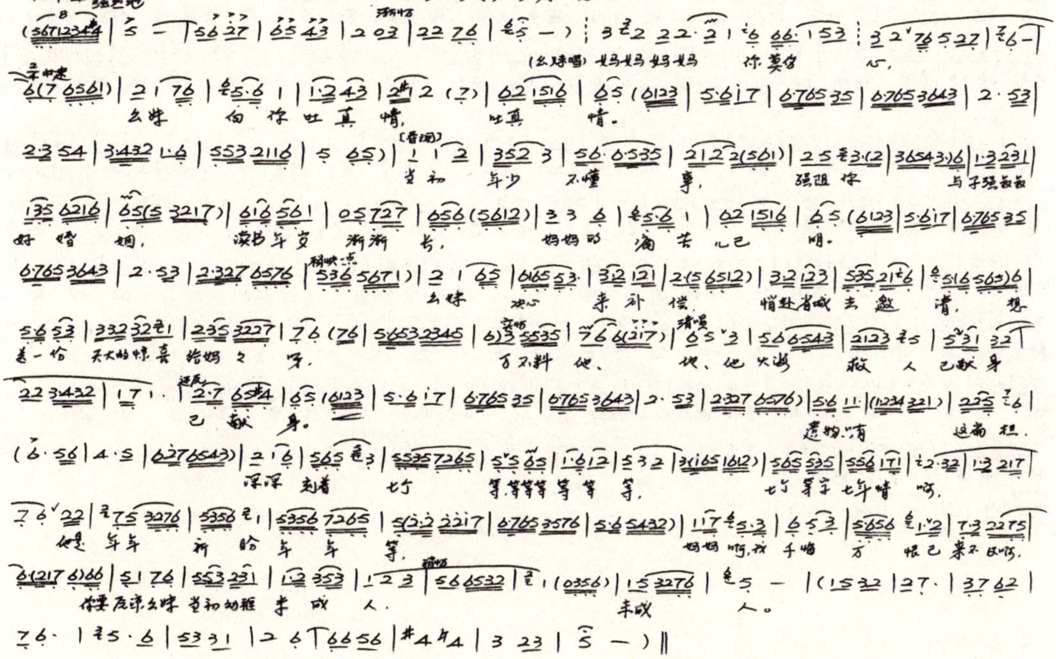

1=F $\frac{2}{4}$ 强烈地

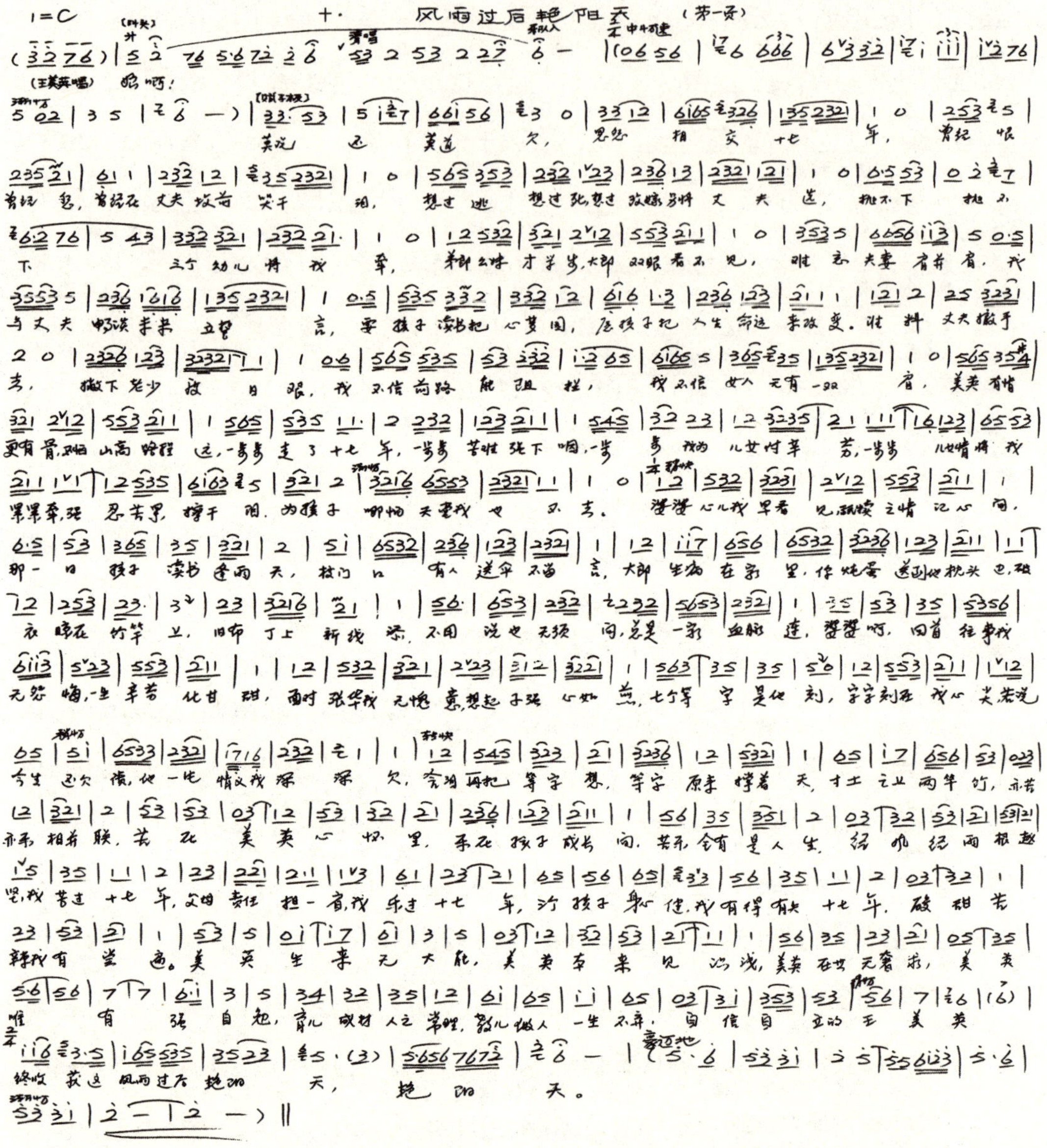

1=C

十· 风雨过后艳阳天 （第一段）

（王美英唱）哈 啊！

美英 还 莫道 久，见怨 相 交 十七 年，曾经 恨 曾经 怨，曾经在 丈夫 坟前 哭干 泪，想过 逃 想过 死 想过 改嫁 另找 丈 夫 送，抛不下 抛不 下 三个 幼儿 牵 我 手，耕田 公婆 才 半 岁，大郎 双眼 看不 见，难忘 夫妻 情 有 意，我 与 丈夫 常谈 未来 立誓 言，要 孩子 读书把 心 意 圆，在 孩子把 人生 命运 来改 变。谁 料 丈夫 撒手 去，撒下 老少 孩 目 眼，我 不信 前路 能 阻 挡，我 不信 女人 无有 一双 肩，美英 有情 更有 骨，挑山 山高 路程 远，一步步 走 了 十七 年，一步步 苦难 踩下 咽，一步 步 我的 儿女 对苦 苦，一步步 儿女情 将 我 累累 牵，强 忍 苦累 擦干 泪，为 孩子 哪怕 天塌 我 也 不 走。望望 心儿 我 早看 见，孩子 之情 记心 间，那 一 日 孩子 读书 逢雨 天，校门 口 有人 送伞 不 留 言，大郎 生病 在 家 里，佳佳 送回 他 枕头 边，破 衣 晾在 竹竿 上，旧布 丁上 新线 添，不用 说 也 无须 问，总是 一家 血脉 连，望望 呀，回首 往事 我 无怨 悔，一生 辛苦 化甘 甜，面对 张华 我 无愧 意，想起 心如 煎，七个 字 是 他 刻，字字 刻在 我 心 尖 今生 还欠 债，他一 情义 我 深 深 欠，今后 再把 等字 想，等字 原来 撑着 天，寸土 之山 两竿 竹，亦苦 亦乐 相 扶 眠，苦 在 美 英 心 坎 里，乐在 孩子 成长 间，苦乐 全有 是人生，经 风 经 雨 根越 坚，我 苦过 十七 年，父母 责任 担一 肩，我 乐过 十七 年，为 孩子 身心 健，我 有得 有失 十七 年，酸 甜 苦 辣 我 有 尝 遍。美 英 生 来 无 大 能，美 英 本 来 见 识 浅，美英 在世 无奢 求，美 英 唯 有 强 自 勉，育儿 成才 人之 常理，教儿 做人 一生 不弃，自 信 自 立的 王 美 英 终 收 获 这 风雨 过后 艳阳 天，艳 阳 天。

《挑山女人》剧照（部分）

剧照 1

剧照 3

剧照 2

剧照 5

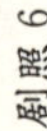

剧照 6

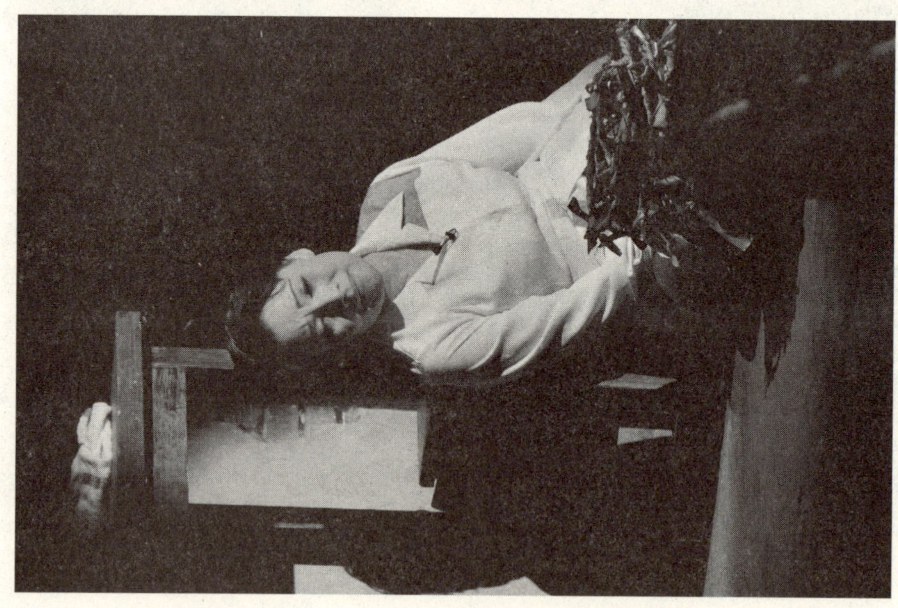

剧照 4

剧照 8

剧照 9

剧照 7

剧照 12

剧照 10

剧照 11

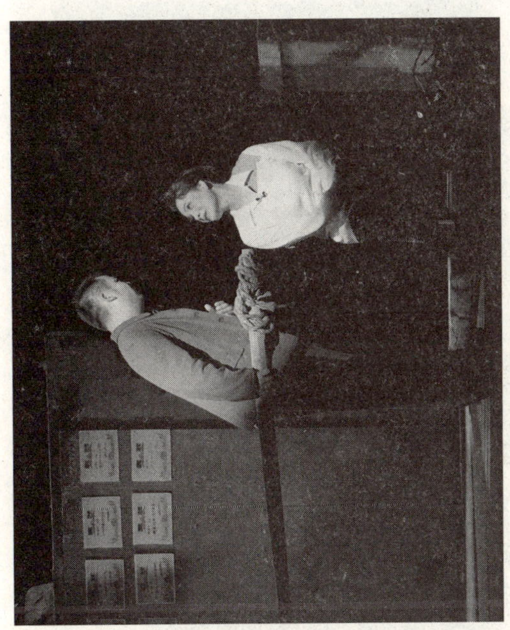

剧照 13

剧照 14

剧照 15

剧照 16

剧照 18

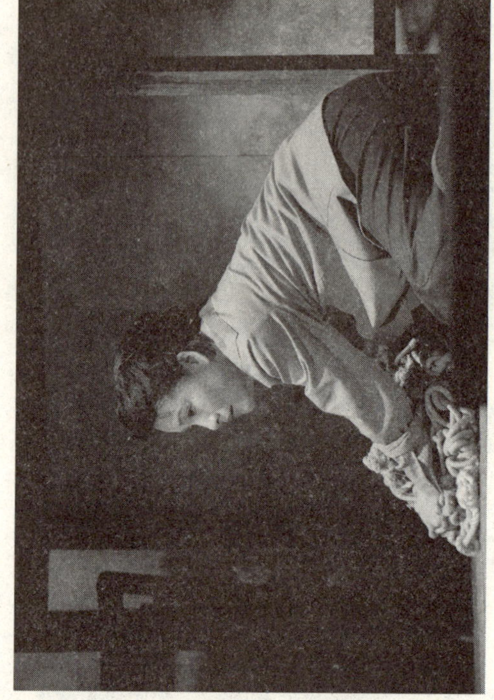

剧照 19

剧照 17

剧照 22

剧照 20

剧照 21

剧照 23

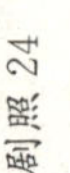

剧照 24

剧照 25

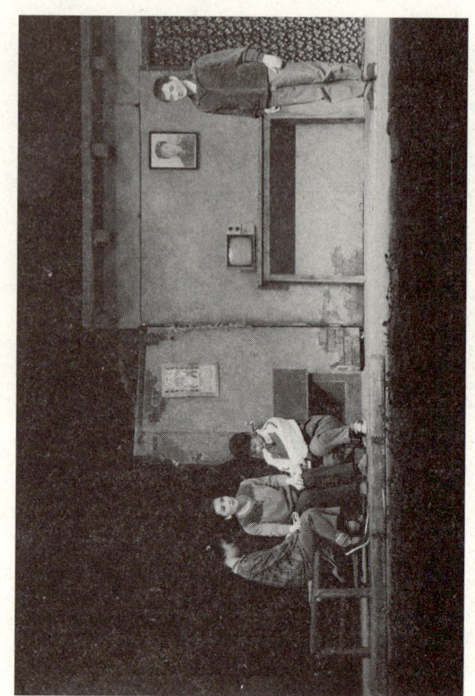

剧照 26

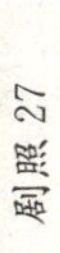

剧照 27

剧照 28

剧照 29

剧照 30

剧照 31

剧照 32

剧照 33

剧照 34

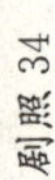

剧照 36

剧照 35

#《挑山女人》演出场次统计

时　间	地　点	场 次	观看人次	备　注
2012 年				
10 月 26 日 10 月 28—31 日 11 月 1—15 日 11 月 27—29 日 12 月 2—6 日	宝山区党校礼堂	28	30800	每场约 1100 人次
2013 年				
1 月 21 日	宝山月浦段泾村	1	800	
2 月 5—8 日	逸夫舞台	4	3600	每场约 900 人次
2 月 21—22 日	宝山顾村文化中心	2	1800	每场约 900 人次
3 月 4—8 日	宝山罗泾文化中心	5	4000	每场约 800 人次
3 月 10—11 日	宝山潘桥村	2	1000	每场约 500 人次
3 月 14—15 日	宝山杨桥村	2	1600	每场约 800 人次
3 月 23—24 日	上海大学伟长楼	2	2000	每场约 1000 人次
4 月 1—2 日	宝山顾村文化中心	2	1200	每场约 600 人次
4 月 8—11 日	宝山杨行文化中心	4	4000	每场约 1000 人次
4 月 18 日	东方绿舟剧场	1	1500	
4 月 29 日	宝山大场文化活动中心	1	800	
5 月 2 日	东方绿舟剧场	1	1500	
5 月 6 日	东方绿舟剧场	1	1500	
5 月 11—12 日	杭州红星剧院	2	1800	每场约 900 人次
6 月 6—7 日	宝山区党校礼堂	2	2200	每场约 1100 人次
6 月 10—11 日	上海城市剧院	2	2000	每场约 1000 人次
6 月 15—16 日	浙江绍兴小百花剧场	2	600	每场约 300 人次
6 月 21—22 日	江苏常州红星大剧院	2	2000	每场约 1000 人次

（续表）

时　间	地　点	场　次	观看人次	备　注
6月25—28日	逸夫舞台	4	3600	每场约900人次
7月10—12日	宝山罗店文化中心	2	1600	每场约800人次
7月15—18日	宝山友谊街道文化中心	3	1200	每场约400人次
7月25—26日	上海嘉定影剧院	2	2000	每场约1000人次
8月6—7日	上海艺海剧院	2	1800	每场约900人次
8月9—10日	宁波逸夫剧院	2	2000	每场约1000人次
8月12日	宁波邱隘剧场	1	1000	
8月17—18日	太仓大剧院	2	2000	每场约1000人次
8月22—24日	宝山淞南文化中心	3	2700	每场约900人次
9月5—7日	金山工人影剧院	3	2700	每场约900人次
9月13—14日	宛平剧院	2	2000	每场约1000人次
9月28、30日	宝山党校	2	2200	每场约1100人次
10月8—9日	宝山党校	2	2200	
10月16—17日	山东淄博剧院	2	2600	每场约1300人次
11月10—11日	苏州开明大戏院	2	2200	每场约1100人次
11月13—14日	逸夫舞台	2	1800	每场约900人次
2014年				
1月6—7日	宝山区文化馆	2	2000	每场约1000人次
2月18—19日	北京国家大剧院	2	2000	每场约1000人次
3月6—8日	太仓大剧院	3	3000	每场约1000人次
3月17日	市委党校	1	1000	
3月20—21日	艺海剧院	2	1800	每场约900人次
3月24—25日		2	1800	
3月28—29日	上海大剧院	2	3000	每场约1500人次
4月6—7日	宝山庙行文化中心	2	2000	每场约1000人次
4月9日	逸夫舞台	1	900	每场约900人次
4月11—12日		2	1800	
4月15—18日	艺海剧院	4	3600	每场约900人次
4月23—25日	海上文化中心	3	3000	每场约1000人次
4月28—29日	嘉定影剧院	2	2000	每场约1000人次
5月4—5日	松江洞泾文化中心	2	1600	每场约800人次

（续表）

时　间	地　点	场　次	观看人次	备　注
5月7—10日	崇明影剧院	4	4000	每场约1000人次
5月12—13日	奉贤区委礼堂	2	2000	每场约1000人次
5月15日	徐泾影剧院	1	800	
5月22日	市委党校	1	1000	
5月28—29日	华东师范大学	2	3000	每场约1500人次
6月3—4日	交通大学	2	2400	每场约1200人次
6月11—13日	逸夫舞台	3	2700	每场约900人次
6月18—19日	宝山吴淞文化中心	2	1800	每场约900人次
7月14日	东方艺术中心	1	1000	
7月23—24日	逸夫舞台	2	1800	每场约900人次
8月7日	香港文化中心	1	1500	
9月10—13日	宝山罗泾镇	3	3000	每场约1000人次
9月18—19日	宝山月浦文化馆	2	1200	每场约600人次
9月21日	宝山月浦聚源桥	1	1000	
10月11—12日	北京长安大戏院	2	1600	每场约800人次
10月16日	济南历山剧院	1	1000	
10月26日	逸夫舞台	1	900	
11月15—16日	宝山淞南文化中心	2	1600	每场约800人次
11月19—20日	嘉定保利大剧院	2	2400	每场约1200人次
11月22日	崇明庙镇	1	1000	
11月25日	崇明陈家镇文化中心	1	1000	
11月27日	宝山顾村文化活动中心	1	1000	
11月30日	惠南镇艺术指导中心	1	1100	每场约1100人次
12月1日		1	1100	
12月10—11日	浦江影剧院	2	1400	每场约700人次
12月13—17日		5	3500	
12月19日		1	700	
2015年				
2月2—3日	城市剧院	2	2000	每场约1000人次
2月6—7日	宝山广福文化活动中心	2	1600	每场约800人次
2月26—27日	宝山淞南文化中心	2	1600	每场约800人次

（续表）

时　间	地　点	场　次	观看人次	备　注
4月7—8日	东方艺术中心	2	2000	每场约1000人次
4月10—11日	宝山顾村诗乡剧场	2	2000	每场约1000人次
5月10日	广东演艺中心大剧院	1	1000	每场约1000人次
8月9日	宝山月浦文化馆	1	600	每场约600人次
8月11日	宝山月浦文化馆	1	600	
8月15—16日	宝山月浦文化馆	2	1200	
8月30日	宝山顾村大家园	1	1000	
10月19—21日	宝山月浦文化馆	3	1800	
10月26—27日	北京国家大剧院	2	2000	每场约1000人次
11月3—4日	安徽合肥大剧院	2	2600	每场约1300人次
12月9—10日	浦江影剧院	2	1400	每场约700人次
12月14日	宝山罗泾文化活动中心	1	1000	每场约1000人次
2016年				
2月18—19日	逸夫舞台	2	1800	每场约900人次
3月18—19日	常熟虞山大戏院	2	2000	每场约1000人次
7月20—21日	中国评剧大剧院	2	1400	每场约700人次
共　计		**212**	**200900**	

《挑山女人》媒体报道统计

时　间	媒体名称	介绍内容	备　注
2012 年 10 月 22 日	《东方网》	宝山沪剧团再推年度大戏《挑山女人》26 日首演	
2012 年 10 月 23 日	《新闻晚报》A2 版	原创沪剧《挑山女人》即将首演宝山	
2012 年 10 月 23 日	《天天新报》A11 版	沪剧《挑山女人》首演	
2012 年 10 月 26 日	东广新闻台《东广锐新闻》	原创沪剧《挑山女人》首演	
2012 年 10 月 26 日	《东方城乡报》B1 版	大型原创现代沪剧《挑山女人》今日首演	
2012 年 12 月 27 日	《解放日报》头版	原创现代沪剧《挑山女人》首演	
2012 年 12 月 28 日	《经济日报》头版	各地喜迎十八大　上海宝山——原创现代沪剧《挑山女人》献礼盛会	
2012 年 12 月 28 日	《劳动报》3 版	宝山排沪剧　讴歌女挑夫	
2012 年 12 月 28 日	《文汇报》2 版	宝山原创沪剧《挑山女人》首演	
2013 年 1 月 3 日	《新民晚报》头版	戏台上下为挑担育子母亲洒泪	王剑虹
2013 年 1 月 30 日	《文汇报》第 11 版	人字原来大如天——毛时安（上海市政府参事　文艺评论家） 苦乐全有是人生——季国平（中国剧协分党组书记、驻会副主席） 朴实无华最动人——荣广润（上海戏剧学院前院长、教授） 有此一精神，何事不成功——戴平（上海戏剧学院前党委书记、教授）	
2013 年 2 月 11 日	《光明日报》头版	《挑山女人》感动上海	
2013 年 3 月 21 日	《文汇报》头版	小剧团"定向"现代戏　执着记录时代声音	记者：张裕
2013 年 3 月 22 日	《文汇报》第 9 版	现代题材戏曲创作要接地气接人气	记者：张裕
2013 年 3 月 28 日	《中国文化报》	《挑山女人》：哭着哭着就笑了	桃子

（续表）

时　　间	媒体名称	介绍内容	备　　注
2013 年 3 月 29 日	《新民晚报》A15 版	创作真正有价值的草根艺术	吕育忠
2013 年 4 月 12 日	《中国艺术报》4 版	生命的意义是担当　观沪剧《挑山女人》	龚和德
2013 年 4 月 16 日	《联合时报》	好一个"挑山女人"——访民盟盟员、上海宝山沪剧团团长华雯	
2013 年 4 月 17 日	《文汇报》第 10 版	可贵的坚守——华雯和她的新作《挑山女人》 （《中国戏剧》杂志主编：赓续华） 下生活接地气　扬优势破难题（著名编剧：余雍和）	
2013 年 6 月 29 日	《人民日报》头版	《挑山女人》"挑"出一方天	记者：李泓冰、曹玲娟
2013 年 10 月 15 日	《中国文化报》	生命的意义是担当　赞沪剧《挑山女人》 龚和德（著名文艺评论家）	
2013 年 10 月 15 日	《中国文化报》	我和挑山女人《挑山女人》主演华雯	
2013 年 10 月 17 日	《淄博晚报》	亲情大爱　母爱如山"文华奖"参评剧目《挑山女人》淄博剧院首演侧记	记者：杨飞
2013 年 11 月 27 日	《天天新报》	《挑山女人》凭真实感人获得成功	记者：朱渊
2013 年 11 月 27 日	《东方早报》	沪剧《挑山女人》一年内三进艺术节	记者：潘妤
2014 年 2 月 3 日	《北京青年报》第 10 版	沪剧《挑山女人》首登大剧院　区级小剧团创排当代题材大戏	
2014 年 2 月 13 日	《劳动报》第 10 版	沪剧商业演出首进国家大剧院	
2014 年 2 月 13 日	《青年报》A20 版	沪剧走进国家大剧院	
2014 年 2 月 13 日	《新民晚报》A19 版	小剧团敢于撑起大世面　沪剧《挑山女人》下周亮相国家大剧院	记者：王剑虹
2014 年 2 月 13 日	《天天新报》07 版	沪剧首登国家大剧院　《挑山女人》"北上"公演	朱渊
2014 年 2 月 14 日	《文汇报》第 8 版	沪剧小剧种走近首都观众 《挑山女人》下周登台国家大剧院	记者：吴越
2014 年 2 月 17 日	《中国网》	沪剧走近首都观众《挑山女人》将亮相国家大剧院	
2014 年 2 月 19 日	《解放日报》头版	沪剧《挑山女人》：百姓故事传递正能量	

（续表）

时　　间	媒体名称	介绍内容	备　　注
2014年2月19日	上海电视台新闻综合频道《新闻坊》播出	沪剧《挑山女人》国家大剧院首演	
2014年2月20日	《新民晚报》A18版	真人真事真实感人　真情真爱真诚动人 《挑山女人》在京获专家肯定	记者：王剑虹
2014年2月20日	《新闻晨报》B3版	《挑山女人》进京城	
2014年2月20日	《解放日报》头版、7版	首都观众为“挑山精神”动情流泪	记者：李峥、王烜
2014年2月21日	《中国艺术报》头版	沪剧《挑山女人》演绎真实生活善美	
2014年4月3日	《中国文化报》	《挑山女人》大爱悲悯真实感人	
2014年7月26日	《新民晚报》	《挑山女人》挑起中国戏曲学会奖	记者：王剑虹
2015年10月27日	《中国文化报》	一出戏能生发多少意义	沈伟民
2016年7月6日	《文汇报》	沪剧《挑山女人》将四度晋京演出	记者：黄启哲
2016年7月6日	《东方早报》	沪剧《挑山女人》将四度进京演出	记者：潘妤
2016年7月7日	《新民晚报》	《挑山女人》三度获邀　四度晋京 唤回被遗忘的“看戏的理由”　克服被框死的“剧种的局限”	记者：朱渊
2016年7月8日	《解放日报》	沪剧《挑山女人》创纪录，将第四度晋京演出	记者：诸葛漪

附：媒体报道文章选登

小剧团"定向"现代戏　执着记录时代声音

2013 年 3 月 21 日《文汇报》头版　记者　张　裕

一大早，宝山沪剧团团长、沪剧名家华雯打开电子邮件，接收了编剧李莉发给她最新一稿的沪剧《挑山女人》剧本。这部一经推出就连演了 30 多场的现代沪剧，如今已引起全国戏剧界的关注与好评。然而，宝山沪剧团却并没有就此满足，而是抓住这一"有苗头"的作品不放，准备不断打磨，今年 6 月份，全新版本的《挑山女人》又将呈现在舞台上。

宝山沪剧团是一个小剧团，这些年，剧团在编的人员越来越少，少到只剩下 14 人；年龄越来越老，老到《挑山女人》中的挑夫前些天还在台上，这几天已经退休回家了。如今，排一台大戏，如果不请"外援"，伴奏的乐队成员都几乎无法奏成乐曲。然而，就是这样一个小得不能再小的剧团，几十年来，却一直坚守在很多戏曲院团视为"畏途"的现代戏创作道路上，以自己的坚韧和执着，拿出了一部又一部的现代戏作品，从《红叶魂》到《红梅颂》再到最近的《挑山女人》，宝山沪剧团以极高的现代戏"成活率"，令全国文艺界刮目相看。

排演现代戏，从不自觉到自觉

创排现代戏在团长华雯看来，一开始，剧团是为生计所迫，不得不演现代题材的"定向戏"。渐渐地，剧团才从中尝到甜头，这中间，确实有一个从不自觉到自觉的过程。

当初，为了市公安局能敲一个大红印章，方便出票，剧团排演了《缉毒女警官》；为了配合上海质量监督局的宣传，剧团上演了《罪女泪》和《东方彩虹》；排演大戏《清水恋》，是给环保局的"定制"；排演农村戏《宝华春秋》，更是为了让区政府能组织全区老百姓观摩。从 1995 年到 2003 年的 8 年间，剧团排演了 5 部原创的现实题材大戏，演出总场次超过 1200 场。

虽然剧团的日子过得很艰难，但渐渐地，剧团积累了创作现实主义题材大戏的经验，在贴近生活、贴近实际、弘扬社会主义主旋律的创作道路上，留下的脚印越来越坚实。2009 年，剧团决定排演根据四川省巴中市南江县纪委书记王瑛真人真事改编的沪剧《红叶魂》。虽然华雯不想被人说自己是"英雄花旦"，但为了让沉寂多年的剧团能排演一部打翻身仗的大戏，华雯还是说服自己，去四川采风。当华雯走进王瑛的内心世界时，她发现王瑛一如邻家姐姐般可亲，跟自己一样是一位爱美的女性。那一刻，华雯不觉得自己要在舞台塑造一位英雄；那一刻，她有了演绎王瑛的冲动。

《红叶魂》一炮打响，作为上海唯一一台剧目赴京参加全国现代戏优秀剧目展演。接到这一好消息时，全团上下一片沸腾，和华雯要好的几个老兄弟老姐妹说着说着就都哭了。因为成功扮演王瑛这一角色，华雯也因此获得了第20届上海戏剧白玉兰主角奖。

创作现代戏人物时，融入自己

华雯说，她最幸福的时候，是在台上与角色融为一体，直到谢幕时，自己还未能从角色里跳出来，甚至晚上躺在床上，都还沉浸在角色中。华雯知道，如此入戏，很伤人，但她痴迷这种入戏的状态。而这种状态的获得，不能单纯靠表演技巧，还得融入艺术家对生命的独特感悟。华雯说，这些对生命的感悟，让舞台上的人物一个个都变得鲜活起来，也让她不由自主地爱上了这些可爱的人物。《红叶魂》之后，剧团决定排演沪剧《红梅颂》。早在15年前，宝山沪剧团就排演了改编自同名歌剧的沪剧《江姐》。华雯版的“绣红旗”等唱段，在戏迷中广为传唱。如今重演江姐，如何在经典的基础上画龙点睛，让这个革命人物接通现代人的心灵？华雯和她的创作团队一起，独创性地设计了一个音质浑厚的画外音，让他与江姐作穿越时空的对话。这样的对话，出现在序幕、江姐受刑时与江姐牺牲时三个段落，以期让现代观众理解当年为理想献身的革命者。

华雯挑着一个剧团的重担，一步一步往上攀登，一次一次领略创演现代戏的无限风光。决定排演《挑山女人》后，华雯曾随着剧中女主人公的原型汪美红一起爬上齐云山，体验在这三千多级台阶上一个铁骨柔情的母亲留下的汗水和泪水。有了台下的真切体验，台上的表演自然格外动人。《挑山女人》最后一场戏，剧中的婆婆向媳妇下跪，表达自己的种种愧疚，华雯以近百句的赋子板，一气呵成，唱出了挑山女人的满腹辛酸。字字句句，打动人心。一曲终了，台上台下全都泪流满面。华雯再一次将自己的人生感悟融入《挑山女人》的创作中，呈现了一部用情、用心，有艺术感染力的好戏。

现代题材戏曲创作要接地气接人气

2013年3月22日《文汇报》第9版　记者　张　裕

宝山沪剧团创作的现实题材沪剧《挑山女人》，首轮演出30多场，赢得了观众和专家的如潮好评。在昨天举办的评论研讨会上，京沪两地的专家认为，沪剧《挑山女人》是上海戏曲界近几年来出现的一部难得的、非常感人的现实题材好戏，是一部有思想、有艺术、有市场、有发展前景的好戏。总结和宣传《挑山女人》创作的成功经验，总结宝山沪剧团这一现代戏创作的典型，有助于进一步繁荣上海现实题材戏剧创作。

雪中送炭而非锦上添花

通常，为一部戏开大规模的研讨会，只在这部戏经过多年打磨、荣获众多国际国内大奖、到了“盖棺定论”之后才会举办，可谓锦上添花。而沪剧《挑山女人》问世不足半年时间，虽然被公认为是一部难得的现代戏佳作，却在编、导、演、服装、舞美等各个方面都留有较大的提升空间。事实上，这几天，编剧李莉刚刚完成新一轮的剧本修改，今年5月，该剧将进入重大修改后的重排。在这一当口举办大规模的评论研讨会，专家们认为此举非常有意义，是有助于提升作品艺术含金量的一次雪中送炭。《中国文化报》副总编赵忱说：“上海对《挑山女人》如此重视和扶持，举办如此高规格的座谈会，是我从前很少见到的。我向上海致敬，因为上海如此重视宝山沪剧团这样的基层剧团，重视一部问世不久的现实题材新作。”

戏剧评论家、《中国戏剧》总编赓续华也高度评价《挑山女人》评论研讨会的召开，她认为这体现了三个意识：剧种意识、草根意识和审美意识。赓续华说：“上海以《挑山女人》为契机，着力振兴沪剧这一本地剧种，体现了上海的文化自信。上海可谓时尚、精致的代名词，但上海依旧能创作《挑山女人》这种表现来自安徽农村妇女的剧目，说明上海宽广的胸怀。《挑山女人》的审美，在价值观上是向上、向善的，非常好。”

文化部艺术司戏剧处处长吕育忠认为：“上海不仅是我国舞台艺术创作的重镇，也是引领全国艺术创作的源头和码头。近几年，上海推出了不少优秀的作品，沪剧《挑山女人》是上海舞台创作的又一道亮丽的风景，让人深切感受到了久违的感动。”

捕捉了人性之善人性之美

专家们认为，《挑山女人》之所以能取得成功，首先因为它接地气，创作题材有扎实的生活基础，创作者们将自己的心和人民群众的心紧密地联结在一起，成功地捕捉了人性之善、人性之美。文艺评论家龚和德提出：“《挑山女人》作为一部优秀的现代剧，值得我们重视和总结。艺术家的加工，对原始的素材是一种提升，对观众更有启发意义。剧中挑山女人给人感觉非常真实，创作者用生动的艺术形象告诉观众，生命的意义在于担当。剧中女主人公对苦难的担当，对子女前途的担当，对社会、对国家责任的担当，这种精神，对观众很有启发和教育意义。”

吕育忠提出：“《挑山女人》所展示出的为人之母的大爱、大义、大忍，女主人公传递的精神，正是当下社会所需要的。《挑山女人》的成功再一次证明，艺术创作必须以满足人民需求为着眼点和落脚点，以人民为中心作为创作导向，要以人为本，凸现人文关怀，以真情之心面对生活，诚实地了解生活、反映生活，在平凡生活中挖掘出人生的意义，传递生活的热情和温情。”

上海戏剧家协会副主席马博敏说：“《挑山女人》的成功，并非偶然现象，这是宝山沪剧团长期以来坚持以现实生活为源泉，以寻求当代题材为创作导向，以极大的热情颂扬今天最‘美’女性为艺术追求所产生的必然结果。《挑山女人》的出现，就是这种坚持的成果。为了追求这样的艺术坚持，宝山沪剧团的每一出戏，都拥有扎实的生活基础。”

宝山沪剧团现象值得关注

文艺评论家郦国义更是提出，要重视宝山沪剧团现象。20多年来，宝山沪剧团平均不到两年就推出一部原创现代大戏，如《第二次握手》、《东方女性》、《缉毒女警官》、《东方彩虹》、《罪女泪》、《宝华春秋》、《红叶魂》、《挑山女人》等，创作一部，打响一部。这些现代题材的大戏，继承了沪剧善于创作现代戏的传统，满腔热情地表现现代题材的作品，大力弘扬社会主义核心价值观，因此受到广大观众的热烈欢迎。

文艺评论家毛时安认为，宝山沪剧团推出的这些原创首演大戏，给上海乃至全国戏曲舞台带来了一大批新剧目，满足了观众对于新戏的欣赏要求。这些剧目全部取材于现当代生活，始终紧扣着时代脉搏的跳动、变化，回应时代迫切期待解答的精神需求。在这些原创新戏中，由华雯领衔的宝山沪剧团塑造了一批光彩照人、真切感人的正面舞台典型，唤起了广大观众内心的良知，激发了观众内心的正能量，取得了良好的社会效益。

上海戏剧学院教授戴平说：“当年，宝山沪剧团推出《红叶魂》后，我鼓励华雯：坚持走这条路不要动摇，坚持搞现代戏创作，将来必定前途无量。果然，宝山沪剧团又推出了这台《挑山女人》，着实令人振奋。在我看来，华雯也是一位‘挑山女人’，她以挑山工的精神演《挑山女人》，以一个女人柔弱的肩膀，挑起一个剧团的重担一步一步往上攀登。正可谓，有此一精神，何事不成功！”

《挑山女人》：哭着哭着就笑了

2013 年 3 月 28 日《中国文化报》 桃 子

上海对一个区县剧团——宝山沪剧团创排的现代戏《挑山女人》似乎格外青睐，这是为什么呢？3 月 21 日，本报副总编辑赵忱与著名戏剧评论家龚和德、文化部艺术司戏剧处处长吕育中，《中国戏剧》主编赓续华一起应邀参加了在上海举行的《挑山女人》评论研讨会。

评论会由上海市委宣传部、上海市文化广播影视管理局联合主办，上海文化发展基金会文艺评论专项基金、上海剧协承办。评论会由上海市委宣传部副部长陈东主持。来自京沪两地的专家、媒体领导、观众代表一一点评了《挑山女人》的魅力及宝山沪剧团现象。尤为值得一提的是，上海市委常委、宣传部部长杨振武自始至终坚守在评论会上，在听完全部发言后指出：沪剧《挑山女人》是一部直面人生、直通人情、直抵人心的好作品，充分展现了中华民族传统美德中知足常乐、坚韧达观，不向命运屈服、努力创造幸福生活的精神。他希望，广大文艺工作者在文艺实践中，要始终秉持以人民为中心的创作导向，以美的形式、美的力量，传播先进文化，创作更多弘扬真善美、贬斥假恶丑的作品，用关爱的情怀和发现的眼光，刻画“最美人物”颂扬“最美精神”。

是了，这就是答案。那么，《挑山女人》是怎么个美法呢？

汪美红，齐云山下的坚韧女子

《挑山女人》源于一个真实的故事——一对上海夫妇在安徽齐云山旅游时遇见了一个女挑夫。她的艰苦，她的坚韧，她的背影，她的音容，跟随他们回到了上海。

2009 年，47 岁的汪美红已经在齐云山做了 17 年挑夫，她是齐云山上唯一的女挑夫，因为她 26 岁死了丈夫，被婆婆嫌弃，她必须像男人一样扛起重担、扁担，才能担负起养活一个失明长子、一对龙凤幼子幼女的重任。17 年里，她只有一天没有负重上山，那一天，一个爱恋她的男人死了。她为了养家没有再嫁。汪美红和她的故事抓住了这对上海夫妇女儿的心，这个上海大学一年级的女孩提着摄像机跑到了冬日寒冷的齐云山。她跟拍汪美红，像追随一种精神。后来，她的短片《腊月二十四，小年》获得了一个专业奖项。她持续跟拍，又做了《妈妈是座山》寄给中央电视台新闻中心，汪美红上了央视新闻，往后，又被“鲁豫有约”了一下，被柴静“看见”了一下，甚至还上了一回《中国达人秀》。汪美红似乎有名了，但还是要在齐云山挑担子上山。不同的是，家境变得不一样了：大儿子在杭州做盲人按摩，双胞胎儿子女儿考上了大学……陆续地，有人表示要资助汪美红，真的给了，汪美红不要，她习惯了靠自己的劳动养家糊口；还有人口口声声要给，其实没下文。在汪美红身上，可以照见很多不同的面孔。

据说，17 年来，汪美红风雨无阻，攀爬了近 20 万公里陡峭山路，往返 6000 多个来回，磨破 140 多双解放鞋，担断 70 多根扁担……没有坚定的信念和理想，那种拾级而上的寂寞与辛苦该如何承受？如果有人碰巧看见过汪美红，会同意这样的看法：她原本也是个美人啊。如今，她的腿被磨练得茁壮，如同男人，因为她做的是对男人来说也非常极限的活计。现在，汪美红几乎挑不动了。好在，上海宝山沪剧团团长华雯接过了汪美红的扁担。

华雯，宝山沪剧团的美丽挑夫

华雯是宝山沪剧团团长，虽然她没有上海沪剧团的茅善玉那样被全国观众知晓，但是，她也是一朵香自苦寒的“梅”，1986 年她就凭借沪剧《东方女性》夺得了中国戏剧梅花奖。这个生长在沪剧之家的女子从未离开过沪剧，小时候在父母所在的松江沪剧团玩耍，长大后在宝山沪剧团挑大梁，深爱沪剧之美，深知沪剧之难。如今，她在舞台上传神刻画出“挑山女人”王美英，在宝山沪剧团的现实里，她也是肩扛重担的领头人。3 月 21 日评论会伊始，领导与专家首先听到的就是华雯的汇报，她诚恳地感激上海及宝山领导对宝山沪剧团的支持。大家则一致认为，没有华雯的坚守，就没有宝山沪剧团的今日。

宝山沪剧团原本是个不大的剧团，但曾经有了不起的作为。近年来，由于众所周知的原因，剧团在编人员越来越少，少到只剩下 14 人；年龄越来越老，老到《挑山女人》中的挑夫前些天还在台上，后几天已经退休回家了。华雯不得不面对种种困惑，当然，也面对种种诱惑，然而，没有什么困惑什么诱惑可以真的动摇她对宝山沪剧团的责任感。这个美丽而娇柔的女子，勇敢而执着地应对现实，坚定地聪明地在沪剧现代戏创作道路上行走，一路艰辛一路歌，从《红叶魂》走到《红梅颂》，再走到《挑山女人》，走到现代戏的制高点，走出了一个区县沪剧团令全国文艺界刮目相看的风采。

鞋合不合脚自己知道，路好不好走自己知道。起初，剧团是为生计所迫创排现代戏——现代题材的“定向戏”。渐渐地，华雯从中尝到了甜头。

华雯就是这样带领宝山沪剧团前进，一步一个脚印，如同汪美红风雨无阻拾级而上。当宝山文广局领导建议华雯去看看齐云山的汪美红时，宝山沪剧团一次艺术上重要的飞跃注定就要实现了。

为了《挑山女人》，华雯曾跟随汪美红一起爬过齐云山，在 3000 多级台阶上品尝过、体会过一个独立的质朴的中国女人的汗水和泪水。真切的体验给了华雯对“挑山女人”满腹辛酸的深切认知。舞台上，她几乎不是在演了，她真情流出的是汪美红的泪，引出的是观众的热泪，她让国际化的上海滩处处传颂齐云山女挑夫的美德。

2012 年 10 月 26 日，该剧在宝山区委党校礼堂成功首演。首演结束后，《挑山女人》为宝山区各街镇、委办局、社区居民公演了 26 场，2 万多名观众观赏了这部充满人性关怀的沪剧大戏。今年 2 月 5 日至 8 日，该剧在上海逸夫舞台演出 4 场，场场爆满。往后，《挑山女人》将走进校园，走向全国，一种久违的向善向上的正能量将借助戏剧向大江南北传递。

“传承中心”，肩扛沪剧现代戏大旗

沪剧是上海独有的剧种，宝山是沪剧诞生和盛行的地方。宝山沪剧团是上海乃至长三角地区建团最早的专业沪剧团之一，至今已有60多年的历史。其前身为国家级沪剧传承人、“杨派”沪剧创始人杨飞飞领衔的勤艺沪剧团。近年来，宝山区委、区政府视宝山沪剧团为宝。同样是谋求改革，宝山对沪剧团的策略是将“沪剧团”更名为“宝山沪剧艺术传承中心”，将差额拨款改为全额拨款，使其肩负起公益演出、文化下乡和艺术传承的重任。被加倍呵护的“沪剧传承中心”，更加精神抖擞、奋发图强，连年创排现实主义题材力作，持续深入社区、农村、工地、军营、学校演出，在公益平台和原创平台两个平台上闻“机”起舞——贴近时代、贴近人民，不放弃任何一个生活给予的机会，体验生活，谱写成戏，自我发展，滋养人民。

在评论会上，中国文化报社副总编赵忱说，“挑山女人”是一面镜子，折射出人的精神之美，映射出人的尊严和坚持。而一个安徽女人在上海文艺舞台上受到这样的呵护、这样的礼赞，同样让人感动，“上海的文艺创作能有这样的眼光和胸怀，我要向上海致敬！”

来自沪剧发源地松江的观众周平感叹：“因为‘挑山女人’很草根，所以离我们很近。这个在苦难中坚守的女人，用母爱和人格震撼着我的灵魂……”

“剧中王美英的原型汪美红家里那么穷，床上只有棉絮没有被子，灶边只有咸菜没有蔬菜，阳台上晒着的衣服没有一件是完好的……当我第一次走近她，却怦然心动，因为她是那么健康，那么有精气神，她一点也不弱小，一点也不悲惨。我这个从都市里走出来的小资女性，在她的身边深深地感到了精神上的震撼。”演完这个戏，华雯和汪美红成为了好朋友。

在从前的上海文艺界领导马博敏看来，《挑山女人》的“草根味道”给当下文艺创作带来启示：带着敬意去“仰视”社会底层的人物，带着感恩的心去提炼有质感的生活，这种“草根”姿态或许是这个时代的文艺创作必须拥有的。

文艺评论家毛时安则感叹，《挑山女人》戏虽简单但不单薄，在简单中蕴含着丰厚的人生底蕴。这是一个由中国社会底层女子用坚实脚步、用生命光阴演绎的，决不轰轰烈烈叱咤风云，但一定会让人百感交集、肃然起敬的精神传奇，“看完这出戏让人懂得，原来人字大如天！”

上海文化基金会秘书长郦国义说，在当下，物质丰富而道德滑坡，青少年教育危机重重，“拼爹”“坑爹”事件层出不穷。沪剧《挑山女人》所传达出的价值观、教育观尤为可贵。

《上海戏剧》杂志主编胡晓军认为，当下的文艺创作中应该少一些价值甚低的闹剧，多一些像《挑山女人》这样真情动人、在精神上“含氧”的优秀作品。

这便是《挑山女人》的意义和大美。当然，《挑山女人》还必须面对高山——艺无止境，华雯们不会辜负上海的厚爱和观众的期待。

创作真正有价值的草根艺术

2013年3月29日《新民晚报》A15版　吕育忠

上海不仅是我国舞台艺术创作的重镇，也是引领全国舞台艺术创作的码头。近年来，上海舞台佳作迭出、硕果累累,创作演出了一大批代表着国家舞台艺术形象和水准的优秀作品,比如京剧《贞观盛世》《成败萧何》;话剧《商鞅》;杂技剧《天鹅湖》;杂技晚会《时空之旅》;越剧《红楼梦》;昆曲《班昭》《长生殿》。包括在第五届中国昆剧艺术节上获得得奖剧目榜首的《景阳钟变》,我觉得假以时日也一定会成为新时期的昆剧经典,它的意义不仅在剧目本身的成功,而且将为以后昆曲传统剧目的挖掘、整理、改编找到一条新路。

真情之心

沪剧《挑山女人》是上海戏剧舞台艺术创作的又一道亮丽风景,在看戏的过程当中让人深切感受到一种久违的感动,仿佛是回到小时候观看朝鲜电影《卖花姑娘》的情景,以及改革开放之初戏曲演出的火爆场面。《挑山女人》展示出的为人之母的大情、大爱、大义、大忍,戏中的生命力量、生命的精神和执着的生活信念,是当下社会所需要的打开心扉的钥匙。文化建设也是一种民生建设,客观上就要求艺术创作必须以人民群众喜闻乐见、满足百姓需求为着眼点和落脚点。以人民为中心的创作导向,就是要以人为本,凸显人文关怀,以真情之心面对生活,真实地了解生活、反映生活,在平凡生活中挖掘出人生的意义和人性的深度,以艺术的形式表现人的尊严、生命的希望,传递生活的热情和人生的温情。

自强之志

《挑山女人》就是这样一部捕捉当下百姓生活、承受百姓感受的接地气的优秀剧目。剧作家以一种成熟的心态,创作真正有价值的草根艺术,为落实生命价值而呐喊,为弱势群体而发言,力争用生活的真实流动来表达人的情感和意愿。剧中女主人公不靠天、不靠地,凭着自强自立的意志,活得刚正硬朗,活出做人的尊严。这种精神的力量,既是对文化传统的传承,也是一种现代的觉醒。

剧种之美

在这个戏中,沪剧艺术的本体特征与现代家庭故事剧契合共振,传达出良好的艺术效果,主演华雯的表演相当成功。我国的地方戏是以当地方言和生态体系为艺术本体,在它的发展演变当中,形成了各自富有浓郁地方色彩的表演特色,如何选择素材,使之与剧中独特的艺术表现力相吻合、相贴切,就显得非常重要。沪剧《挑山女人》的成功,从某种意义上来说既是沪剧艺术家坚持剧种独特个性,遵循艺术创作规律的成功,也是沪剧几代艺术家探寻本剧种最佳表现力的成果。

琢磨之处

当然,这个戏还可以在已有的成功基础上精益求精,更臻完美。

第一,剧中婆婆怨恨儿媳“克夫”,大家能够理解这个人物带有封建迷信色彩,但她一开始就对年幼的孙儿孙女不管不问,断然离去,显得不近人情。第二,最后当女主人公得知曾暗恋自己、并在最艰难时刻给予她帮助和温馨的成子强死讯,这是深入表现她内心情感和精神世界的节点,可惜被婆婆的出现打断,整个情感转移了,没有得到充分张扬。如果在开掘女主人公善良、坚韧的品格的同时,深一步开掘她的复杂的精神世界,可能会增加本剧的厚重感。

(作者系国家文化部艺术司副司长)

《挑山女人》“挑”出一方天

2013年6月29日《人民日报》头版　记者　李泓冰、曹玲娟

沪剧《挑山女人》出乎意料地火了。

一部来自区县剧团、土得掉渣的新编沪剧，却每每让上海众多观者泪流满面，被誉为“沪上最出色的舞台演出之一”——这是《挑山女人》自去年10月在沪上演以来的常态。该剧已排定新一轮基层演出的日程，80元一张的公益场门票早就销售一空。

(1)

“挑”出现实题材创作冲动：

山村草根故事进城发芽

近些年，方言文化日渐式微，戏曲艺术举步维艰。作为大城市中的小剧种，沪剧的日子同样不好过。著名沪剧演员马莉莉曾抱怨，连发音合格的年轻演员都难找了。

宝山沪剧团，一个不到20人的区属剧团，始终在戏曲困境中坚守。长年累月，他们搭台拆台，夏日暑气蒸腾、寒冬北风刺骨，从打谷场、露天工地一直到学校操场、社区文化中心，演出从未间断。从1995年到2003年，剧团连排五部原创现实主义题材的戏，包括产生很大影响的《红叶魂》、《红梅颂》等，演出总场次超过1200场。

2011年深秋，一则新闻在宝山沪剧团引起热议。《齐云山的挑山妈妈》报道了安徽农妇汪美红，在丈夫去世后为了将子女抚育成人，成了齐云山唯一的女挑夫。17年里，她磨破140多双解放鞋，挑断70多根扁担，养大3个孩子，还将一双龙凤胎儿女“挑”进两所省重点大学……

满满的正能量啊！剧团团长、《挑山女人》主演华雯追忆此事时仍很激动：“这是一位鲜活的中国母亲，一位普通农妇，贫而不贱，微而不卑。塑造一个平凡的村妇、伟大的母亲，成了我们最迫切的愿望！”

这片春天里的“叶子”被发现了。

(2)

“挑”出地方戏曲复兴希望：

三个女人撑起一台好戏

“三个女人一台戏”，山里村妇汪美红，编剧、上海越剧院院长李莉，主演华雯，三个女人的精彩表现撑起了这台戏。

华雯进宝山沪剧团30多年，是国家一级演员，1986年获得过中国戏剧梅花奖。

主创团队多次走进齐云山采风。华雯跟着汪美红一起上山，“她挑着一两百斤的担子，我们空手”，华雯说，“走到1000多级台阶时，我们就走不动了，而齐云山总共有3700级台阶！”汪美红对贫穷处之泰然，从不怨天尤人的精神，让大家肃然起敬。

于是，所有的苦难和悲伤，都以最朴素的方式呈现。面对苦难，挑山女人挺起腰杆做人，毫不矫情的真实故事打动了观众。

演出大获成功。一连演了30场，还总有观众打听，下一场什么时候会演。“我一个大老

爷们也流了三次泪,"沪剧迷周平激动地说,"《挑山女人》为沪剧带来希望!"

汪美红也放下扁担来上海看戏了。她连声称好,说:"台上的故事是我的,可剧中那个王美英比我好哦!"

超出预期的掌声,使华雯有些意外,又觉得恍然:"母爱最能打动人,也体现了我们民族对传统美德本能的向往和坚持。"

编剧李莉的体会尤深:"汪美红身上那种担当精神,不但对民众有教育意义,也值得我们学习。我们能不能像她那样自觉,那样排除万难,尽自己的社会责任?"

(3)

"挑"出地方戏曲改革新路:

政府购买服务传承戏曲艺术

宝山沪剧团演出条件简陋,甚至连乐队都没有。《挑山女人》的成功与宝山沪剧团的坚守,成为上海滩引人注目的文化现象。

"宝山沪剧团走出一条新路。"《中国文化报》副总编赵忱认为,宝山沪剧团坚持、坚守,出新戏、出好戏。"这是上海在文化体制改革中以非遗保护形式传承地方戏曲的成功实践。"

近年来,上海努力涵养地方戏曲,将沪剧、越剧等文艺剧团在新一轮体制改革中更名为艺术传习所。如今宝山沪剧团已更名为宝山沪剧艺术传承中心。

以政府购买服务的方式,传承传统艺术,接轨现代生活,上海努力蹚出一条地方戏发展的路径——利用公益平台滋养戏曲,利用原创剧目反映生活。政府扶持,旨在帮助更多剧团创排好戏,而剧团所履行的义务,便是一场场深入基层的演出。

上海市文化发展基金会秘书长郦国义说:"《挑山女人》是借全市之力'挑'成了精品力作。"在创作期间,市委宣传部副部长陈东从唱腔到演出场地,都细细关切。初获成功后,市委宣传部又从全国请来一流专家研讨,进一步精心打磨。宝山区更把《挑山女人》列为文化民生的重点工程,帮助剧团解决各种困难。

谈起《挑山女人》,华雯说:"与其说我们的戏感动了观众,不如说观众的反应震撼了我们。我们明白了什么叫艺术要从生活中提炼,明白了老百姓当中才真正隐藏着艺术生命力。这条路我们要一直走下去!"

用百姓故事传递正能量(短评)

沪剧《挑山女人》把一个很普通的老百姓故事,演绎成一部直面人生、直通人情、直抵人心的好作品,展现了中华民族传统美德之中不向命运屈服、努力创造幸福生活的精神,既催人泪下,也传递催人奋进的正能量。在传统戏曲面临时代挑战的背景下,这种探索精神难能可贵。

《挑山女人》的成功,超越了戏曲振兴的层面,再次证明文艺创作只要扎根生活,以人民为中心,就一定能获得大众的关注和喜爱,起到温暖人心、提振精神的作用。

好作品必须接地气。戏曲源于草根,是和百姓同演同歌、同喜同悲、不离左右的艺术,谁忠诚于人民,谁同人民群众心心相印,谁就能拥有精品力作。只有真正遵循艺术规律,才能做到思想性、艺术性与观赏性的统一;只有坚持面向群众,深入基层,才会有长盛不衰的生命力。

小剧团敢于撑起大世面
沪剧《挑山女人》下周亮相国家大剧院

2014年2月13日《新民晚报》A19版　记者　王剑虹

上海宝山沪剧团创排的现代沪剧《挑山女人》下周将赴京参加国家大剧院2014戏曲精品展演。虽然自首演以来演出百余场，并在第十届中国艺术节、第十三届中国戏剧节上获得了多个奖项，但能够在国家大剧院这一艺术殿堂上演，依然让这个只有14个在编演职人员的小剧团感到兴奋。不过团长兼主演华雯也坦言，现在其实是紧张多过兴奋，因为近来剧组状况不断，先是音响师车祸住院，接着舞美队长又因痛风难以动弹，这对于一个萝卜一个坑、绝无一个闲人的小剧团来讲面临的压力非常大。

沪剧《挑山女人》取材于真人真事，讲述了安徽休宁县齐云山脚下一位普通农村妇女的故事。虽然没有太多的曲折情节，却因其朴素真实的风格赢得了观众和专家的好评，被誉为是一出"台上流泪演、台下哭着看"的"接地气"的好戏。去年该剧接连在"十艺节"、中国戏剧节、上海国际艺术节上亮相，并获文华奖"优秀剧目奖"，中国戏剧奖"优秀剧目奖"、"优秀表演奖"等7个奖项，成为近年来上海戏曲舞台上难得一见的现实主义题材的优秀作品。不过尽管荣誉接二连三降临到《挑山女人》头上，宝山沪剧团依然是一个仅有14个在编人员、连一个正式乐队都没有的区级小剧团。这次入选国家大剧院2014戏曲精品展演、可以进入到这个国家级的艺术殿堂进行演出对于剧团来讲也是一件大喜事，昨天在接受采访时团长华雯和剧组的演员们听说自己的演出海报已经挂在了国家大剧院的大厅里兴奋不已，争相传看从北京发过来的照片。不过在全团欢欣鼓舞之际却也状况接二连三，春节前音响师沈宝龙出车祸住进医院，见到团长华雯他的第一句话就是："放心，国家大剧院我可以去的。"因为没有乐队，整场演出全靠伴奏带，音响师在演出时的重要性不言而喻，因此这次赴京演出沈宝龙将坐着轮椅上阵。祸不单行的是临近出发，舞美队长厉宏文突然痛风发作、无法动弹，剧团已经托人去觅特效药希望可以暂解燃眉之急。华雯说，宝山沪剧团在编人员少，剧团"没有一个不太重要的人"，作为这么个小剧团，进国家大剧院不容易，现在实在是紧张已经多过兴奋了。

据介绍，此次赴国家大剧院演出的依然是去年在"十艺节"和中国戏剧节上获奖的版本，不过华雯表示这个戏肯定还要改，这次《挑山女人》赴京演出还会邀请北京的专家学者座谈把脉，但华雯同时也表示："我改戏很谨慎"，一定要先把问题想透了才去改。

真人真事真实感人　真情真爱真诚动人
《挑山女人》在京获专家肯定

2014年2月20日《新民晚报》A18版　记者　王剑虹

宝山沪剧团的《挑山女人》昨前两晚在北京国家大剧院亮相，这个根据真人真事创作的沪剧现代戏以其朴实的风格、感人的故事打动了北京观众。昨天上午，在中国文联举行了《挑山女人》进京演出座谈会,京城的专家学者对这部现实主义题材的作品给予了很高的评价,认为这是一部“接地气、扬正气”的现代戏,一出具有鲜明沪剧剧种风格的“吃饭戏”。

大爱　悲悯

《挑山女人》的故事相当简单,讲述了一个母亲“挑山”来抚养三个孩子长大成人的故事,这样一个看似简单得有些单调的题材却赢得了与会专家的一致肯定。中国剧协顾问薛若琳说:“我非常钦佩宝山沪剧团关注当代社会现实,赞美普通人民的高贵品性,我也很钦佩你们的社会责任感。这出戏我觉得是家风良好的教材。”原中国戏剧家协会分党组书记、秘书长王蕴明则这样总结《挑山女人》:“这部戏的特点是以大爱感人、以真情动人、以高尚的品格震撼人。”中国艺术研究院戏剧研究所原所长王安奎认为:“从艺术的角度来讲,我觉得这个形象达到一种非常感人的地步,让观众能够在感动中间体会到我们民族核心的价值,体会到我们传统的美德,这是这个作品最大的成功。”龚和德表示:“我看这个戏总是有一种感觉,剧作家的悲悯精神。”“女性的命运和自强不息的精神要有一个角度,这个角度就是悲悯,这个渲染得非常好。”

真实　感人

《挑山女人》是一部根据真人真事创作的作品,而它最吸引人的也正是真实感人这个特别点。薛若琳就直言:“这个戏我觉得最大的值得肯定的地方就是太感人了。”《挑山女人》不仅一次次打动了现场的观众、一次次再现“台上流泪演,台下哭着看”的场景,也让专家学者们为之动容。王蕴明在昨天的座谈会上说自己曾在上海和苏州看过两遍《挑山女人》,昨天已经第三次看,“每一次看都是老泪纵横,完全是无意识的,一边看着戏一边很自然地被打动了,自己还没有感觉到眼泪就已经流下来了,三次都是这样的。”中国文联理论研究室原副主任李春喜总结说:“对这个戏总的感觉是一出感人至深的伦理情感戏,一出弘扬中华民族核心价值观因而具有强烈现实意义的现代戏,一出具有鲜明的沪剧剧种风格的剧团‘吃饭戏’。”“这个戏的基本风格就是生活,像生活一样的真实,像生活一样的丰富感人。”

朴实　冷峻

《挑山女人》的结尾在首演以来一直争论不断,戏结束时含辛茹苦把三个孩子培养成人的女主角并没有“从此过上幸福的生活”,而是由女儿带来了女主角心中一直默默爱着的那个人的死讯。曾有不少意见认为这样的结局过于悲苦,但在昨天的座谈会上这个结尾却受到了几位专家的肯定。《中国戏剧》原副主编安志强表示:“我觉得这个剧本它最后那一笔相当棒的,我觉得也特别‘狠’,但生活就是这么狠,不是你李莉(编剧)狠,它正是有这种悲悯之心,才有这种创作的冲突,我是这么理解的。”而王蕴明也表示:“这个戏的总体艺术风格是一种朴实、冷峻的风格,这个戏之所以感人是因为朴实冷峻,要看到生活当中还有艰难的一面,不光是莺歌燕舞,所以我觉得这个戏的风格把握得非常好。这个戏要始终保持朴实和冷峻,这个戏之所以打动我就是因为它的冷峻,这一点把握得非常好。”

耐看　动听

擅长演现代戏是沪剧的一个特色,不过与一些古老的剧种相比,沪剧生活化的表演有时难免给人“没玩意儿”的感觉。此次华雯在《挑山女人》中的表演却得到了北京专家们的高度肯定。王安奎表示:"一般的理解觉得沪剧它是可以很生活化的,它是可以按照生活的动作、生活的语言来演。在这个戏中间华雯的表演,既非常贴近现实生活、非常具有生活的真实性,同时对生活是提炼,绝不是一般的生活,上山挑的时候这个步履很艰难,但是这中间有美感,她把戏曲动作的那种舞蹈性、那种美感非常恰如其分地表现出来,把人物内心感情非常好地表现出来。"与北方很多剧种相比,沪剧在演唱上并没有什么优势,但华雯的演唱也得到了北京专家的肯定,中国戏剧现代戏研究会副会长张宏文说:"她懂得用音乐来塑造人物,用唱段来塑造人物。"说到最后一场大段的赋子板时,张宏文表示:"这个赋子板很难唱,没有嗓子唱不了,没有技巧唱不好,没有真情实感它不会打动人,一百多句,这是我们沪剧独到的地方,所以到最后整个唱推上去了,人物形象有了,这就不是感人的问题了,而是非常振奋。"

首都观众为"挑山精神"动情流泪

2014 年 2 月 20 日《解放日报》头版、7 版 记者 李 峥、王 烜

前昨两晚,上海宝山沪剧团原创大型现代沪剧《挑山女人》在国家大剧院演出,女主人公的"挑山精神",引发现场许多观众动情落泪。

《挑山女人》取材于安徽休宁县齐云山脚下的真人真事,生动演绎了生生不息堪比愚公移山的精神,被誉为是一出"台上流泪演、台下哭着看"的"接地气"好戏。自 2012 年 10 月首演以来,已演出百余场,观众 9.6 万多人次,接连在中国艺术节、中国戏剧节、上海国际艺术节亮相,并连获文华、中国戏剧等 7 个奖项。

此次受邀参与国家大剧院 2014 精品剧目展演,宝山沪剧团团长、主演华雯毫不掩饰自己的兴奋:没想到,我们一个只有 14 人的区级戏曲剧团也能有机会进场演出。

作为首部走进国家大剧院演出的沪剧,《挑山女人》以真挚的情感、精湛的表演、可信的故事冲破了方言可能带来的隔阂,很多观众在观剧过程中,或多或少找到了自己与生活磨难抗争的影子。昨天上午召开的剧目研讨会上,《中国戏剧》原副主编安志强这样形容演出现场:"北方观众看沪剧应该是没有什么反应的。但这一次,观众真是看得投入,完全沉浸在戏中。需要静的时候全场鸦雀无声,出彩的地方观众又用尽力气鼓掌。"对此,中国剧协顾问薛若琳解读:"这个戏太动情了。当前剧团的创作,故事关、情节关、冲突关、人物关基本都能过,唯独这个动情关基本没过,这是困扰中国剧作家的一大问题。"

首演以来,《挑山女人》在艺术上的成就有目共睹,而"挑山女人"王美英,也传达出一种被广泛认可与推崇的"挑山精神"。原中国戏剧家协会分党组书记、秘书长王蕴明说,这是当代戏剧舞台一部不可多得的真善美的珍品力作。"这出戏写了苦难的生活,但通过艺术的表达,让我们看到了生活升华出的精神上的正能量。"《中国戏剧》主编赓续华说,"上海一直以时尚著称,在全国有引领作用。描写农村题材的《挑山女人》依然是一次引领,它从生活中打捞出了当代人缺失的精神,某种意义上又走在了时尚的前列。"

除普通观众以外,两场演出也吸引了不少干部前去观看。对此,中国艺术研究院研究员龚和德等专家认为,《挑山女人》接地气、扬正气,让领导干部看到,为人民服务必须先了解人

民疾苦。

随着被“挑山女人”感动的观众越来越多,不少兄弟剧种也有了改编该剧的意向。该剧编剧李莉介绍,三门峡豫剧团等地方戏曲院团,已启动移植改编工作。《中国文化报》副总编赵忱认为,移植可能会让宝山沪剧团失去些演出市场,但它的影响力就更广大、更深远了。

《挑山女人》剧情梗概

上世纪八十年代末,安徽齐云山脚下,年轻漂亮的王美英婚后生下了双目失明的大儿子大郎,之后又诞生了一对龙凤胎幺妹与弟郎。王美英丈夫积劳成疾,几年后就撒手人寰。为了挣钱养家,又同时照顾三个孩子,王美英毅然走上挑山路。这是一个令男人也望而却步的工作,王美英每天挑着一两百斤的重担攀爬3700多级台阶的陡峭山路,17年无论风雨、不计寒暑。

其间,年轻时就与王美英相识的村民成子强一直暗恋、追随、帮助她,王美英也动了心。但是为了三个儿女,王美英最终放弃了再婚的念头,成子强也伤心地进城打工去了。17年后,王美英的腰弯了、背驼了,一双儿女也顺利走出山村、考上大学了。这时,幺妹理解了当年母亲的痛苦,暗中到省城寻找成子强。不料成子强已在不久前为救他人牺牲,遗物只有一根王美英当年送他的扁担,上面刻了7个“等”字,象征二人分离的7年岁月。得知消息的王美英背着儿女痛哭,随后就将痛楚永远埋在心中,仍然艰难地跋涉在齐云山的山路上。

《挑山女人》大爱悲悯真实感人

2014年4月3日《中国文化报》

2月18日、19日,上海宝山沪剧艺术传承中心(原上海宝山沪剧团)原创大型现代沪剧《挑山女人》在北京国家大剧院成功演出。2月19日上午,由中国剧协、上海市委宣传部、上海市文广影视局、上海市文联、宝山区人民政府主办的沪剧《挑山女人》进京演出座谈会在中国文联举行。主办方领导与在京的有关专家、剧组主创人员、媒体记者近40人出席会议,中国剧协副秘书长崔伟主持会议。

北京的专家学者对这部现实主义题材的作品给予了很高的评价,认为这是一部“接地气、扬正气”的现代戏。该剧将中华民族的核心价值理念形象生动地体现在人物的真情实感中,讴歌了母爱的伟大,感人肺腑、催人泪下,体现了上海戏剧工作者关注当代社会现实,赞美人民群众的质朴情感、高贵品性以及强烈的社会责任感,是当代中国戏剧舞台一部不可多得的具备真善美素质的珍品力作。

关注当代社会现实　赞美人民高贵品质

中国剧协顾问、戏剧评论家　薛若琳:

这是我第一次看上海宝山沪剧团的《挑山女人》。我非常钦佩宝山沪剧团勇于关注当代社会现实、乐于赞美人民群众高贵品性,我也钦佩他们的社会责任感。我觉得这出戏是弘扬家风的良好教材,更是党的群众路线教育活动的活教材。我们有很长一段时间不太注重提倡家风和家规,《三字经》、《弟子规》在一个时期甚至都被否定掉。我们应该客观公正地对待像

《弟子规》这样弘扬中华民族传统的品质教育、道德教育的经典。《挑山女人》告诉观众，人们在生活中遇到困难的时候要积极勇敢地面对，将苦难的人生经历最大化地转换为社会价值。我认为这个戏是"五个一工程"奖最有力的竞争剧目。不仅如此，我认为，无论是政府奖还是其他的奖，这个戏都可以逢奖就争、是奖就拿。

《挑山女人》太让人动情了！当前的戏剧创作，编故事是一道基本关。然而，虽然情节关、冲突关、人物关都能过，动情关却困扰了我们800多年。高则诚在创作《琵琶记》第一出开场时，就讲到"论传奇、乐人易，动人难"，可见动情是一个大关。《挑山女人》最值得肯定的地方就是太感人了。这出戏本来情节并不复杂，故事线也比较单纯，然而正是由于剧中的生活原型非常感人，艺术创造在表演的过程中得到了升华。看华雯演一场戏，我起码得流二两泪。

我希望这个戏能常演，演够400场，争做"优秀保留剧目"。文化部对"优秀保留剧目"资助100万元，如果再加上宝山区和上海市的配套资助，《挑山女人》的日子就好过了。这样的说法并不是为了钱，而是为了扩大它的影响。

讴歌时代精神　体现核心价值观

中国艺术研究院戏曲研究所原所长　王安奎：

去年1月我在上海看了这个戏，年底对2013年整年戏剧作回顾时，我又着重讲了这个戏。《挑山女人》给我留下的印象非常深。昨晚在国家大剧院看完演出后，我发现剧团对《挑山女人》又进行了进一步的加工。我们常说，戏剧要体现核心价值观、表现主旋律，这是一种概念化的理解，而《挑山女人》却非常真实、动情地把社会主义核心价值观融入人物的真情实情当中。

社会主义核心价值观的24字提炼很有概括力，要把它们全面体现出来并不容易。以"自立自强"为例，作为中华民族核心价值观的一个重要部分，自立自强、自强不息的精神在"挑山女人"王美英身上非常好地体现了出来。"天行健，君子以自强不息"，这种自立自强的精神，可歌可泣。此外，王美英身上不仅体现出了这样的传统美德，还体现出很强的时代精神。她带着3个孩子坚守17年，这完全不同于旧社会对妇女守节的要求，而体现着王美英对新生活的向往、对美好时代的憧憬。她并非被封建思想束缚，而是为了自觉的家庭责任感而坚守。

从艺术的角度来讲，我觉得这个形象达到了非常感人的程度，能够让观众在感动中体会到我们民族核心的价值，体会到中华民族的传统美德，这是作品最大的成功。"王美英会长久地留在观众的心里，留在舞台上！"

充满悲悯精神　极具教育意义

著名戏剧评论家、中国艺术研究院研究员　龚和德：

我是第四次看这个戏。我认为，这部戏题材好，艺术创作也好。能够发现这个题材，本身就是很大的创新，加上成功的艺术创作，成全了这部接地气的戏。接地气、扬正气，这样的戏不仅教育了人民，还教育了领导。上海市委书记韩正同志在看完戏后，希望把它作为上海市第二批群众路线教育活动的一门课，真是英明。

我看戏时总能感悟到剧作家的悲悯精神。戏里反复出现一首歌，讲述"太阳还可以休息，女人不可以休息"，非常令人动容。王美英自强不息的精神，需要用悲悯的视角来看待，《挑山女人》把这一点渲染得非常好。戏中塑造的女性形象不仅吃苦耐劳，还怀着对未来的坚定信念，这样的形象能够引起观众对王美英精神的最深刻的悲悯。

华雯创造了王美英，为上海沪剧、中国舞台塑造了王美英这样令人难忘的形象；反之，《挑山女人》也塑造了华雯，“王美英”也成为她艺术生涯中一个非常重要的标志。

一部不可多得的弘扬真善美的精品力作

中国剧协分党组原副书记、秘书长　王蕴明：

昨天晚上是我第三次看这个戏。每一次看，我都老泪纵横。这个戏确实感人，它勾起了我很多儿时的回忆。我是从山西走出来的穷孩子，也是从七八岁的时候开始挑，一直挑到上大学。所以看到这个戏，我想起很多家乡的事情，包括我的母亲。

这个戏有今天的成功，要感谢剧作家，感谢艺术家，感谢领导。艺术家发现了这个题材，把故事搬到了当代舞台上，表现出艺术家的社会责任感；上海市的领导和宝山区的领导持续地对这个戏给予大力的支持，令我非常感动。

昨天晚上回去以后，我情不自禁写了一段话：“这是一个朴实而伟大的女人。这个女人挑起来的不是一座普通的山，她挑起了中华民族传统美德之山，挑起了中华民族伟大复兴的时代之山，她体现了中华民族坚韧不屈、生生不息的伟大的民族精神，她弘扬了社会主义的核心价值观，是社会主义核心价值观的生动教材，是当代戏剧舞台一部不可多得的弘扬真善美的精品力作。”这部戏的特点是：以大爱感人，以真情动人，以高尚的品格震撼人。

《挑山女人》剧组全体演员都很好，华雯演得极好，她始终以情贯穿全剧，演活了王美英，塑造了一个很好的艺术典型形象。这个典型既有当代女性坚强的一面，也包含着中华民族传统母亲多情柔弱、温情的一面。挑山女人既是刚强的，又是温情的，她是中华民族优秀的当代女性。

一个精美的艺术品

《中国戏剧》原副主编　安志强：

《挑山女人》是一件艺术品。在我看来，现代戏的宣传意识往往比较强，因此真正能成为好的艺术作品的现代戏比较少。而这个戏正是一部很完美的现代戏艺术作品。你们从生活中发现并塑造了这么一个美丽的形象，用毛泽东的话说，你们把生活集中了起来，让生活更集中、更高、更强烈。

华雯塑造了王美英，王美英同样也塑造了华雯。在观众眼中，王美英就是华雯。演员塑造了一个“在舞台上活生生地立住”的角色，这就叫成功。《挑山女人》说的是平常事，但正是这些平常事才那么贴近人心：一碗红烧肉，几个鸡蛋，一个扁担上七个“等”字等等。从剧本的结构看，最后那一笔相当棒，也特别“狠”，但这就是生活。

祝贺你们演出成功，同时也希望你们好好地总结一下，这可能会是一种宝贵的财富。这对于我们现代戏的创作会有广泛的指导作用，使得我们懂得并且相信，现代戏不仅为政治服务，同时也是艺术。只有真正的艺术才能动人。

艺术化地表达生活

《中国戏剧》主编　赓续华：

我特别钦佩这出戏，这出戏不仅“挑”进了第十届中国艺术节，“挑”进了第十三届中国戏剧节，还“挑”进了国家大剧院。这出戏出自上海，让我对上海人刮目相看，尤其是对上海的领导刮目相看。上海一直引领时尚潮流，而这一次的引领竟是从生活中打捞出来的缺失的精神，这是上海又一次走在了时代前列。

这出戏将人间疾苦艺术化地表达了出来，非常不易。生活中这样的事很多，但这部戏却将其转化为成功的艺术表达，脱离了一般意义上的苦难，实现了精神层面的升华。比如说，戏中王美英虽处处谈钱，可她的精神却与钱毫无关系；有的人假装不谈钱，其言行举止却总是透着铜臭味。在戏中，王美英计较的不是那普通的两块五，而是精神上的伟大与富有，这一点提升得非常好。

这出戏能够取得今天的成绩，是集体合作的结果。我认为，这个戏捕捉到的是一些很基层、很草根的细节，却又是一些放之四海皆准的东西。我希望你们继续“挑山”，把这个戏挑得更高、更远。

如果一个人看《挑山女人》都不哭

《中国文化报》副总编辑　赵　忱：

如果一个人看《挑山女人》都没有哭，或者是没有一点点想要哭的冲动，那这个人可能是冷血的，是需要反思的。大家性格不一样，身份不一样，有人流二两眼泪，有人流一斤眼泪，有区别是很正常的，但不哭肯定不太正常。《挑山女人》让男人在默默地哭，女人尽情放声地哭。为什么呢？因为新近总结出的社会主义核心价值观 24 字都清晰地写在《挑山女人》这出“苦情戏”里，并得到非常生动的体现，给观众很大的心理安慰。

作为《挑山女人》的女观众，我的感受是这样的：无论你是男人是女人，是小孩是老人，看《挑山女人》的时候，你所拥有的个人生活经验都会与王美英的苦难与坚强融会贯通，你注定会有一些很复杂、很强烈的感受。自然，我也想到了在接近 50 年的岁月中我所走过的道路，在路上的付出与收获。我猜想，华雯作为表演者，她为王美英付出的心血只有她自己才最清楚。可是男人们为什么那么感动呢？男人说，这样的女人谁会不爱呢？孩子们说，这样的长辈、这样的妈妈怎么会不爱呢？对我们身边的母亲们的付出，我们是不是已经司空见惯、麻木不仁了呢？我们是不是还没有好好地爱她？

在中国的核心价值观里能够想到的美好的词汇，都可以在这出戏里找得到，这真是一件了不起的事情！据我所知，围绕着这部戏所发生的一切也都是美好的，那就用“美好”来总结《挑山女人》吧。

愿王美英的原型汪美红能够在安徽齐云山下度过轻松的安稳的晚年，愿她肩上再无沉重的扁担。

按艺术规律处理真人真事

文化部艺术局原副局长　姚　欣：

昨晚是我第三遍看这个戏，我的感觉是，一遍比一遍好。祝贺你们！在我看来，上海戏剧界眼界开阔，除了当地的英雄模范人物，还能够将各地的好人好事搬上舞台。宝山沪剧团先是演了四川川北的纪委书记，接着又写安徽的《挑山女人》，把眼光放在了全中国。在这一点上我非常赞赏。

这个戏以真人真事为题材，但并非就事论事。《挑山女人》是一部按艺术规律来处理真人真事的戏。王美英生活在无人问津的偏远山村，第一次看戏时我想：基层党组织、村委会、乡政府都哪儿去了？伴随30多年的改革开放，很多农村都变得乱、散，没有人来关照这批弱势群体。如果要这样写，也可以写出一部让人警醒的好戏来，但剧作家并没有这样写；王美英面临的是封建迷信思想浓厚的婆婆，这样的角度也可以写。然而，生活中的原型并不能照搬，而要通过作家、主创人员来分析和思考，舍弃和弘扬。这个剧并没有局限在把原始事件表现完全的层面，而是通过剧作家对生活的思考和独特的取舍来构建，这样的思路很值得赞赏。

一出感人至深的伦理情感戏

中国文联理论研究室原副主任　李春喜：

这是一出感人至深的伦理情感戏，是一出弘扬核心价值观、具有强烈现实意义的现代戏，是一出具有鲜明沪剧剧种风格的剧团"吃饭戏"。这个戏成功地塑造了王美英17年艰辛养育儿女成人的感人的艺术形象，抒写了母爱的伟大。这个戏歌颂了平民百姓的人文道德，针对匡正当下我们常说的某些道德失范，建设社会主义核心价值体系具有积极的意义。

这个戏的基本风格就是生活，像生活一样的真实，像生活一样的丰富感人。舞台处理很注重情绪气氛，煽情又朴实，节奏鲜明又很流畅，这个处理我很欣赏。这个戏的舞美是一个山石的装置，但它也是一个转台，这种折叠、开合的形式提供给演员丰富的动作空间，和沪剧的表演融为一体。

经过几十年生活的磨砺和艺术的修炼，华雯的表演艺术达到了一个新的高度。她在戏中展示出真实、充沛的内心世界，一般的戏曲演员很难达到这样的功力。在这样浓郁的生活气息的同时，我们又能够不断地看到她对于表演艺术的精心设计和构思。

《挑山女人》将在沪剧里留下大手笔

中国戏曲现代戏研究会副会长　张宏文：

小剧团出大演员，咱们戏曲界有不少先例。但是小团中能出如此重要的流派，唯独我们上海可以。六安越剧团有戚派，宝山沪剧团有杨派，哪个人都不是万能的，这也需要剧团有良好的风气和扎实的功力。华雯懂得用音乐来塑造人物，用唱段来塑造人物。她唱的赋子板，没有嗓子唱不了，没有技巧唱不好，没有真情实感也不能打动观众。李莉也非常了解华雯，能够让一个好演员把剧本唱得淋漓尽致，把观众唱得声泪俱下，而且还让人感觉到振奋。

近年来，这样好的表现并不多。这部戏值得我们总结的地方实在是太多了。如果我们好好总结，不仅是对我们沪剧，对整个戏曲，尤其是对地方戏今后的推进都能带来很大益处。

我们常说，地方戏的"唱"是命根子。作为一个好演员，"唱"的功力并不是一蹴而就的。华雯是当今沪剧舞台的领军人物之一，她在"唱"上具有独到的功力。毫不夸张地说，她在这个戏中塑造的形象可以在沪剧里留下精彩的一笔。这不是《沙家浜》里的阿庆嫂，而是一个新的形象，如果稍加打磨，这将成为一个经典，一个绝唱，而且绝对具有保留的价值，值得欣赏，值得推敲。

《挑山女人》挑起中国戏曲学会奖

2014 年 7 月 26 日《新民晚报》 记者 王剑虹

宝山沪剧团创排的沪剧《挑山女人》再获殊荣。昨天上午，从北京特意赶来上海的中国戏曲学会的专家们向《挑山女人》颁发了“中国戏曲学会奖”。中国戏曲学会顾问、97 岁高龄的戏曲理论家郭汉城和 93 岁高龄的戏曲理论家刘厚生分别为该剧亲笔题词。据介绍，这也是上海本土的地方戏曲沪剧首次获此奖项。

宝山沪剧团团长、《挑山女人》主演华雯告诉记者，得到郭汉城、刘厚生两位老人家的题词后自己非常感动，特意赶赴北京拜访两位老人家。华雯说，在刘厚生先生家坐了约半小时，至少有 20 分钟在谈戏，刘厚生先生给这出戏提出了三点意见——

■ 挑山女人挑山 17 年，挑的东西不能一成不变，而要不断变化，体现时代的变迁；

■ 大郎虽是盲人但在熟悉的家中应该不必一直边摸索边走路；

■ 幺妹以哥哥摔伤为由把母亲骗回家，成子强赶去还扁担时应先询问大郎的伤情才合情理。

华雯说，老先生提出的三点意见都只有看戏极为仔细才会发现的，回来后他们已经根据老先生的意见全部作了修改。

在 97 岁高龄的郭汉城先生家里，华雯发现老先生因为年事已高看东西已经不太方便，写东西则更不方便，他为《挑山女人》题写的那段话就显得尤为珍贵了。华雯告诉记者，自己在近 30 年前获得“梅花奖”时曾与郭汉城先生有过接触，此后再无联系。但郭汉城先生在看完中国戏曲学会送去的《挑山女人》光盘后主动为该剧题词给予了很高的评价：“读华雯文，深。观华雯表演，真。真与深构成情感之美质，使挑山女人这个具有中国特色、生活在社会主义初级阶段的伟大母亲英雄形象，闪耀出时代的光辉。华雯技艺娴熟，唱做兼擅，程式生活，结合自然，亦演好现代戏不可或缺的又一重要方面。”

一出戏能生发多少意义

2015 年 10 月 27 日《中国文化报》 沈伟民

10 月 26 日晚，来自共青团北京市委、中国人民大学、中国戏曲学院等社会各界青年及高校师生代表和首都市民一起，在北京国家大剧院观看了由上海宝山沪剧艺术传承中心创作演出的现代沪剧《挑山女人》。这是国家大剧院在习近平总书记主持召开文艺工作座谈会并发表重要讲话一周年之际重点推出的“中国故事 · 当代精神”专题演出，是《挑山女人》首演至今的第 200 场演出，是一部现代戏三次进京、两次登上国家大剧院的开创之举。“台上流泪演，台下流泪看”的情景再度在国家大剧院出现……

这一天，对宝山沪剧艺术传承中心来说，注定值得纪念。正是 3 年前的这一天，这个仅有 17 个在编人员、加上临时借用总共不超过 25 人的基层小剧团，历时一年创作演出的沪剧《挑山女人》首次与观众见面。《挑山女人》一问世,即被赞为一部“直面人生、直通人情、直抵人心的好作品”。

《挑山女人》一路“挑”来,足迹遍及上海17个区县,还“挑”进了北京、江苏、浙江、山东、广东、安徽以及香港等地。期间,更有执着的观众跟着剧组跑,追看了整整20场。《挑山女人》的影响一发而不可收,在赢得老百姓良好口碑的同时,同样得到了业界的高度肯定,先后获得中宣部“五个一工程”奖,文化部文华奖优秀剧目奖,中国文联、中国剧协中国戏剧节优秀剧目奖等17个重要奖项,扮演剧中女主人公王美英的沪剧表演艺术家华雯,也摘取第27届中国戏剧梅花奖“二度梅”。

沪剧《挑山女人》的成功是值得关注的,“《挑山女人》现象”是值得总结的,它至少给我们当下戏曲现代戏创作带来了以下启示。

聆听百姓故事,发现美的真谛

安徽省黄山市休宁县岩脚村挑山女汪美红,是位有着3个孩子的母亲,她每天都要爬3700多级台阶的陡峭山路,17年来风雨无阻,艰难攀爬近20万公里,往返6000多个来回,磨破140多双解放鞋,挑断70多根扁担,独自把一双龙凤胎儿女“挑”进两所省重点大学。这是一个曾经在报纸上发表的真实故事。透过故事中一连串简单的数字,《挑山女人》剧组的主创发现了其间蕴涵的大意义。这不正是中国社会底层草根女子生命中迸发的光亮、呈现的大美吗?这不正是中华民族一代又一代普通劳动者吃苦耐劳、坚韧不拔的忘我精神的生动再现吗?

我们这个时代不乏坚韧和顽强,但由于物欲膨胀、心态浮躁,人们似乎有点视而不见了。其实,最朴实的坚韧和顽强最能打动观众。“这样一个普通百姓的故事,这样一位平凡的母亲,身上透出的美之真谛首先把我深深打动了。”一次与华雯的交谈中,她真诚地说。后来,在与该剧编剧李莉、导演孙虹江、作曲汝金山等主创人员接触中,他们也表达了同样的感受。正因为有了这种发自内心的感动,才有了主创团队多次深入山区,了解汪美红的生活环境,触摸她内心感受的采风过程,并最终达到了撼动人心的艺术展现。这是一次从生活到艺术的蜕变,也是一次从生活之山“挑”向艺术之山的过程。

善于发现生活之美,勇于将这种生活之美提炼成艺术之美,是《挑山女人》创作团队的文化自觉和责任担当。正如文艺评论家毛时安所言:“《挑山女人》的故事简单却不单薄,它蕴含着丰厚的人生底蕴,是一部走情走心走人物的戏。它摒弃了当下流行时尚戏曲剧中附加的苍白的浮光掠影式的好看元素,让戏剧回归艺术本真。”

保持平常心态,倾注真情实感

艺术创作最忌讳的是“浮躁”二字。如果没有平常心,不能沉下心来,很难出现精品力作。特别是现代戏创作,更要深入群众、深入生活,诚心诚意做人民的小学生。习近平总书记在文艺工作座谈会上明确要求,深入生活不仅要“身入”,更要“心入”、“情入”。综观沪剧《挑山女人》的创作过程,创作者的心态是平和的,是倾注了真情实感的。

主创团队曾两度驱车760公里,深入齐云山创作采风,与生活原型汪美红共同“挑山”,以心换心,以情融情。华雯更是与汪美红同吃同睡,促膝谈心,至今还常常联系,成了好姐妹。

华雯说：“有一次跟汪美红去挑山，我身上什么东西都没有，但担子一压到肩上，两条腿就颤抖得走不动了，顿时感到了眼前这个女人所承受的压力。我问她，你真的觉得生活得还可以吗？平常难受的时候怎么发泄？她笑笑说，实在难受的时候就上山大声地喊几声。”这平实简单的话语，立刻在华雯脑海中幻化成一位鲜活的中国母亲的形象。“这位母亲包含着中国农村底层劳动妇女的全部信息，那种贫贱之中贫而不贱、卑微之中微而不卑的朴实而高贵的精神实在感天动地。”孙虹江说。

体验生活的过程中，剧组上下都被这位凝聚了“中国精神”的母亲所感动，一门心思要把这位“母亲”形象推上舞台，让她以艺术的方式鲜活起来，要把这位中国母亲的故事讲得让老百姓喜欢，让老百姓感动。平平常常的心态、实实在在的话语、真真切切的情感，使大家对这位母亲增加了一份敬重，对创作《挑山女人》增添了一份敬畏。编剧李莉，笔到深处泣不成声；导演孙虹江，排练场上常常泪盈；主演华雯，每演一场就像虚脱一回。“凄而不苦，苦而向上”，剧中女主人公身上传递出的这种伟大人格力量，通过创作团队的全身心投入和传递，深深感染了观众。

集聚各方力量，汇成“挑山现象”

《挑山女人》创作伊始，宝山区委、区政府就予以高度重视，大力扶持。上海市委宣传部、市文广局、市文联和剧协等方方面面共同关心，合力推动《挑山女人》的创作演出。当地政府除确保前期创作排练资金到位外，每演出一场，就给予相应的补贴，以此鼓励剧组多深入基层巡回演出，使更多的老百姓能欣赏到这一优秀作品，感受到这一作品传递出的强大正能量。同样，为了使这一原创剧目往精品剧目方向打磨，单是大大小小的各类论证会、研讨会就开了不下20次。特别是在获得各类奖项后，《挑山女人》并没有鸣金息鼓、马放南山，而是千方百计寻找演出机会，千方百计传播其影响力。

得奖不是初衷，更不是最终目的。“我们要想尽办法让这部作品的影响力留在舞台上，而不仅仅是留在观众的记忆中。”身为团长的华雯说。于是，就有了在上海西南角一个人口不足12万的浦江镇，原定计划演3场，应观众呼声一场一场地加，以至一口气连演8场观众还欲罢不能的场景；就有了全市性的“《挑山女人》大家唱”，百姓争相演唱《挑山女人》唱段；就有了毗邻上海的江苏太仓沪剧爱好者自发排演《挑山女人》的趣闻。伴随着《挑山女人》的热演，中华民族优秀传统文化和精神得到了很好的传播。

文章合为时而著，为民抒写真情

“文章合为时而著，歌诗合为事而作。”习近平总书记指出：“优秀的文艺作品当是无愧于时代的。”沪剧《挑山女人》并没有简单地选择作为“上海声音”的沪剧比较擅长的歌颂英雄楷模的题材，也没有执拗于传统爱恨情仇的家常伦理，而是选择俯下身姿扎根土壤，体味普通老百姓真实生活中的艰难困苦，道出他们的喜怒哀乐以及内心真实的诉求，用一个同当下舞台的先锋时尚迥然的土得掉渣的中国故事，来体现当代依然保留在最平凡的人身上那份质朴的精神和执着的信念，怀着一颗“欢乐着人民的欢乐，忧患着人民的忧患”的“民本”之心，为人民抒写，为人民抒情。

而《挑山女人》之所以能够跨越南北语言障碍的局限，甚至走入粤语占主导的广东观众的心,其成功要诀无非四个字"真情实感"。真,才能取信于人;诚,才能打动人心。没有千万资金撑腰、没有奢华布景装衬的《挑山女人》就是靠着那份真、那份诚,一点一点征服观众、一步一步走遍中国的。戏曲大家郭汉城给了《挑山女人》三个字的评价:"真""深""美",这是十分中肯的,也是我们的现代戏创作应该追求的。

按说,像宝山沪剧艺术传承中心这样的基层小剧团,演演老一辈留下来的传统戏糊糊口,偶尔在有关部门资金支持下排个把定向戏,本是无可厚非的。可即便是穷到工资都要发不出来的时候,这个剧团也没有停止过对当下社会的关注,对原创的坚持。从揭露造假危害的《罪女泪》,到呼吁环境保护的《清水恋》,再到《红叶魂》、《红梅颂》,在《挑山女人》问世之前,这个剧团就打造了许多现代题材的原创作品。关注生活、关注时代,坚持原创、坚持每部戏保质保量,已经成为这个基层剧团一个好的传统,一种文化自觉,体现出的是一份沉甸甸的责任和担当,这难道不是一种"挑山"精神吗?有了这样一种精神,《挑山女人》的成功也就在情理之中了。当下,我们的戏剧创作正期待着这样的"挑山"精神。

全国基层院团戏曲会演上海唯一入选剧目
沪剧《挑山女人》将四度晋京演出

2016年7月6日《文汇报》 记者 黄启哲

由上海宝山沪剧艺术传承中心创排的原创现代沪剧《挑山女人》将赴北京参加全国基层院团戏曲会演,于本月20日起在全国地方戏演出中心连演两场。这是该剧自2012年10月首演以来第4次晋京。

此次入选会演的剧目涉及26个剧种。作为上海市唯一入选剧目,这将是沪剧《挑山女人》第4次晋京。2014年2月,该剧登台国家大剧院,是沪剧这个剧种首度在国家大剧院进行展示。同年10月,作为全国11台优秀剧目之一,再次晋京参加中宣部、文化部主办的"国庆65周年优秀剧目展演"。去年,该剧还受国家大剧院邀请参加了"中国故事·当代精神"系列展演。

该剧没有华丽的舞美服饰,没有复杂的戏剧冲突,用朴实真挚的情感和贴近时代的表达,先后在北京、香港、安徽等地掀起观演热。该剧主演华雯说:"人生的困境和不幸该如何面对?这个女挑夫身体力行给出答案:接受!看似平实的结论背后,暗含着她的包容与担当。我想这也是该剧跨越地域和语言障碍,打动观众的原因。"《挑山女人》首演4年来,演出场次累计达210场,观众超20万人次。

沪剧《挑山女人》将四度进京演出

2016年7月6日《东方早报》 记者 潘 妤

2014年2月,沪剧《挑山女人》首登国家大剧院,这是沪剧这个剧种首度得以在国家大剧院进行展示。同年10月,《挑山女人》作为全国11台优秀剧目之一,进京参加中宣部、文化部主办的“国庆65周年优秀剧目展演”。2015年10月在习近平总书记在文艺座谈会上发表讲话一周年之际，再次受国家大剧院邀请参加“中国故事·当代精神”系列展演。

2年后，该剧将第四次进京展演。作为上海市唯一入选的剧目，沪剧《挑山女人》将于7月20日、21日赴京参加全国基层院团戏曲会演，在全国地方戏演出中心（中国评剧大剧院）连演两场。此次会演由中宣部办公厅、文化部办公厅举办，剧目覆盖全国31个省、自治区、直辖市，涉及26个剧种。四度进京不仅创下全国现代戏进京的演出纪录，也刷新了沪剧这个地方剧种的全国影响力。

沪剧《挑山女人》自2012年10月26日首演至今的三年多时间，演出场次累计达210场，观众超20万人次，并拿下了国内几乎所有重量级文艺奖项。而主角华雯凭借在剧中出色诠释了“王美英”一角摘得“二度梅”、上海十大感动人物等荣誉。这部获得无数掌声和泪水，拿奖拿到手软的作品，并非出自资金及团队建设都相对富裕和完善的国有院团，而是由上海宝山沪剧艺术传承中心（原宝山沪剧团）一个区级剧团创作排演。全剧既不追求“高大上”的服装舞美，也不砸钱邀请大腕阵容，只凭借真实接地气的故事、贴近时代精神的表达、诚挚不浮夸的情感、朴实又真挚的表演，四年里北上京城，南下香港、广州，西入安徽，演遍全国各地无不收获观众的感动。

沪剧《挑山女人》步步走高汇成的“挑山现象”，是沪剧近二十年发展中最令人瞩目的硕果。《挑山女人》的四度进京让沪剧这一上海本土剧种克服自身局限，站上全国舞台，成为戏曲新焦点，也让这一剧种的全国影响力有了新的高峰。

面对第四次进京演出，主演华雯却显得十分平静和清醒，她坦言：现在我们搞戏曲创作，缺的不是钱，而是人，既缺创作的人，也缺看戏的人。我觉得沪剧当下的观演关系甚至可以用凄凉形容，甚至几乎沦为社区文化，我们还是应该反省思考，重塑戏曲的审美，回到我们当初迷恋戏曲的初心。

据悉，今年，沪剧《挑山女人》还入选了“中国戏剧梅花奖获奖演员优秀剧目数字电影工程”，下一步将拍摄成沪剧电影。除此之外，还将在国家文化基金的扶持下继续开展好全国巡演工作，在全国范围展现上海沪剧的创作成果。

《挑山女人》三度获邀　四度晋京
唤回被遗忘的“看戏的理由”　克服被框死的“剧种的局限”

2016年7月7日《新民晚报》　记者　朱　渊

由中宣部、文化部举办的全国基层院团戏曲会演近日正式启幕。此次会演剧目覆盖了全国31个省、自治区、直辖市，涉及26个剧种，旨在展示基层院团传承发展戏曲艺术、服务基层人民群众的良好精神风貌，培育有利于戏曲活起来、传下去、出精品、出名家的良好环境。

作为上海市唯一入选的剧目，沪剧《挑山女人》将于7月20日、21日在全国地方戏演出中心（中国评剧大剧院）连演两场。这是沪剧《挑山女人》自2012年10月首演以来第四度晋京,创下了全国现代戏进京演出纪录,也让沪剧这个地方剧种的全国影响力攀至新的高峰。

无愧于时代

"优秀的文艺作品应当是无愧于时代的。"《挑山女人》能有今天的影响力,正是用心说好了一个贴近老百姓的中国故事。该剧主演,宝山沪剧团团长华雯感慨:"很多人问我,《挑山女人》为什么会成功,确实,我们这部戏既没有什么高大上的舞美,也没用什么名导大腕,要说赢就赢在我们贴近观众的心。"

现实题材创作从来就是个难题。《挑山女人》没有单纯沿袭沪剧"苦情戏"套路,而是紧扣时代主题,从点滴小事的累积中塑造了一位平凡母亲的伟大母爱。这部戏虽简单却不单薄,它让观众在戏里看到了自己,这可谓是戏剧的最高境界。

"以前,对很多戏迷而言,看戏是他们通往自身心灵的一条河道,我们常说好戏能直抵人心,就是这个道理。现在,有情怀、贴人心的作品太少,慢慢的这种观演关系不存在,戏曲渐渐就沦为社区文化,这是很可惜的。"华雯坦言,只有源源不断地涌现有力量、能直抵人心的好作品,才能唤回这被遗忘的"看戏的理由"。

真诚才动人

文艺作品要真才能取信于人,唯诚才能打动人心。在"真"和"诚"的保驾护航下,语言障碍、地域局限都是可以克服的。华雯回顾这几年《挑山女人》走南闯北,并不曾因沪剧本身的语言障碍阻挡了剧种"走出去"的路:"第一次进京的时候,我可忐忑了,从来由南方剧种'过江难'的说法,但我们北京演出很轰动,好多观众看哭了。"

而更让华雯感知好故事具有跨越地域的力量,是在《挑山女人》参加在香港演出时:"香港很多中老年人至今都说粤语,连普通话都不大听得懂,要他们听沪语,真是跟我们看原版片一样难。"华雯说,当时去了两部戏,《挑山女人》和《茶花女》:"我预期《茶花女》故事知名度高,我们舞美布景都洋气,应该会更受欢迎,却没想到折服观众的还是更贴近中国老百姓生活的《挑山女人》。可见好故事、好戏是可以帮助剧种克服自身局限的。"

《挑山女人》四度晋京让沪剧站在了全国舞台的聚光灯下,而步步走高汇成的"挑山现象"不但成为戏曲界的新焦点,也让这一剧种的全国影响力攀至新的高峰。在《挑山女人》之后,一系列有影响力的现实题材作品随之喷涌而出,亦可见这部作品对近年来文化创作的影响。

今年,沪剧《挑山女人》又入选了"中国戏剧梅花奖获奖演员优秀剧目数字电影工程",下一步"挑山"人还将继续探索新的征程,把这部好戏搬上银幕,拍摄成沪剧电影。

相关链接:

自 2012 年 10 月 26 日首演至今,三年多的时间,《挑山女人》演出场次累计达 212 场,观众超 20 万人次,拿下了国内几乎所有重量级文艺奖项。其中包括"五个一工程"奖、文华奖"优秀剧目奖"、中国戏剧节"优秀剧目奖"在内 17 个重要文艺奖项,而主角华雯凭借在剧中出色诠释了"王美英"一角摘得"二度梅",上海十大感动人物和全国三八红旗手等荣誉。

2014 年 2 月,沪剧《挑山女人》首登国家大剧院,这是沪剧这个剧种首度得以在国家大剧院进行展示。同年10月，作为全国11台优秀剧目之一，再次进京参加中宣部、文化部主办的“国庆65周年优秀剧目展演”。2015年10月在习近平总书记在文艺座谈会上发表讲话一周年之际，再次受国家大剧院邀请参加“中国故事・当代精神”系列展演。此次会演已是沪剧《挑山女人》第四次晋京演出，四度进京不但创下全国现代戏进京的演出纪录，刷新了现代沪剧史历史篇章，就整个中国戏曲界而言亦是典范。

沪剧《挑山女人》创纪录，将第四度晋京演出

2016年7月8日《解放日报》 记者 诸葛漪

摘要：

7月20日、21日《挑山女人》在京演出，创下全国现代戏进京的演出纪录。

作为上海市唯一入选全国基层院团戏曲会演剧目，沪剧《挑山女人》将于7月20日、21日在全国地方戏演出中心（中国评剧大剧院）连演两场。这是《挑山女人》2012年10月首演以来第四度晋京，创下全国现代戏进京的演出纪录。此外，《挑山女人》今年还入选“中国戏剧梅花奖获奖演员优秀剧目数字电影工程”。

全国基层院团戏曲会演由中宣部、文化部举办，覆盖全国31个省、自治区、直辖市，涉及26个剧种，旨在展示基层院团传承发展戏曲艺术、服务基层人民群众的良好精神风貌，培育有利于戏曲活起来、传下去、出精品、出名家的良好环境。《挑山女人》自2012年10月26日首演至今，演出场次累计达212场，观众超20万人次，先后获得“五个一工程”奖、文华奖“优秀剧目奖”、中国戏剧节“优秀剧目奖”在内17个重要文艺奖项，扮演主角的演员华雯凭借在剧中出色诠释“王美英”一角摘得“二度梅”，上海十大感动人物等荣誉。

这部获得无数掌声和追捧的作品，是由上海宝山沪剧艺术传承中心（原宝山沪剧团）一个区级剧团创作排演。全剧既不追求“高大上”的服装舞美，也不砸钱邀请大腕阵容，只凭借真实接地气的故事、贴近时代精神的表达、朴实又真挚的表演，四年里北上京城，南下香港、广州，西入安徽，演遍全国各地。2014年2月，沪剧《挑山女人》首登国家大剧院，这是沪剧这个剧种首度在国家大剧院进行展示；同年10月，作为全国11台优秀剧目之一，再次进京参加中宣部、文化部主办的“国庆65周年优秀剧目展演”；2015年10月，在习近平总书记在文艺座谈会上发表讲话一周年之际，又再次受国家大剧院邀请参加“中国故事・当代精神”系列展演。此次会演已是沪剧《挑山女人》第四次晋京演出。

谈及《挑山女人》四度晋京感受，华雯借用了电影导演李安“把心交给观众”的一番话来表达：“好好思考自己的初心。《挑山女人》创排之初没有宏大目标，只是人物甜酸苦辣的回味。全剧没有炫目的舞美，但它的美学价值、戏剧观定位不低。‘王美英’一角面对困境的角色担当和包容，是当代社会缺少的，也是艺术家要思考的。”华雯回忆，《挑山女人》第一次在北京演出时，她一度担心观众对沪剧语言理解有障碍，结果反响相当好。相同的情景也发生在广州、山东、香港，“我们带了《挑山女人》、《茶花女》去香港演出，本以为香港观众对《茶花女》接受度更高，没想到，观众觉得《挑山女人》更感人。”

在市场化时代,好酒也得靠吆喝,才能让酒香飘得远、飘得久。作为一部区级沪剧团的现代题材作品,《挑山女人》能够走出宝山、走出上海,得益于"政府资助+市场运作"相并举的新模式。以政府扶持资金为演出运营的杠杆,进行合理的市场化运作,才让这部有口碑的好戏,在赢得奖杯的同时也赢得票房。市文广局艺术总监吴孝明笑言,"《挑山女人》挑的担子一次比一次重。面对沪剧严峻生态环境,宝山沪剧艺术传承中心没有气馁,默默拼搏,默默为沪剧做加法。原创是宝山沪剧的生命线,这座山是有宝的,很好继承传统,加大原创、培养人才。感谢华雯,为引领戏剧观做了榜样。"

《挑山女人》研讨、演出等各类活动图片（部分）

《挑山女人》评论研讨会，评论家毛时安（中）正在发表评论。

《挑山女人》评论研讨会。

《挑山女人》首演专家座谈会,专家们对《挑》剧提出了各种建设性意见。

静安宾馆内,北京专家们在热烈地交谈着"挑山女人"。

高雅艺术进校园，上海大学内的学生交流会。

首轮演出后的观众座谈会。

由上海市宝山区文化广播影视管理局、SMG公益媒体群成员——七彩戏剧频道、太仓市戏剧艺术家协会主办，上海宝山沪剧艺术传承中心、上海艺动天下文化传播有限公司、SMG麒麟文化中心承办了沪剧《挑山女人》金曲大赛。通过电视、微博、微信公众平台等传播媒体进行全方位的宣传报道，近二百人报名参赛。

《挑山女人》在华师大演出时，华雯与华师大学生交流。

北京长安大戏院内，观众们被《挑山女人》感动着。

第十三届中国戏剧节，观众入场准备观看《挑山女人》。

上海逸夫舞台，《挑山女人》演出结束时的场景。

在闵行浦江镇演出,观众们早早地来到剧场售票处,主动买票排队的情景,最终,《挑山女人》在浦江影剧院连演8场。

2014年2月18日,赴国家大剧院演出《挑山女人》剧组合影。

《挑山女人》获奖一览

- 《挑山女人》荣获第十四届文华奖“优秀剧目奖”
- 华雯荣获第十届中国艺术节“优秀表演奖”
- 李莉荣获第十四届文华奖“文华剧作奖”
- 孙虹江、华雯荣获第十四届文华奖“文华导演奖”
- 《挑山女人》荣获第十三届中国戏剧节“优秀剧目奖”
- 华雯荣获第十三届中国戏剧节“优秀表演奖”
- 汝金山荣获第十三届中国戏剧节“优秀音乐奖”
- 《挑山女人》荣获 2013 年度上海文艺创作优品
- 《挑山女人》荣获 2014 年度上海文艺创作精品
- 华雯荣获第二十四届上海白玉兰戏剧表演艺术奖主角奖
- 王文荣获第二十四届上海白玉兰戏剧表演艺术奖配角奖
- 《挑山女人》荣获中国戏曲现代戏突出贡献奖
- 李莉荣获中国戏曲现代戏剧本创作突出贡献奖
- 华雯荣获中国戏曲现代戏表演突出贡献奖
- 《挑山女人》荣获中国戏曲学会奖
- 《挑山女人》获中宣部第十三届精神文明建设“五个一工程”优秀作品奖
- 华雯荣获第二十七届中国戏剧梅花奖“二度梅”
- 华雯荣获第十五届文华表演奖

第三篇　评论与研究

戏剧理论家，
中国戏剧家协会顾问　郭汉城题词

读华雯文，深。观华雯表演，真。真与深，构成情感之美质，使挑山女人这个具有中国特色、生活在社会主义初级阶段的伟大母亲英雄形象，闪耀出时代的光辉。华雯技艺娴熟，唱做兼擅，程式生活，结合自然，是演好现代戏不可或缺的又一重要方面。

二〇一四年五月八日郭汉城　写于京郊草桥村，时年九十又七，兴之所至，不能已也。

中国戏剧家协会顾问，戏剧理论家　刘厚生题词

宝山沪剧团在过去一系列优秀剧目的基础上，又托举出《挑山女人》这样一部光彩的好戏，我非常高兴。这部戏塑造了底层劳动人民的典型形象，性格鲜明，感情浓郁，充满仁爱之心和奋斗精神，令人感动。

这部戏是编、导、演、音、美和所有工作人员团结一致，共同进行艰辛的艺术劳动的成果，值得庆贺！我向宝山沪剧团全体同志表示真诚的敬意，首先是华雯同志。辛苦了！

《挑山女人》本身就是一座山，一座宝山，你们把它挑起来送到高坡。但是艺无止境，前面的路还长。祝愿你们再努力，再加工，精益求精，攀登新的高峰！

挑起道德力量与担当精神

薛若琳
（中国艺术研究院原副院长）

近来上海宝山沪剧艺术传承中心(上海宝山沪剧团)创作演出的《挑山女人》,看后非常感动。女人能挑山,这是一个耸人听闻的话题,也是一个草根人挑战自我的话题。人生中有无挑战自我的机会,也许一辈子都没有,顺顺当当地过日子。而人生中如果与挑战自我对面撞上,有无迎接的勇气和决心,这是对人生的庄严考验。沪剧《挑山女人》中的主人公王美英,以她的瘦弱的肩膀,顽强地去挑山,她要克服世俗的偏见,不愿听也要听的飞短流长,她要克服女人生理的弱点,她要挑战生命的极限,真是难以想象,但我们终于被真实而非想象带到剧中。观看了这出戏后,有几点感受。

勤劳坚韧的生活勇气。王美英婚后五年丈夫去世,她身边有一个婆婆,三个子女:大郎、弟郎和幺妹。大郎出生不久便双目失明,弟郎和幺妹是一对龙凤胎,生活十分艰辛。村里考虑她一家人的生存现状,为她争取到镇宾馆搞财务的工作,这是一个飞来的喜讯,三个子女可以由婆婆照看,以自己的收入来维持一家人的生计。但婆婆恐怕她从此选择新的生活,丢下子女不管,表示坚决不照顾孙子孙女,并且竟然搬到老屋去了。于是,王美英的工作梦彻底破灭了,由于生存的压力,无奈之下她选择了挑山的道路。女人吃力的挑山,挣扎在山间小道上,王美英几次跌进山沟里,她又艰难地爬上来,双肩挑得红肿,腿和脚也肿了,她仍咬着牙挑山。一年才一度的除夕之夜,本来是一家人吃年夜饭团聚的日子,但山上的宾馆急需煤气,并以三倍的价钱付给,于是,王美英决定除夕夜连夜挑山,这个中国人宝贵和珍爱的夜晚,他们却四分五散,婆婆在老屋过,大郎在家里过,他们母子三人在山上过,王美英为了在新学期给子女买到新书本,强忍生活的凄凉和疾苦,并表达对生的坚强决心:“我不信前路能阻拦,我不信女人无有一双肩”,“苦乐全有是人生,经风经雨根越坚”!我们看到了王美英的挑山力量和勤劳、善良、无私的优良品质和传统美德。

萌动新的生活追求。挑山夫成子强是个善良的男人,王美英初挑山的时候,跌了一跤,把十个鸡蛋打破了,她很痛苦,要赔鸡蛋钱,一趟活白干了,很心疼,这时成子强伸出援手,他为了让王美英面子下得来,佯说自己母亲爱吃鸡蛋,给买了下来,美英心存感激。每年除夕夜美英门前总有一大碗红烧肉,也是成子强送的,美英对成子强心生好感。过了一段时间,子强对美英提出建立新的家庭的愿望,美英心动,但幺妹在奶奶的唆使下,跟踪妈妈,她幼小的心灵恐怕妈妈建立新的家庭抛弃了他们,小孩子对母亲直言:“妈妈你真要去找新爸爸,我读书还有啥意义!”幺妹的话,捅到了王美英的痛处,她之所以超常的付出,甚至除夕夜也去挑山,就是为了让子女读书，将来成为有用的人才，为此她忍痛割断了与成子强的感情联系。子强要到省城谋事，临别，要了美英的一条扁担作为纪念。七年后幺妹长大了，理解了母亲的痛苦，去省城寻找成子强，邀请他回家，给母亲一个惊喜，但子强为了闯入火海救人牺牲了，幺妹只拿回这根扁担，上面写了七个“等”字，每年写一个“等”，子强无尽的等待。王美英看见扁担，失声痛哭，撕心裂肺，她追求新生活的希望破灭了，这是她人生最大的不幸。

与丈夫生死对话。王美英经受巨大的生活压力和体能的付出，她都扛过去了，但孤独却伴随着她，她无处诉苦自己的委屈和痛苦，她只有对丈夫的遗像说：“十年了，张华啊，我从来也没有像今天这样觉得难过、伤心……，我二十五岁嫁到张家，三十岁就成了寡妇，现在已经四十岁了。这十年的苦，十年的难，你真的都看见了吗?”王美英多少次为了让孩子多吃一口，自己饿昏在山道上，挑担跌倒了，又挣扎着爬起来，王美英的这个扁担，挑起道德的力量和担当精神。大郎虽然眼睛看不见，但他每天都在打结，一结一结连一结，“个个结下娘辛苦，个个结在娘心上。十年已有千万结，记下妈妈恩情长”。王美英每次挑起扁担要走三千多个台阶，她已“忘记是女人”，“到夜晚浑身酸痛不敢言，只愿幼儿长成材，相依为命苦也甜”。王美英伟大的母爱，深深地打动了观众。

良好的家教。王美英把唯一的希望，寄托在子女身上，她为了子女成材，艰苦地劳作，放弃了新的家庭的组建，宁肯以自己的寂寞和凄苦，换来子女美好的明天。王美英针对自己的孩子对奶奶有意见时说：“做人啊，可以怨天怨地怨自身，绝不能怨生你们养你们的亲人啊!”除夕之夜，王美英带着弟郎和幺妹去挑山，她面对空旷的天地和四野说：“日月星辰是天上宝，五谷花草是地上宝。忠臣良将是国中宝，爱心孝道是齐家宝。……你们都是娘的心中宝，娘要儿，明生计，肯勤劳；娘要儿，尝艰辛，心气高；娘要儿，经风经雨脚踏实地走正道!”王美英对子女的一番教诲，体现了王美英不仅挑山，也挑起了社会责任。而弟郎、幺妹都考上了大学，大郎也进了省城按摩培训班学习按摩，王美英在送三个子女离家出门时，她说：“妈妈只有一句话：无论在啥地方，做人为先！今后不管怎样，不能忘记做人的一颗良心啊!”王美英语重心长，掷地有声，她并且发出了“育儿成才，人之常理；教儿做人，一生不弃”的道德呼唤。

包容宽恕的善良人格。王美英送走了入学的三个子女，白发苍苍的婆婆拄着拐杖走了进来，蹒跚地走近王美英，艰难而老态地跪在王美英面前，向儿媳“谢罪”：“我替张家来磕头，由你骂，由你怨，我决不还口。”王美英镇定地说：“十七年了，该骂的早已在心里骂过，该怨的也早已在心里怨过，如今你老了我也老了，就让这个怨恨，一起都老去了吧。”王美英不计前嫌的思想境界和伟岸宽阔的胸襟，的确令人肃然起敬。人们是需要这种精神的。

看了沪剧《挑山女人》，感悟到每个人都应该有王美英那样的挑山的力量，挑山的勇气，挑山的责任和挑山的担当精神。

含着酸泪看《挑山女人》

曲润海
（中国艺术研究院原常务副院长）

2012年山东十艺节，我作为嘉宾去看戏。一到济南，就有熟人告诉我，沪剧《挑山女人》是个好戏。找秩序册看在哪里演出，可惜不在济南，也不在就近的地方，遗憾没有看上。但我牢牢记住了这个剧目。中国戏曲学会征求给《挑山女人》颁奖的意见，我当然欣然同意。邮箱里收到剧本，迫不及待，打开便看，看着看着就流下了酸泪，看光盘更觉胸脯憋闷，眼眶始终不干。俗话说男儿有泪不轻弹，我已经快八十了，怎么泪水还如此充盈？实在是李莉、华雯写好、演好了一个平凡而伟大的母亲，是挑山的母亲，也是我纺花织布的母亲！

我的母亲二十九岁守寡，守着两个儿子，其时我虚岁四岁，实际三岁都不到，哥哥大我八岁。日本鬼子侵占了我的家乡，爷爷叔叔们都不在家，生计艰难。有人劝母亲改嫁，母亲和祖母商量把我带走，祖母一字一板地用戏曲故事挽留我的母亲。祖母懂得许多戏，她说的是《三娘教子》。祖母说：

"媳妇儿，你不要走。两个娃娃就是咱家的旺气。你把他们抬举大，长大成人，你就是咱家的功臣。你看那《三娘教子》，三娘纺花织布，把英哥子捧养成人，中了状元回来，纱帽翎子'特姗姗'的，你看那多好哩！不枉三娘教子一场。媳妇儿，你不要走，你也会纺花织布，再大的困苦，咱也能熬过去。"哥哥哭着央求母亲不要走！母亲抱住我，哭着对我和哥哥说："婆（bo，娘）不走，婆哪儿也不去！"祖母立刻向哥哥说："龙小子，给你婆（bo）磕个头！"哥哥跪下给母亲磕了个头。母亲下了地，把哥哥拉起来，给哥哥擦了泪，转向祖母说："婆（bo），你老人家不用说了，早些儿睡哇！"从此，再没有听说过母亲改嫁的事。哥哥出门做学徒去了。母亲、祖母和我三口人过起了"三娘教子"般的生活。

祖母雇人给母亲做了纺车、织布机等一套工具。织布机就置放在炕头上，母亲没明没夜地纺织，做饭是祖母的事。纺花织布辛苦不说，担惊受怕的是取棉花送布背粮食。那时在农村给人家织布挣不下钱，只能挣粮食。我的母亲没有像王美英那样爬山，而是过河，过牧马河。冬天结了冰还好过，夏秋天要踩着一尺来宽的"板板桥"过河，真是提心吊胆。更可怕的是，抗战胜利后阎锡山的军队回了村，三天两头杀人，村口上挂着人头。一次母亲取棉花回来正碰上村口杀了人，刽子手提着人头向母亲取笑：给你个猪头拿回去吃哇。母亲回了家还浑身抖。

和王美英一样，我的母亲也看重钱，会算账——口算。她和邻里相处很好，家里有事，都会来帮忙。到年底，母亲都要给邻家们二尺笼布。母亲靠纺花织布，竟然买下四亩坡地，解决了吃饭难题，而且给哥哥娶了媳妇。直到统购统销、合作化以后，土地没有了，棉花没有了，母亲的织布机才闲下。要供我上学，只好变卖家里能卖的东西，就连母亲成亲时的箱子也卖了。

1957年高考时的作文题是《我的母亲》，我得了高分，如愿以偿地考上了大学。入学后录取我的老师见了我说，你的作文很好，其实我不是作，只是如实地记。

《挑山女人》有四句主题歌：

天上日头么歇歇夜，
月儿相帮么来照亮也。
地上女人么不得歇来，
歇来香火么要断档哎——

日头可以歇，女人不能歇，女人有特别的责任，特别的担当，生、养、抚、教于一肩，无止无休。曾经听有人说，守寡不嫁是反人性的，我始终听着不顺耳。没有我的母亲守寡，纺花织布，就没有我，更没有我的今天。没有王美英挑山，就没有三个儿女的成长。我什么时候看梆子戏《三娘教子》都无比激动。

母亲的伟大不仅在于她们做出了牺牲，更在于她们把这种牺牲、付出看得平平常常——我觉得就该这样。我的母亲在纺花织布的时候，还会哼起歌儿，却没有词。有时候与同龄妇女们在一起，也会说一些她们能会意的故事，有时也借着说故事背后编排公婆的笑话。王美英却没有这种调剂生活兴趣的机会。她的婆婆比起我的祖母来差劲儿得多。

当然王美英是个在真人基础上集中塑造的更典型化的艺术形象。而且王美英的典型化又不在于虚构曲折复杂的故事，而是重在感情的集中、凝练、抒发，正像张庚先生说的是剧诗。王美英难过时在丈夫遗像前诉说，成子强刻在竹扁担上的七个"等"字，失明的大郎打的千千绳结，都是强烈的诗情的咏叹。而儿女们都走后王美英面对婆婆长达66句的叫做"赋子板"的长歌，更把王美英的整个人生进行了酣畅淋漓的宣叙，让人流泪，让人感叹，让人敬仰，让人知恩报恩，让人学会做人，学会担当尽责。这便是艺术典型的王美英。这便是李莉、华雯的创造！感谢李莉！感谢华雯！感谢宝山区沪剧团！

《挑山女人》的成功启示我们，戏剧创作应该更多地把眼光放在平民百姓，放在弱势群体。中国的传统戏里，有帝王将相、有才子佳人、有义士侠女、有平民百姓，往往又是一个戏里兼而有之。人们的感情则往往在平民百姓、义士侠女一边，或出身低微的忠臣良将、给平民百姓办事的好官一边。中国的帝王，除了炎、黄、尧、舜、禹、汤、周公是神话传说的完人，望尘莫及外，其余的开国帝王没有一个完人。史学家给他们恰当的评价，文学艺术家却要写写他们的缺点、过错，老百姓也不怎么喜欢他们。比如秦始皇和荆轲，人们同情惋惜的是荆轲："惜哉剑术疏，奇功遂不成。"拖着长辫子的电视剧，我只比较完整地看了一个康熙的，不拖长辫子的"大帝"们，也没有完整地看过一个。我还是喜欢看平民百姓家长里短的舞台戏，帝王将相、才子佳人戏也是喜欢看带有民间色彩的。

平民百姓在戏里虽然都有名有姓，但正史上却往往找不到他们，不少是假托历史人物写的。比如薛平贵、王宝钏，秦香莲、窦娥，显然是假托的或虚构的。写古代戏如此，写现代戏也未必不可如此。

我一直想把我的母亲和祖母、哥哥、二叔写进戏里，但如同外科医生给自己家人做不了手术一样，始终没有动笔。原因是我不敢虚构、想象，怕挨骂。李莉与挑山女人的原型汪美红不沾亲带故，放胆写来，适当集中、概括、虚构、想象，加之华雯淋漓酣畅的演唱，恰如其分又艺术化的表演，使戏里的王美英更像汪美红的一些特点，更加典型化，塑起了一尊母爱的美神。

写现代戏，确实也要允许虚构、想象，写有真实原型的平民百姓，也要肯于、敢于、善于集中、概括。

宝山沪剧团所在的宝山，过去是县现在是区，是改革开放建设的大上海市的一个区。它的活力比某些省一个囊括好多县的市还要有活力，不知怎么沪剧团却才有几个人，没有乐队。这样的团竟然能排出《挑山女人》这样的戏，真是不可思议！

虽然不可思议，但可以猜想吧。我猜想，首先剧团还有华雯这样的演员！如果连华雯都“不求所有”了，到排《挑山女人》这样的戏所用时，到哪里去求？星星之火可以燎原，有华雯这样的火种，就能重新燃烧起戏曲创新之火来。

第一，这样的剧团，要创作新戏，还是得“但求所用”一下，联合团外高水平的创作人员。好在李莉就在上海，不是远来和尚，不是外人。

第二，题材共享，不因汪美红是安徽齐云山的，上海就不能写。上海是少有的几个艺术创作题材不受区域限制的省市之一。

第三，还得有人识货，肯于买单，肯于推销。这些人首先是区、市的领导。如果区、市领导对这个戏冷淡，她怎么可能推到北京，上了《人民日报》头版头条？又怎么可能让中国戏曲学会来颁奖，开这个学术研讨会？

生命的意义是担当

龚和德
（中国艺术研究院研究员）

上海宝山沪剧团创演的《挑山女人》，是一出表现基层群众生活状态和自强不息精神的感人好戏。我读过原型汪美红的报道，她25岁嫁到齐云山下，婚后五年丈夫去世，留下婆婆和先天失明的长子、更幼小的双胞胎。家有三亩水田、九分旱地，也可勉强度日，但为子女上学，选择做齐云山挑夫。她是当时村子里唯一的女高中生，深知读书受教育的重要，挑山17年，终于把子女“挑”进了大学。剧作家李莉既尊重生活原型，又不拘泥于真人真事，尤其着力开掘故事的精神价值和情感力量，通过王美英这个艺术形象的塑造，生动地演绎了生命的意义是担当。这种对困难不逃避、对责任不推诿的担当精神具有普遍意义。实际上我们每个人肩上都有一副担子，如果都能像汪美红/王美英那样自觉顽强，挑好各自的担子，由此凝聚起来的中国力量，还有什么美好梦想不能实现呢！

这出戏发扬了沪剧的优良传统。沪剧是上海土生土长的地方戏曲，用上海方言演唱，常以平民视角，反映社会新闻、都市恋情、时代变迁。《挑山女人》作为取材于新闻报道的现代戏，有着鲜明的创新意义。它的主人公是没有任何光环的普通劳动者；对劳动人民的艰辛处境不加掩饰，怀有深切同情。“天上日头要歇夜，月儿相帮来照亮。地上女人不得歇，歇来香火要断档！”——这是戏里多次出现的山歌伴唱。这不是主题歌，而是对挑山女人不幸命运的深情咏叹！它要让观众在悲悯氛围中感受这个女人如何不屈服于命运，如何担当起苦难，担当起对子女、对社会的责任。

剧中有四条感情线：王美英与丈夫张华，与婆婆，与暗恋她的挑夫成子强，与儿女们。丈夫张华是不出场的，只有一幅遗像在，然夫妻之情未忘，她奋力挑山栽培子女也是为了实现丈夫的遗愿，受到委屈难以排解时，遗像成了她的倾诉对象。婆婆思想落后，以“命中克夫”歧视王美英，又搬住老屋、对孙儿女甩手不管，使王美英陷入完全无助的困境，甚至还唆使孙女幺妹监视王美英，防其改嫁。只有默默相助的挑山夫成子强，使王美英“常觉温馨一点点”，待到成子强“送走”瘫痪老母，要向王美英吐露真情时，却被幺妹打断。与儿女们的戏最具张力的是在母女之间。幺妹长大懂事后，深悔当初不该破坏母亲与成子强的情感关系，赶在离家上大学之前，要到城里找回成子强，“给妈妈一个惊喜”。只是晚了，成子强因火海救人已经牺牲，带回的遗物就是王美英在他进城打工时送的一根扁担，相别七年，扁担上刻有七个“等”字。这些情感线的有机交织，推动剧情、展开冲突，把王美英的内心激荡和精神成长细致地描绘了出来。在情感的纠结点上几乎都有精彩唱段。李莉熟悉上海方言，唱词写得朴实清新，情真意切。尤其最后大段[赋子板]，犹如打开了王美英的情感闸门，更使观众唏嘘不已。王美英觉得对丈夫、婆婆、子女都无愧于心，唯独对不起成子强。她抚摸着刻有七个“等”字的扁担，真是百感交集。“含泪再把‘等’字看，这‘等’字原来撑着天。寸土之上两竿竹，亦苦亦乐相并联。苦在美英心怀里，乐在孩子成长间。苦乐全有是人生，经风经雨根越坚。”唱至此，情感升华为一种人生信念。正是这种苦乐观、人生观，才会有勇往直前的担当精神。可以说，《挑山女人》是出苦情戏，但它是高品位的苦情戏，它让我们在眼泪的后面认识了一个生长于草野的伟大母亲！

王美英的扮演者是沪剧名家华雯。23 岁以成功饰演《东方女性》中的“第三者”方我素而获得第四届梅花奖，是沪剧界继茅善玉之后的第二朵“梅花”。为人率直，“没有水分”(李莉语)，演戏则细腻，富有灵气，全身心投入。为了演好王美英，两次去齐云山体验生活、观察人物。她觉得汪美红不但温柔、慈爱，还“无比平静和坚强”，“像一座苍凉的大山”。这就成了她塑造这个艺术形象的一种意象，一种精神追求。她的唱，运用自己的嗓音特色与乃师杨飞飞的独特韵味相结合，明亮、婉转、醇厚兼而有之。当下，沪剧在其诞生地大上海只有三个专业院团了，即市属的上海沪剧院和两个区级的宝山、长宁沪剧团。华雯是宝山沪剧团的主演兼团长。剧团在编成员 14 人，连个完整的乐队都没有。然在华雯的坚守和运作下，仍能不断推出好戏，赢得从区里到市里越来越多的关注和支持。戴平教授说：“华雯也是一位挑山女人!”诚然！二十多年来，华雯一直“挑”着宝山沪剧团。2013 年冬，她把《挑山女人》“挑”进文化部主办的第十届中国艺术节和中国戏剧家协会主办的第十三届中国戏剧节，先后获得优秀剧目奖，她个人获得优秀表演奖，对于这个区级沪剧团来说，是创纪录的盛事，是多么难得的荣耀！

中国故事　民族精神

王安奎
（中国艺术研究院戏曲研究所原所长、研究员）

一个女人，在丈夫不幸去世之后，靠自己的柔弱的肩膀，做挑山工，扶养三个子女成人，为此，她不仅辛苦备尝，而且牺牲了自己的爱情，但她无怨无悔……这是一个典型的中国故事，一个典型的中国妇女和母亲的故事。在中国古代，有许多慈母教子和母亲茹苦含辛扶养子女的故事，而《挑山女人》的故事是发生在当代；中国当代的生活已发生了天翻地覆的变化，但因为广大农村是在贫困的基础上向前发展的，所以很多地方的群众生活依然是紧迫的，特别是遇到意外的打击，便会产生很大的困难。政府应该帮助他们，会帮助他们，但有困难的群众面积很大，政府没有力量都包下来。所以还需要农民自己和群体自力更生。这就是中国的现实。要改变命运，需要有自立自强、战胜困难的精神。

沪剧《挑山女人》是根据真实的事情创作的，故事的主人公汪美红（剧中叫王美英）就是这样一位敢于挑战命运、靠自己的力量取得成功的女人。宝山沪剧团的主演、王美英的扮演者华雯说："一位鲜活的中国母亲，她饱含着中国农村底层劳动妇女的全部信息，代表着贫贱之中贫而不贱、卑微之中微而不卑的母亲意象。"这位母亲说："饿得了一张嘴，饿不了一把骨头，只要骨头不断，骨气就在。"她为了培养子女成才，肯于舍得一切，"抛弃孩子，天堂我也不去"。（华雯《我和〈挑山女人〉》，《中国文化报》2013 年 10 月 15 日）这就是中国的母亲！因此，《挑山女人》讲述的是一个真实的、亲切的中国故事，它表现的是植根于文化传统又富有时代气息的民族精神。"天行健，君子以自强不息"，坚忍不拔，百折不挠，这是我们民族精神中最可宝贵的东西。"挑山"，是人物真实的行动，但它又具有象征的意义，它体现了一种敢于担当、挑战"人所难能"的精神。

当然，《挑山女人》之所以取得成功，不仅在于它讲述了中国故事，而且在于它讲得好。首先，剧作家、导演和演员准确地把握了主人公性格的基调。华雯说："汪美红的遭遇非常凄惨，但倘若一不小心，《挑山女人》里的王美英就会变成一个倒霉蛋、可怜虫；汪美红的性格非常坚毅，可一旦处理不好，戏里的王美英就会唱高调，令人生疑。我想我们这出戏追求的是一种悲而不惨、凄而不苦、苦而向上的精神境界。"（同上引）因而他们在戏中塑造出的王美英是在朴素、普通中见出刚强和崇高来。

比如，她做挑山工，是为了赚钱扶养孩子，因此不可能不看重钱。在风雪的大年夜，别的挑夫都想在家过年，不愿上山；但她一听说可以加工钱，就高兴地要去。在这里，观众看到的不是庸俗，而是朴素、真实。

她的婆婆对她有深深的误解，在她最困难的时候，离她而去，后来被她的行动感动，来向她道歉。这时王美英痛楚地望着婆婆，一字一句地吐出："十七年了，该骂的早已在心里骂过，该怨的也早在心里怨过，如今你老了我也老了，就让这个怨恨，一起都老去了吧。"

如果这时王美英对婆婆说，我从来没有恨过，从来没有怨过，那就是虚假；如果她对来道歉的婆婆不理不睬，同样不近人情。她坦诚地承认，骂过，怨过，但都过去了，这是何等真实，何等坦白，何等的胸怀！

王美英不仅是扶养子女，她更要教育子女走上正确的道路。她怎样教育子女呢？

人之根本莫忘掉。
记住了，日月星辰是天上宝，
五谷花草是地上宝。
忠臣良将是国中宝，
爱心孝道是齐家宝。
孩子呀，非是为娘看重钱，
让你们雪夜把山挑；
非是为娘不疼儿，
你们都是娘的、娘的心中宝。
娘要儿，明生计，肯勤劳。
娘要儿，尝艰辛，心气高。
娘要儿，懂体谅，
娘要儿，知报效，
娘要儿，莫像山藤难独立，
娘要儿，经风经雨脚踏实地走正道！

这是一个普通女人所坚守的信念，而它符合社会主义核心价值观。

作品深刻地挖掘了人物内心的感情。演员华雯充分发挥了沪剧的艺术魅力，使人物的感情的表露非常感人。王美英在与子强的多年相处中产生了感情，在子强将要向美英吐露真情、他们也有条件结合时，她的女儿却从中阻挠，并说自己不再读书。这给了美英强烈的震动。她要打女儿，下不去手；狠狠地打了自己。她跪伏在丈夫的遗像前哭诉。——她的苦是无处可诉的，孩子年纪小，不懂事；对子强是不能说的，只有对丈夫说，不管他能不能听到。有苦无处诉，是最令人心痛的。她讲自己的难处，还带着深深的自责："看来我这个娘还是没有当好！"当着自己死去的丈夫，她不掩饰自己的软弱，但此时观众从她敞开的心扉中更看到她的刚强。

子强送还她遗下的扁担，美英说，留给他做纪念，实际上表明了二人的关系不能向前发展。她没有说什么，眼睛直直地看着子强，千言万语都在这眼神中，这眼神真是催人泪下！

一双儿女考上名牌大学，失明的大儿子也上了盲校，她的任务是完成了，但此时却得到子强不幸牺牲的消息。她坚强地送走儿女，回屋后一个人忍不住嚎啕大哭。观众此时也希望她把隐忍的悲痛发泄出来。观众在与剧中人一起流泪的过程中感到自己的灵魂也得到净化和升华。

从这些地方可以看到华雯是把体验和表现紧密结合在一起的。她深深地进入到人物的内心中去了，对人物的悲痛和喜悦能感同身受；同时她又能出乎其外，很好地控制自己，表演和演唱都很有节奏，体现出生活的美和沪剧的美。

三次看《挑山女人》的演出，每次都很感动。王美英的事迹，华雯的演出，可以让我们想起很多。如作者在帮唱里所写：“天上日头歇歇夜，月儿相帮来照亮也。地上女人不得歇来，歇来香火要断档哎……”中国妇女，中国母亲，她们在平凡中创造了多少奇迹！她们担当起了多少历史的重任！

感动中写下一首小诗，记在这里：

昔日移山有愚公，
挑山女子亦英雄。
柔肩敢撑日和月，
瘦骨何畏雪卷风。
绳断千端蒲苇志，
心伤一哭海涛情。
剧人高唱攀登曲，
喜看宝山越险峰。

民族的脊梁

王蕴明
（中国剧协分党组原副书记）

看过由上海宝山沪剧团创演的《挑山女人》后，情感的波澜久久难以平静，且思绪的涟漪不由得引向了往事。我的故乡是在胶东半岛的一个山村，从儿时起就帮助大人做农活，挑水、担肥、收庄稼，也总是离不开扁担，但这大都是男人的活儿，妇女是少见的。后来登泰山，见到那里的挑夫，由山底往山顶运送货物，沿着无数的台阶，艰难地迈着紧实的步伐，在顿生钦敬之情的同时，还伴随着说不清的酸楚，这已是几十年前的事了。岂料，这样的情景又在当今重现了，还是个女人！

我十分钦佩剧作家李莉同志，据说当她看到报纸上的一篇报道后，立即引发了创作冲动，在与主人公深入相处了解后，在舞台上塑造了一个伟岸形象，一个新时代的伟大母亲，这自然融入了作家的才情，体现了作家的社会良知与对苍生百姓的深沉的爱。

古人讲，危难玉汝于成。故事发生在上个世纪八十年代末，寂静的山村，锣鼓喧天，王美英与张华这对中学时代同窗共读的恋人喜结良缘。然而命运多舛，婚后五年间，先是生下了盲儿大郎，继又生下弟郎与幺妹双胞胎，沉重的生活负担，压得张华只好白天黑夜加班劳作，结果意外丧命于山涧。青春守寡抚养张华长大成人的婆婆，因迷信"生辰八字不合"原本就不同意儿子的这桩婚姻，现又凶事连连，将一股脑儿的悲怨洒到儿媳王美英的身上。又怕儿媳抛下三个孙辈改嫁，竟然撂下绝情的话："从今以后，我没有你这个媳妇，你也没有我这个婆婆。"自己搬到老屋去住。一个山村女人，丈夫死去，孤身一人带着三个幼儿，要外出工作，三个幼儿无人照护，不工作，又怎样维持生活？想随丈夫而去……失去娘亲的幼儿怎么生存？恍惚中，远处传来挑山夫的吼唱……"挑山，挑山……我去挑山！"

挑山！上下山路三十里，一天挑两趟，一担一百斤，运费五元四角，一挑就是十七年！无须多言，可以想见，这期间当磨破了多少双鞋，挑断了多少根扁担，多少次摔倒在山涧，眼泪可曾流干？当我看到舞台上那挑山的王美英时，脑海中顿时叠映出泰山挑夫的伟岸景象，同时即刻想到了鲁迅看体育比赛的话：那虽落后仍坚持跑到终点的竞技者和看台上不笑的看客，乃是民族的脊梁。一个普通的山村女人，在无助的困境中，不怨天，不尤人，自立自强，顶天立地，这不就是中华民族的脊梁吗？千万年来，多灾多难的中华民族不正是靠这万千脊梁撑持过来的吗？

王美英形象的感人之深，来源于现实生活的赐予，人物的原型所在，再次证明了生活是艺术创作的唯一源泉的不破真谛。同时有赖于艺术家的匠心与才情。

其一，特定社会环境的铺垫。序幕中开始即点明故事是发生在上个世纪八十年代末的安徽齐云山区，这可能一般观众不太注意，却很重要，不然人们会怀疑故事的真实性。我们已进行了四十年的社会主义建设，王美英一家的困难处境怎么不见当地政府的身影呢？有了八十年代末安徽齐云山区这样一个特定的时间环境就可信了，因为其时中国农村正在经历着又一次社会变革的“阵痛”。又有那样一个特殊却又可信的婆婆。真实社会环境的铺垫是一部作品成功的必要前提。

其二，深邃凝重的情感表达。王美英的超人之处在于她以柔弱之身的挑山壮举所呈现的刚强、坚忍与自强自立。但剧作并未在此着更多笔墨，而是将笔力放在她的情感世界。主线是母爱，是母子(女)情深，同时衬以她与成子强的爱情副线，两条情感线一主一副，一显一隐，相伴而行，相辅相成，深沉凝重，真切感人。母爱是全剧的贯穿线，更是王美英力量的源泉，是支撑她柔弱之身挑山的脊梁。因为要抚养孤儿而挑山，风雨十七年，千辛万苦，只有一个心愿，就是要把儿女培养成才。当最终悔悟归来的婆婆向她赔礼时，王美英积郁胸中的一腔激情如涌泉般喷薄而出：

“莫说还，莫道欠，恩怨相交十七年，曾经恨，曾经怨，曾经在丈夫坟前泪哭干。想过逃，想过死，想过改嫁另将丈夫选。抛不下，三个幼儿将我牵，弟郎幺妹才学步，大郎生来看不见，难忘夫妻肩并肩，我与丈夫畅谈未来立誓言。要孩子，读书把心梦圆，愿孩子把人生命运来改变。谁料丈夫撒手去，撇下老小度日艰。我不信女人无有一双肩。美英有情更有骨，不怕山高路程远。一步步走了十七年，一步步苦难强下咽；一步步我为儿女付辛劳，一步步儿女情将我紧紧牵。咬紧牙关擦干泪，为孩子，哪怕天堂我也不去……”

母爱的伟大，母爱的无坚不摧，母爱的情深似海，母爱的感天地泣鬼神，尽在这一腔激情的倾诉中。

与母爱这条主线相伴的是爱情线。这条爱情副线交织得既巧妙细密，又真实深沉。序幕中，王美英出嫁坐在花轿中，偶尔掀起红盖头向外张望，恰被轿夫之一的成子强看见，他立马吼唱起来：“哎哟来—哎哟来—肩上扛着美(呀么)美新娘哎，心里也想进洞房哎……”这就看似无意中为二人以后的情感埋下了伏线。五年后，悲剧发生了，丈夫张华意外死去，王美英为生计所迫挑担上山，引起众挑夫的议论，也是挑夫的成子强看在眼里，痛在心里：“眼看她身板不稳步踉跄，一晃一颤汗珠淌。命运坎坷的弱女子为求生计，她竟然上山把挑夫当……我虽敬她懂担当，却为她，一阵阵怜惜，一阵阵凄惶。”突然，王美英挑担摔倒，成子强急忙上前搀扶。二人开始交谈，王美英得知，成子强与她住在同一个镇上，还与她的男人张华在一起做过生活。二人的命运有些类似，成子强父亲早亡，寡母抚养成人，现瘫痪在床，需他日夜照顾，因而也选择了图个自由的挑夫。王美英因摔跤发现筐中的鸡蛋破了，成子强托辞家中老母爱吃鸡蛋强行将鸡蛋买下。二人相似的遭遇，便自然地引发了王美英的情感波澜：“想不到，同病相怜世上有，顿觉敬重在心头。女人持家分内事，难为他，男儿一片孝心厚。依稀记得花轿旁，一曲山歌是他吼，欲说几句安慰话……顿觉芒刺鲠在喉。青春已随时间走，说不清是窘还是羞。如今新娘成寡妇，男人面前少停留。”以后十年，每年除夕晚上总会有人送来一碗红烧肉，而开门后却只见肉不见人，孩子们追问送肉的是何人？王美英心明却难以回答："孩子声声问真相，我猜他当是成子强。十年来，年年都送这一碗；十年来，风里雨里暗相帮。十年来，山道相逢一笑过，个中滋味各体谅……我怎向孩子讲？"到此，两人的爱情已在心中默默发芽。岂料，婆婆的一双眼睛却时时盯着王美英的行踪，她教尚不懂事的幺妹耽误上学跟踪妈妈："奶奶的话儿耳边响，她说妈妈要改嫁，对象就是成子强。……吓得我泪汪汪，痛得我心慌慌。幺妹决不让妈妈走，我就是不吃不困也要紧提防。"当成子强公开向王美英表白"我要与你配成双"，王美英听后感到"心慌、舒畅""曾经盼又不敢盼"，两人无语相视，默默坐在溪流旁时，幺妹突然闯入，谎称大哥摔伤强行将妈妈拖走。儿女的反对，王美英只能忍痛拒绝了成子强。成子强虽外出打工，却仍心无旁顾。七年后，幺妹考上了大学，懂事了，她到城里寻找成子强，寻回的只有成子强牺牲后留下王美英挑山的一条扁担，上面刻着七个"等"字。此时此刻的王美英以扁担强撑着晕倒的身体，女儿幺妹痛切自责的哭声掩饰着她心中刀割般的伤痛。母爱与爱情两条深邃缜密、浓烈凝重情感线的交织，让一个感人至深、平实高洁的伟岸形象矗立我们面前。

其三，婆婆形象的反衬与常情。她抛下三个孙儿不顾，造成了王美英挑山的直接原因，形似不慈，但作者写出了她行动的合理性。她寡居育孤二十年，她不愿儿媳因改嫁抛却三个幼孙，内蕴着虽扭曲而仍不失深沉的爱。而且还时时关注着孙辈的成长，"孩子读书逢雨天，校门口送伞不留言，大郎生病在家中，炖蛋送到他枕头边。破衣晾在竹竿上，旧补丁上新线添。"当孙辈长大成人后，她向儿媳下跪、忏悔、感激："自从那年绝情走，我心难受，多少个春秋，没日没夜泪暗流。哭的是，三个孙儿怎么办，怕的是，美貌儿媳难自守。狠心肠我把孙儿一起丢，丢给你，要想改嫁不能够。还叫幺妹看牢你，赶走了成子强我也心难受。常言道，祖孙之情深似海，看孙儿，我常常躲在校门口。如今孙儿长成人，你却是面容憔悴伤痛留。我替张家来磕头，由你骂，由你怨，我绝不还口。"婆婆形象的真实描述，她那扭曲而深沉的爱，反衬和支撑着王美英形象的厚实与卓立。而那贯串全剧的主题歌（女声独唱）："天上日头儿歇歇夜，月亮相帮么来照亮它。地上女人么不得歇来，歇来香火要断档哎——"，既幽婉动听，为戏剧情景增色，又诗意般地升华了充塞天地间博大的母爱。

其四，朴实、鲜活、深沉的舞台呈现。百年前发源于农村说唱滩簧小戏至上世纪三四十年代受话剧、电影的滋养崛起于上海大都市的沪剧，其代表性剧目如被俗称为"西装旗袍"戏的《阮玲玉自杀》、《情天血泪》、《魂断蓝桥》、《上海屋檐下》等以及新时期以来的《旋子》、《明月照母心》、《东方女性》、《雷雨》等，大都是表现城市生活的，即是说表现都市生活是沪剧的长项。《挑山女人》表现的是安徽山区的普通农民，而观众的对象主要是上海的市民，这无疑就对该剧的舞台呈现提出了新的要求。我们高兴地看剧，在编、导、演、音、美的通力合作下，该剧既通过王美英一家人及成子强表现了当地农民勤劳、坚韧、善良、淳朴，勇于承担与善解人意，又通过一群挑山夫的欢快、诙谐和悠扬抒情的歌唱，洋溢着昂扬的生命活力与朝气。营造了一种冷峻而不失暖色，城乡皆宜、殿堂与村社共赏的舞台景观，开拓了沪剧艺术的新生面。

全剧的演员都很称职，婆婆和三个孩子的表演朴实本色，情感交流互动，真挚而不做作，很好地衬托了王美英的性格侧面和情感的宣泄。如大郎编织的千千结，幺妹对妈妈爱情的阻拦与追悔，婆婆与儿媳的绝情与赔罪，都是王美英品格的闪光处和情感的爆发点。

饰演王美英的华雯是当今沪剧艺术领军人之一，她的表现淳朴浑厚而又俊朗灵秀，她的歌唱圆润甜美而又雅丽脆亮。尤为难得的是她的演唱始终处于情感的涌动之中，她与剧中人已融为一体，不露表演痕迹。举手投足是剧中人的生态情貌，而又进退有据，既生活又规范，刚柔相济，秀外慧中。母爱情深，慈而有威，爱埋心底，浓透背脊。情深时，歌唱如山涧清泉，幽咽渺远，沁人心田。冲动时，歌唱似银河落九天，声贯长空，撼人魂魄。她以自己的赤诚与才艺为我们塑造了一位当代平实而高洁的伟大女性。她挑起的不是一家一户的山，而是中华民族传统美德之山，是中华民族伟大复兴之山，体现了中华民族坚韧不屈，生生不息的民族精神，弘扬了社会主义的核心价值观，是进行社会主义精神文明建设的生动教材，是一曲感人至深，真、善、美的瑰丽歌诗。

剧中婆婆对孙辈的关爱和邻里相帮及大郎以编筐等劳作助母等细节若再具象一些，当更能增强戏剧的真实与沉潜的感召力。

为了这个特殊的家

周育德

（中国戏曲学院原院长）

沪剧《挑山女人》是一本催人泪下的好戏。

此剧塑造了一位感人至深的女性形象王美英。

王美英是根据发生在皖南的真人真事来重塑的。王美英不是伟大的人物，不是知名的英雄，不是文化精英，不是领导干部，她只是一个普普通通的农妇，她的活动始终没有离开她的家。一个处于社会最底层的家。但是在她的身上闪耀着崇高的光辉。这是一曲讴歌人性崇高的赞歌。

王美英的故事很感人。动人的故事未必要曲折复杂的剧情，而是必须直透人心。《挑山女人》的创作者主要是从家的意义上着眼，来开掘和发扬王美英精神的崇高。王美英动人的戏剧行动都是为了那个特殊的家。

家是什么？

哲学家说，家是男女两性矛盾对立统一的结合体。当矛盾调和时，家呈现统一的特征；当矛盾激化时，家表现为动荡状态。

物理学家说，家是一个由多人构成的体系。在一定条件下，体系呈稳定状态；当条件改变时，体系可能呈现亚稳定状态；在极端情况下，体系可能遭到破坏，甚至解体。

化学家说，家是一道化学方程式。等式左边是夫妻二人，等式右边是化学反应生成的子女加上带之而来的亲情、责任和义务。

戏剧学家说，家是一出生活中的活报剧。登台的是几个不上妆的演员，如果登台上了妆，那演出的极有可能是悲剧。家是一出有场次但却永不谢幕的人间大戏。

社会学家说，家是社会构成的最小单位。

中国人的家的观念似乎又特别的强。一个人在家里的表现，对家的责任感，往往是他的道德检验的标准。传统儒家把齐家放在与修身、治国、平天下同等的地位。如今，有的地方考察干部时，也将其在家的表现列为考察标准之一。

《挑山女人》主人公王美英的家本来是美好的，稳定的。她和丈夫张华是一对相亲相爱的知青，家的化学方程式等式的两边很平衡。尽管也有不如意，如长子生来即是盲童，第二胎又是龙凤胎，家庭负担沉重，但是夫妻还是有信心而且有梦想的。可是，丈夫张华过劳死，为一家老小的生活苦苦奔命，累死在山上。这种不幸使他们的家立即陷入解体的危机之中。

丈夫死后，如何面对这个极端困难的家庭？婆媳二人都想继续维持这个家的完整，但是采取了不同的作为。

婆婆害怕年轻貌美的王美英会离开这个家，抛弃三个小儿。她不相信王美英会继续留在家中。为了留住媳妇，她断然拒绝对王美英的一切帮助，以为如此即可"拴住"王美英。这是戏剧矛盾的起点。如果不是这样一个婆婆，王美英就会有另外的选择，不至于陷入如此困境。

王美英本来是可以有多种选择的。

比如，她完全有权利再婚，建立新的家庭，但新的家庭未必能接纳这三个儿女和老婆婆。

她也可以把孩子送人，或留下一个或两个。

无论做何种选择，都无法继续保持这个家的完整，都意味着放弃，都是这个家庭的分崩离析。这正是婆婆所担心的。

王美英是有文化的知识青年。如果婆婆肯帮忙照看孩子，王美英也可以进城干饭店，干财务，做临时工；但婆婆生怕她跑掉，不能坚守这个极端困难的家，所以采取了不近情理的绝情的行动，把三个孩子都推给了王美英。

剧作家设定的就是这样一个婆婆，所以才会有这样的人生大戏，否则就不是这个戏了。

面对这样一个婆婆，王美英做出了出乎常人意料的选择，她勇敢坚定地担当起家庭的一切。她再三考虑的结果，唯一的挣钱门路是挑山。这本是一种无奈的选择，但正是这种无奈，闪现了她的精神亮点。

她用一副柔弱的肩膀，挑起了家庭的重担，承载起一般女性难以承受的重负，在齐云岭的山路上艰苦攀登十七年，终于把三个儿女抚养成人，一对龙凤胎还考取了重点大学，圆了她夫妻的大学梦。

王美英本来是弱势群体的一员，但是她以超常的勇敢担当，终于成了改变命运的强者，她以成功者的身影向观众谢幕。

于是，完成了一个非常积极的主题。

当今社会特别需要担当精神。敢于担当是一种胆识，一种魄力，需要有无私无畏的勇气。人的价值在于承载，人的价值在于担当。担当得越重，成就就越大。担当是一种崇高的道德品质，是一种崇高的精神境界。

每个人都有每个人的担当。或为社会，或为亲友，或为家庭，或为自己。对家庭负责，就是老百姓的担当。

王美英的行动，展示了传统道德中积极的一面。如何对待家庭，如何处理夫妻、婆媳、母子的关系，是历久弥新的道德伦理问题。谈及伦理，古人有古人的标准，今人无法全部继承。不能要求今天每个女性都做节妇烈女。但是对传统道德的积极的方面还是应当继承和发扬的。

王美英形象是崇高的。她的形象展示了东方女性精神境界的崇高之美。

当代中国的舞台呼唤崇高。王美英式的女性形象在当今舞台上极为罕见，因而弥足珍贵。

《挑山女人》的剧作家高明之处，是歌颂崇高时做到了以情感人，自始至终都没有空洞的说教。全剧的台词中，更没有一句大话空话套话。

主人公的夫妻之情、母子之情，超强的行动产生了感人的力量。首先是感动了剧中人，于是出现了一个志诚君子成子强，成子强暗恋她十七年，等待她十七年。王美英的行动最后也感动了不通情理的婆婆。

剧作者很残忍，在此剧的结尾时让成子强在救火中牺牲。这样做完成了成子强的崇高形象，但是也造成了王美英爱情的遗憾。这种结局，是悲剧性的。当然也可以喜剧结束，但是悲剧似乎更有震撼力。

《挑山女人》的剧作家和导演都是有经验的艺术家，他们深知观众感情的爆破节点，每一场戏都在这些节点上把戏做得很足，很能煽情，所以常常能催人泪下。

《挑山女人》作者高明之处，表现在戏剧结构的处理，作者以大跃进的速度处理戏剧节奏，灯光一变就过去了数年，做得干净利索，深得观众的理解与好评。节奏的紧凑在很大程度上避免了剧情平铺直叙可能产生的平庸感。

剧作家的功夫还表现在戏剧语言的精粹。沪剧是由说唱起家的滩簧类剧种，没有多少传统身段功夫的积累，靠的是以唱功出彩。《挑山女人》的唱词于朴素中见生动，该唱的地方绝不放过，一定要唱得淋漓酣畅，作曲家熟悉沪剧的音乐，充分体现了剧种的特色。剧场里观众的掌声和眼泪表达了沪剧迷们最大的认可和满足，证明了这部新剧作的成功。

《挑山女人》的舞台布景只有两个，一个是王美英简陋的家，一个是齐云岭崎岖的山路。主人公就是反反复复出现在这两个空间里。这个空间看来很小，不过主人公在这个空间里描画出的却是一个大写的人字。

新时期以来戏曲舞台的画廊中，出现过众多的有光彩的女性形象。《挑山女人》的王美英是独特的一个，未见有重复。在古代戏曲舞台上，好像也没见过类似的形象。王美英源于真人真事，却具有非常有价值的独创性。

一部新戏出台，给人留下了如许多的话题，说明它很不简单。

沪剧《挑山女人》的艺术张力

郑传寅

（武汉大学教授、博士生导师）

以情感人是我国戏曲的优良传统，真挚强烈的感情能赋予剧作以强大的艺术张力，使观众感动得不能自已。明末清初曲家黄周星有言："论曲之妙无他，不过三字尽之，曰'能感人'而已。感人者，喜则欲歌欲舞，悲则欲泣欲诉，怒则欲杀欲割，生趣勃勃，生气凛凛之谓也。"①可见，"令人泣"不是区分剧作能否感人的唯一标准，但却是一个重要标准。沪剧《挑山女人》之妙，可谓"能感人"，她不但使人"欲泣欲诉"，而且令人自省，催人奋进，艺术张力如此之强的剧作在当代剧坛并不多见。

《挑山女人》强大的艺术张力缘何而生？试举数端，以窥其奥。

一、以苦境苦情感动人

在有些古代曲家看来，"文章之妙，不难于令人笑，而难于令人泣。盖令人笑者，不过能乐人，而令人泣者，实有以动人也。夫动人而至于泣，必非佳人才子、神仙幽怪之文，而必其为忠贞节孝之文可知矣……乐人易而动人难也。"②毛声山在《琵琶记》评点本中录王思任（季重）语曰："《西厢》易学，《琵琶》不易学。盖传佳人才子之事，其文香艳，易于悦目；传孝子贤妻之事，其文质朴，难于动人。故《西厢》之后，有《牡丹亭》继之，《琵琶》之后，难乎其为继矣。"③此言有部分合理性——描写才子佳人的爱情，因其关乎人之本性，文辞香艳，故易于"悦目"，而主要描写人伦道德的剧作，旨在"以道制欲"，④导人向善，故难于动人。《琵琶记》"从头到尾，无一句快活话"⑤，但却和《西厢记》一起成为中国古代戏曲之"双璧"，被古代曲家反复论及，其中原因当然不止一个，但以苦境写苦情是其中一个重要原因，此剧最动人处大多是描写赵五娘在

① 黄周星《制曲枝语》，见俞为民、孙蓉蓉编《历代曲话汇编》（清代编　第一集），黄山书社2008年版，第224页。

② 毛声山《毛声山评第七才子书琵琶记》卷二，《副末开场》（第一出）"题词"，见侯百朋编《琵琶记资料汇编》，书目文献出版社1989年版，第300页。

③ 毛声山《毛声山评第七才子书琵琶记》卷一，"前贤评语"，见侯百朋编《琵琶记资料汇编》，书目文献出版社1989年版，第292页。

④ 《荀子·乐论》，见王先谦《荀子集解》卷十四，《诸子集成》二，中华书局1954年版，第254页。

⑤ 毛声山《毛声山评第七才子书琵琶记》"书末总评"，见侯百朋编《琵琶记资料汇编》，书目文献出版社1989年版，第270页。

苦难中奉行孝道的出目，如《勉食姑嫜》、《糟糠自餍》、《祝发买葬》、《感格坟成》、《乞丐寻夫》等，尤其是描写赵五娘将白米饭让给公婆，自己偷偷吃糠，却反遭婆婆误解的折子戏《吃糠》一直在昆曲舞台上热演，让千万观众泪湿衣衫。

令“千百人哭皆失声”也是舞台表演所追求的重要目标之一。明代曲家李开先《词谑·词乐》记载了名演员颜容扮演《赵氏孤儿》戏文中的公孙杵臼的故事：“颜容，字可观……见听者无戚容，归即左手捋须，右手打其两颊尽赤，取一穿衣镜，抱一木雕孤儿，说一番，唱一番，哭一番，其孤苦感怆，真有可怜之色，难已之情，异日复为此戏，千百人哭皆失声。归，又至镜前，含笑深揖曰：‘颜容，真可观矣！’”[①]前几年，李树建主演的豫剧《程婴救孤》亦突出程婴为救赵孤所蒙受的冤屈和苦难，用苦情苦境打动观众，获得了很好的剧场效果。彝剧《疯娘》以落后贫穷的山区中一个疯子娘的苦境苦情为题材，也让无数观众泪眼蒙眬。被冤屈而死的窦娥，磨房产子的李三娘，惨遭抛弃的秦香莲……都是深受我国观众喜爱的“悲苦”人物。由此可见，是否能“令人泣下”虽然不是评价戏曲创作和表演的唯一标准，但自古至今一直是一个重要标准。用这一标准衡量沪剧《挑山女人》，可知其确为“能感人”的优秀剧目。

《挑山女人》描写安徽齐云山区的年轻寡妇王美英，靠帮人挑货物上山，挣几个薄钱，养育三个子女成人，行孝道，侍奉婆母的凄苦故事。剧作凸显了王美英生活的窘迫与困苦——丈夫为养家累死在山涧，还欠有外债，家里唯一的奢侈品是一台 9 英寸的黑白电视机，而且是经常“罢工”的“老爷货”；5 岁的大儿子大郎先天失明，三岁的弟郎和幺妹是一对龙凤胎；唯一可以帮帮王美英的婆母对王美英很是不满，认为是她的生辰八字与儿子不合，导致灾难不断降临，为防王美英改嫁，她负气搬走；想自杀但又舍不下嗷嗷待哺的儿女的王美英无路可走，只有和山里的男人一样去做挑夫，“百斤一担五元四，一日两趟十块八。我顺手挑点山野菜，顺道带些烧火柴。全家生活有着落，我省吃俭用，省吃俭用还清债。”[②]王美英每天去“挑山”，来回三十多里，要爬数千级台阶，不要说女人，即使是男人也吃不消。王美英担心没人照看的三个孩子乱跑出事，把他们绑在台子脚上再出门挑山……很显然，王美英是现实生活中的底层群众，她所承受的苦难是深重的，苦境苦情令人动容。

在西方有些理论家看来，迎合观众的软心肠，以博取观众眼泪为目标的悲剧并不是最好的，悲剧美虽然包含悲悯，但剧作家应尽量避免让观众伤心落泪，悲剧的主要特征是“严肃”，不是悲伤。可是在我国观众眼里，“苦戏”的主要特征就是“悲苦”，让千百人哭皆失声是戏曲文本创作和舞台表演——特别是“苦戏”的一个重要目标，这已成为一种传承历久的审美取向。这种审美取向的形成与农业社会同情弱者的道德观念之养成，与慈悲为怀、救苦救难的佛教精神之熏染均有深刻联系。《挑山女人》顺应了这一民族审美取向，以一个农村妇女的苦境苦情为主要表现对象，因而获得了理想的剧场效果。

---

① 李开先《词谑》，见中国戏曲研究院编《中国古典戏曲论著集成》三，中国戏剧出版社 1959 年版，第 353—354 页。

② 李莉《挑山女人》(大型原创现代沪剧，2013 年 5 月修改三稿打印本)，本文所引此剧文字皆据此版本。

二、以崇高的精神境界，顽强的生命意志感动人

从《琵琶记》、《白兔记》、《秦香莲》、《程婴救孤》、《疯娘》等以苦境写苦情的剧作来看，如果主人公只是蒙受超乎常人的苦难，而缺少高于常人，令人敬仰的品质，那么，他们也是无法感动观众的。赵五娘坚忍不拔的生命意志和感天动地的孝行，程婴舍生取义的伟大人格，疯娘无与伦比的母爱才是令观众感动的关键因素，也是剧作的价值之所在，《挑山女人》能让不同年龄的观众都潸然泪下的奥秘也正在于剧作以主人公平凡而伟大的人格为描写向度。

《挑山女人》中的主人公王美英是当下生活中的弱者，描写她的困苦确实可以博得国人的同情，然而，如果只是凸显其苦难，最多也就是让人觉得她可怜，甚或掬一抔同情之泪，根本无法深深地触动观众的心灵。《挑山女人》不只是催人泪下，同时还催人奋进，其高明之处在于，把主人公的困苦作为凸显其崇高精神境界和顽强生命意志的基础，站在历史的高处，探寻其伟大人格的历史价值和当代意义，以悲悯而又敬仰的情怀去观察她，刻画她，浓墨重彩地描写其善良宽厚，大爱无疆的精神境界和不向命运低头，自强自立的生命意志，既表达了对她的深切同情，更抒发了对她的热情赞美，真正打动我们的是主人公在巨大的苦难面前所表现出来的优良品质和崇高的精神境界。请看剧中的描写：

新寡的山民王美英不仅面临要养活一家五口的巨大的生存压力，而且还要忍受婆婆的羞辱与斥责，婆婆甩下一句“死给你看”的狠话后愤然离去，把三个嗷嗷待哺的幼儿丢给了她，走投无路的王美英想到了死，但当她拿起捆柴的绳子准备自杀时，三个幼儿从房内爬出来，母爱与孝心、责任与担当涌上王美英的心头：“大郎五岁双目已失明，他一生的眼睛是娘亲；弟郎幺妹刚三岁，哺育照料需娘亲；还有婆母老大人，我当为丈夫奉娘亲！这娘亲两字比山重，怎抛开、怎舍下、怎辜负我的娘与亲，我的娘与亲！”王美英不光是这样想的，而且也是这样做的，她靠挑货物上山赚取微薄的收入养活三个子女，而且让弟郎、幺妹上学读书，不失时机地将应该如何做人的道理植入子女的心里，终于将他们培养成品学兼优的大学生。尽管婆母不仅不帮她分担忧愁，还指派不懂事的幺妹盯牢她，阻止她和同样贫困的成子强重组家庭，但做儿媳的王美英豁达宽厚，谨守事亲之道，不仅不怨恨婆母，尽最大努力照顾她的生活，而且还教育子女不要误解奶奶：“妈妈知道你们心里苦，可你们替奶奶想过吗？你爸爸走得早，他又是你奶奶唯一的儿子，现在奶奶一个人孤苦伶仃，无依无靠，靠帮人家看摊头赚几个钱，她心里的苦你们想过么？做人啊，可以怨天怨地怨自己，绝不能怨生你们养你们的亲人啊！”这番人生道理并非多么深刻，但它出自备尝生活艰辛的农村妇女王美英之口，真的是振聋发聩，撼人心魄。剧中让人潸然泪下之处，大多不是在单纯展现艰难困苦的场景之中，而是在展现苦难中的主人公平凡而伟大的人格之时。

三、以深厚的艺术功力准确传达真挚而深沉的道德情感

题材和描写向度与剧作的艺术张力是有关系的，但却并非决定性因素，能够产生强大艺

术张力的题材在一个艺术功力有亏的作者手里，完全有可能变得索然无味，令人生厌。《挑山女人》既没有曲折离奇的情节，也没有豪华堂皇的布景和服饰，其中虽有对成子强与王美英的爱情描写，但却没有“香艳”色彩，而且，顾虑重重的王美英一直是把这份感情埋藏在心底的。王美英含辛茹苦养育儿女的“事迹”也平淡无奇——出苦力挑山养家，守寡将三个幼子抚养成人，自己“却是面容憔悴伤痛留”，支撑她“苦过十七年，父母责任担一肩”的也并非多么伟大深刻的思想，只不过是“儿女情将我牢牢牵”，“为孩子，哪怕天堂我也不去”，然而，就是这样一部“洗尽铅华”的剧作，却能牢牢地吸附着近乎“浮躁”的当代观众，其中的关键因素是剧作家用深厚的艺术功力准确而生动地传达了真挚而深沉的道德情感。

敢于直面现实，凸显生活的质感是《挑山女人》重要的艺术特色，正是这种真实鲜活的质感深深地吸引了广大观众。一般说来，长于再现的话剧、影视剧比较注重也善于表现现实生活，用逼真的生活场景画面去吸引观众，富有生活的质感；高度程式化的古代戏曲重写意，表现古人的生活得心应手，表现现实生活则相对比较困难，故常常用借古喻今、远引曲譬的方式间接地反映现实，因此不太重视展现生活的质感，而诞生于近代，受到文明戏和电影深刻影响的沪剧，程式化程度不高，长于表现现代生活，有关注当下，服务现实，注重剧目生活质感的传统。

《挑山女人》继承了沪剧的这一优良传统，剧作把诞生在大都市的剧种的目光引向贫穷的山村，直面苦难现实。剧作以当下的草根生活为描写对象，而且秉持不隐恶，不虚美的写作态度——没有回避改革开放的中国还有相当一部分人生计艰难，相当窘迫这样一个严酷的事实，在准确逼真地描写贫困山村底层群众艰难与挣扎的同时，又赞美他们“籽落石缝也要蓬蓬勃勃发新芽”的顽强意志，肯定他们“明生计，肯勤劳”，“尝艰辛，心气高”，“懂体谅，知报效”，“经风雨脚踏实地走正道”的人生态度和价值观念，分寸的拿捏相当精准。因此，尽管剧作不加粉饰地描写了主人公王美英受尽风霜之苦的人生经历和生活境遇，观众为之潸然泪下，但却不会有灰心丧气的消极情绪，剧作所表现的自立自强，不向艰难困苦低头的精神，催人奋进，这种令人振奋的积极力量是粉饰生活，掩盖矛盾，随意拔高主人公的精神境界的廉价乐观主义所无法给予的。

《挑山女人》之所以有如此巨大的艺术张力，与剧作善于铺排情节、精于营造戏剧情境，长于掌控戏剧节奏的艺术功力也是密不可分的。剧作进戏很快，欢快而短暂的迎亲情境之后，迅速让主人公面临严峻的现实和艰难的选择，令人信服地说明了弱女子王美英何以走上挑山养家的艰辛之途，接着穿插了成子强暗恋王美英，向其示好的一场戏，再续写为多挣几个钱，除夕之夜，王美英率子女冒风雪挑煤气罐上山，幺妹险些滚落山崖，两个孩子深切体会到母亲的不易，剧情由舒缓趋于紧张，情感张力增强；接着写成子强在山道上等候王美英，向她表白，剧情又趋于舒缓，但在这一场同时安排了担心失去母亲的幺妹跟踪而来的情节，舒缓中又添紧张；第六场是全局的小高潮——经过层层铺垫，王美英的艰难与委屈，她与三个子女的深情，淋漓尽致地得以抒发。先是幺妹跪地对母亲泣血吟唱“这家中不能没有你”，抬起手要打声言不去读书的幺妹的王美英狠狠地抽了自己一记耳光，然后到丈夫的遗像前哭诉，接着，双目失明的大郎捧起他经年累月编织的麻绳结，含泪唱了一曲“叫一声好妈妈我热泪涌淌”，王美英百感交集，面对翩然而降的漫天千千结，深情演唱“千千结，结千千”的核心唱段，很好地抒发了自己的真情实感，表达了不能接受成子强美意的深深歉疚，让观众热泪横流；第七场堪称“豹尾”，是全剧的高潮。双胞胎儿女双双考取大学，含辛茹苦的王美英终得善报，如果就此落幕，也未尝不可，但俗套之讥或许未免。剧作在短暂的欢悦之后，安排了去省城寻成子强，意欲给妈妈一个惊喜的幺妹持成子强留下的扁担登场，这条扁担是成子强与王美英的情感见证，前场已作过铺垫。替幺妹买了新衣服，沉浸在喜悦中的王美英回来，发现了扁担，追问来历，得到成子强因救火牺牲的噩耗，悲痛欲绝，但在儿女面前，她还得强加掩饰，观众却早已“苦皆失声”。等到送走几个孩子，王美英冲进屋内，抱起扁担，号啕痛哭。这时，久未露面的白发婆母跪在王美英身后，前来“谢罪”，婆母“自从那年绝情走”的唱段不仅交代了虚写的剧情，使全剧前后照应，针线紧密，而且，饱含深情，催人泪下。王美英“莫说还，莫道欠”的核心唱段，酣畅淋漓，将道德情感的冲击力推向极致。剧作张弛有度，冷热互济，针线紧密，繁简得宜，可谓匠心独运。

一部情感纯正的悲情剧

刘　祯
（梅兰芳纪念馆副馆长）

上海宝山沪剧团的大型原创现代沪剧《挑山女人》，是一部情感纯正的悲情剧。所以这么说，是因为这部戏讲述了一个现代寡妇王美英的半生悲情，而剧情所流露出的情感充满着纯净的美感，透露着人间的美好。王美英出嫁五年就守了寡，为抚养三个孩子，在婆母的不解与压力下，放弃了选择宾馆服务员的工作，干起了只有男人才干的挑山工。挑山工又苦又累，女人挑山更苦更累，为了三个幼小的孩子，王美英坚持了下来。挑山工成子强爱上美英，一直默默地照顾着美英，年三十的晚上都要为美英和三个幼小的孩子送上一碗红烧肉，而美英还要将肉分点给婆婆。十几年过去，成子强瘫痪的老母去世，终于鼓起勇气向美英表达爱意，而美英已长成少女的女儿阻止了美英，成子强独自进城打工去了。美英一直挑山抚养孩子。又是几年过去，美英的一对双胞胎儿女考上大学，瞎眼长子也要进城学习按摩，苦日子眼看要熬到头了，美英的女儿也已成熟，觉得妈妈应该有自己的生活，于是进城寻找成子强，可得到的消息却是成子强为救火身亡，女儿含泪告诉了妈妈这个消息，全剧结束于美英的无限悲情中。

这部戏剧情很单纯，没有复杂的人物与情感纠葛，主要是展现一位现代寡妇的含辛茹苦。人物情感很纯正，没有阴暗复杂的矛盾冲突，所有的戏剧冲突，都是现实情感的真流露，比较切近生活，也切近中国人的思维方式。比如，婆婆的怜惜死去的儿子不让美英当宾馆服务员，透露着中国传统妇女的社会价值观，美英为了生计的苦做苦受，对于婆婆以及社会观点的理解，对三个幼小儿女的疼爱与责任，与婆婆儿女的矛盾构成的情节推进与戏剧冲突在合情合理之外也透着人性的光辉与温情。剧中的美英是美好的，她成熟、大度又有爱意，背负着人生的苦难而不怨怼，是典型的善良、勤劳、能吃苦受累的中国劳动妇女形象。没有上层知识妇女如林黛玉式的幽幽怨怨，也没有一些下层妇女如豆腐西施式的尖酸与刁蛮，而是在苦难中默默承担自己的责任，忍受、付出与承担，艰难地抚育着幼子、照顾着婆婆。剧情的单纯，带给观众的是对女主人公深深的同情，对她优秀品质的赞叹。没有艰涩的复杂，包括女主人公与成子强的爱情虽有点酸涩但没有阴暗情感，一切都干净明朗，向善向上，能净化苦难、净化人们心中的杂欲，有新时代的特色。剧中的王美英是一种新型的寡妇形象，也寓含较多人文和传统道德理想。王美英的个体价值解构于对子女的责任和爱心，婆婆的执意与决绝固然是老人的一种褊狭，但对媳妇宾馆服务员工作的不解不顾，与其说是婆婆的“说不”，毋宁说是剧作家的“安排”，无疑，对剧作家来说“挑山”更有象征意义，但也别忘了，“挑山”这样的工作不仅更不适合女性工作——更累更苦，而且更是男人环境，并且这样环境里的男人可能比宾馆里“不三不四”的更多，但，不仅婆婆“忽略”了，王美英“忽略”了，剧作家也“忽略”了——当然，严格讲剧作家不是“忽略”，而是一种有意，但这种有意亦遗留下为塑造美英这一“挑山女人”而罔顾现实、罔顾女人实际的针线不密（这样讲不意味现实生活中没有真正的“挑山”女人，而是剧中这样的选择及其理由不构成典型，典型性不高）。美英拉扯三个子女，实在艰辛，好在三个子女在这样一个艰难、不完整的家庭里心智健康，这也是美英付出心血的结果。这样的家庭，成长的子女出现诸如自私、褊狭甚至暴力都能够理解，包括对母亲与别的男人的接近的限制。当然，美英的三个子女不是如此，非但不是如此，甚且付诸明白事理，心智健康，善解人意这样一些品质，当然也是美英言传身教的结果，属于乖孩子。母亲的艰辛、苦难和孤寂、无助，孩子们比谁都清楚，妒忌其他男人接近母亲也是人之常情，但三个孩子又是如此理解母亲，为母亲考虑，这样的理解、善解人意和处事全面，使得他们对母亲与成子强感情接近所表现出的那种防范和妒忌，有点分裂，思想性格上不够统一，影响到这组矛盾关系的合理和对美英这一人物的塑造。

单纯的剧情、明朗的情感关系是不是会造成剧情的单一与欣赏困难？观剧的效果并不如此，这是一部非常好看的戏。好看在人物情感逻辑的日常化以及常理化，这使得人物的舞台形象非常符合现实逻辑，很吸引观众心理。比如，戏剧一开始，美英与婆婆的冲突，就很符合现实生活逻辑，一个青年寡妇、一个刚失去儿子的母亲，她们之间的年代差异造成的情感方式的不同、所处角色的不同所造成的情感方向的不同，细微而又层次分明。婆婆的离去让人对美英的命运充满挂念与悬想，为后面剧情的展开留下很大的想象空间，一开始就吸引住了观众。随着剧情的展开，人们为王美英的悲剧命运感叹落泪，幼小的儿女，艰涩的人生，苦难总是围绕着她。剧作家最后还是让温情逻辑占了上风，让美英的三个儿女都长大成人有了出路，只是不圆满的是，剧尾让一生苦恋她的成子强葬身火海，这就使得整出剧还是以悲情收尾，让观众对生活、对人生有一种怅怅的遗憾。所以，此剧在单纯、干净、明朗的情感之外，对人生还是有一定的哲理思考的：人生的苦难多起始于意外，而人们的努力或许带来光明，但最终都摆脱不了生的大归去要面对死的考验与曲终人散的结局。王美英三个儿女长大了都离她而去，而苦恋的情人的惨死，给她的后半生又带来怎样的孤苦与寂寞都是令人无法想象的，留给观众剧后思考。贤妻良母们的期许是期望儿女，而多情的情人就很难说不会掬一捧同情泪，不同的人有不同的想法，结尾留给观众的想象空间也不小。

这出戏让笔者联想到一个话题，就是：我们如何面对人性挖掘这个问题，也就是我们如何理解人性的问题。

如果我们一概认为人性是复杂的，有很多阴暗面，面对苦难、面对人生的诱惑有很多不伦之念，这出戏就不够深刻，因为它把人性表现得善良而又美好，只写了王美英的付出、忍受与责任，没有写她在诱惑面前、在欲望面前的选择与心理，这也许是作者的善良，不忍心将一个现代寡妇置放于灵与肉的拷问下挖掘所谓的人性深度，而剧作者的选择是符合大多数中国普通民众的欣赏心理的。这样的选择也与剧作者对人性的理解相关，即剧作者认为，人性是向美向善的，简单即美，单纯即真，人性固然也复杂但人们心中还是温情与诗意占上风，挖掘人性不能和生活的常识相悖拧，阴暗心理与欲望的燃烧毕竟不是常人常态，这出戏展示的是常人常态的情感与选择，没有病态人格。喜欢西式剧人性推演的观众可能看着不够过瘾，但该剧绝对是常人常态中国价值的，对以推演病态人格为人性深度的创作取向也是一种纠正，对倡导人间生活的温情与诗意为创作取向的创作模式也是一种新的贡献，毕竟，剧作者对女主人公是充满同情与温情的，剧作是在一片温暖的情感中默默流淌的，没有刻毒、没有怨恨，以温情感动观众，愿人间温情常在。

绝地反击:背负着苦难去攀登

——沪剧《挑山女人》传递精神力量

万　素

(中国艺术研究院副研究员)

安徽皖南休宁县有一座齐云山,山脚山顶的攀援有3700多级石阶。齐云山唯一的女挑山工汪美红能与男人们比肩颉颃,她每天扛起扁担攀援在这三千多级石阶间一挑就是十七年,简直匪夷所思!上海宝山沪剧艺术传承中心的艺术家们精心打造了一部沪剧现代戏《挑山女人》,成功地雕刻出一位承继了东方女性传统美德的新时代女性形象,剧中女主角王美英的原型就是汪美红。

《挑山女人》这部剧作2012年创排至今已演出了150多场,社会影响十分强烈。这部作品的主创团队由编剧李莉、导演孙虹江、音乐创腔汝金山、主演华雯等强强联合,他们历时三年的艰辛付出终于得到了丰厚的回报。这是一部励志剧,剧作人物关系简单,情节相对集中,没有大场面的铺排,将视角聚焦于社会底层小人物的疾苦与奋发,饱蘸人文情怀去发现和透析小人物以及草根民众的内心世界,赋予小人物"人"的尊严和"生命"的尊严,审美效应感人至深。

《挑山女人》这部现实题材作品的卓然不群,在于它跨越了当下蔚然成风的浮躁、浮华、肤浅潮流席卷,摈弃了当代文艺创作中矫揉造作、无病呻吟或一味娱乐搞笑之类弊病甚或通病。在于它的艺术创作有自己的独到之处,能够同时打动都市、村镇、白领、蓝领、官员、专家、高校、基层以及草根民众等不同教育背景、不同文化层次、不同职业群体、不同生活阅历、不同生命体验的观众心中柔软的部分。在于它揭示出普遍的人性,具有普适性价值,能够净化人的灵魂,接通当代人的精神诉求。本文拟从悲情叙事、情感编织、精神传递三个维度切入,粗略梳理笔者被激发出的审美感受和生命感悟,以此分享《挑山女人》创作团队付出艰辛劳作终获成功的喜悦。

一、悲 情 叙 事

幕启,上世纪80年代的一个秋天,安徽皖南休宁县齐云山麓,山塘大队年轻的村民张华与牌楼大队漂亮的姑娘王美英喜结良缘。张华与美英都是高中毕业生,在村里大小也是个文化人。他和她有理想有抱负,同窗6年感情笃厚。然而很遗憾,那年高考二人双双落榜,他和她只得怀着一腔惆怅回乡务农。

张华和美英牵手后曾有过短暂的温馨与甜蜜。但是,天有不测风云。美英 30 岁那年,不幸降临到她的头上,全家人的顶梁柱张华突然撒手人寰,给她扔下三个嗷嗷待哺的软脚孩子,而且长子大郎还天生双目失明是个盲童。命运陡然间把新寡的王美英抛向了绝境,抛向了人生的谷底。要说美英的命也真苦,张华早逝,婆婆本应和他们同甘共苦、相依为命,但丧子的怨恨吞噬着婆婆的心,她不愿帮扶美英把三个孙辈拉扯大,而独自躲到老屋去单过。这真是屋漏又遭连阴雨呀!婆婆如此绝情的初衷,虽是为断绝美英寡妇再嫁重组家庭的可能,但也断绝了村里安排美英去宾馆上班挣钱养家的活路。欲哭无泪呀!一个弱女子孤立无援,总不能整日里哭天抹泪怨天尤人过活儿,王美英只能打落了牙齿往肚里咽。为能兼顾既照看三个孩子又挣钱养家糊口的双重责任,她绝地反击,绝处逢生,她咬紧牙关扛起扁担干起了女挑山工的营生。

王美英坚持挑山 17 年不辍,真堪称自强自立、坚忍不拔的女汉子。17 年她对亲情、家庭和责任的坚守,17 年六千多个日日夜夜的默默奉献,她胼手胝足独自扛起父亲和母亲的双重责任,独自支撑起单亲家庭中抚养和教育子女的重任。她勇敢地挑战生理极限,耗尽了一个女人最大的体力和全部心血。普天下母亲与生俱来的无私奉献、自我牺牲的舐犊之情,她都加倍地偿还给自己那三个可怜的孩子。

剧中的王美英并不是天生的刚强汉。那一年当苦难猛然间向她袭来,她也曾如临深渊、走投无路、坠入心理崩溃的边缘。就在她解开捆柴禾的长绳,想到追随亡夫而去、一死了之的刹那间,"妈—妈!妈—妈!妈—妈—"从里屋摸索着爬出来的三个幼小孩童的啼哭声把她唤醒。一个理性的声音告诫自己:美英不能死啊!你不能只想到自己的痛苦,不能扔下三个亲生骨肉不管啊!你不能这样自私,孩子们还那样小,他们离不开娘啊!张华年迈的娘亲也还等着媳妇来侍奉呢,亲情和家庭的责任尚未了哇!她瘫软在地,抱着、搂着三个年幼的孩子,母子四人哭成了一团,此情此景看了真叫人心碎!

是无法割舍的亲情把她从死亡线上拽了回来,是尚未了断的家庭责任逼着她重新选择生活的道路。自此,她擦干泪水,抬起头来,挺起胸膛,咬紧牙关,扛起扁担,扛起了身为人母的家庭责任,她日复一日背负着苦难去挑山。她每天攀援 3700 多级石阶上下翻飞,她肩挑手扛一趟又一趟地上上下下,不知磨破了多少双鞋,不知挑断了多少根扁担,两肩被磨破结痂层层复层层,躯干和双膝长年超体能负重早已弯曲变形。尽管一天挑下来她腰酸背痛难以忍受,以致夜晚难以入眠,但第二天清晨醒来,她毅然决然地打起精神又去挑山。17 年,六千多个日日夜夜,她竭力掩饰一切肉体的伤痛,也掩饰着内心的伤痛,不叫孩子们为她担心,不叫孩子们因此荒废学业。她从不叫苦,从无怨言,她无怨无悔,一直默默地承受着这一切。正像歌剧《芳草心》中的《小草》那首歌所言说的:"没有花香,没有树高,我是一棵无人知道的小草,从不寂寞,从不悲伤……"草根民众里走出的王美英,这一生吃了多少苦、受了多少累,又有谁人知晓?她真像山路边一棵无人在意、自生自灭,却又顽强挣扎、倔犟生长的小草。

二、情感编织

《挑山女人》的创作者们为王美英编织了三条情感线:母爱、情爱和亲情,这三条情感线的相互交织，使人物形象逐渐丰满、立体、鲜活，摆脱了拘囿于生活原型的干瘪、单一与教条。

首先是母爱，这是文艺作品永恒的母题，也是这部充满悲情的现实题材剧作叙事的主旨。母性作为女人的一种天性其本质是一种爱的力量。这种爱之所以被称为是世界上最伟大的爱曾受到无数文学艺术作品的礼赞，因为母爱是最本能的爱、最质朴的爱、最无私奉献的爱，也是人类无比丰富的诸般情感中最高尚的一种爱。因此可以说：母性之光是人性斑斓色彩中最耀眼的那一束。

30 岁就守寡的美英有多难啊？谁能数得清她 17 年中付出了多少艰辛和劳累？有过多少屈辱和辛酸？有人曾深有体会地说过：女人，你的名字是柔韧！承载着几千年传统文化价值观念的中华民族女性大都是这样，尽管外表貌似柔弱，其内心恰恰极为坚强，她们内藏坚韧，往往是百折不回的。美英就是将坚韧的内里寓于柔弱的外表之下的一个普普通通的乡村女子，是外表柔弱骨子里却无比坚强、无比坚韧的伟大母亲。美英的艺术形象生动地诠释了女人“柔韧”的全部内涵。

其二是情爱。作为一个女人，丈夫死后终身未再改嫁，伤心时无人体贴、无人分担，更不能像别的女人一样依偎在丈夫宽厚的肩头撒个娇、抹个泪，她的内心有多孤独！有多寂寞！生性自强自立的美英并不祈求以婚姻的方式摆脱困境改变命运的安排，更不愿让真心爱自己的好男人跟着她受拖累。美英对命运多舛似乎早已习惯，她默默承受、孤立无助、冷暖自知，她把什么苦难、什么重担都自己一人扛。这一切都是为了能够倾其所有给予孩子们，都是为了能给三个亲生骨肉更多的母爱呀！

其实，剧作并没有刻意回避年轻守寡的王美英心中对情爱的憧憬。多年来，与美英同是挑山工的好后生成子强一直关怀她、帮扶她、暗恋她、倾慕她、惦记她，每年除夕夜悄悄给美英一家四口送来一碗红烧肉从不留下姓名。是他吗？这仅仅是推测。虽则这种小心翼翼的示意，这种真心实意的关切和爱怜，也曾在美英心头掠过一丝温馨的情愫，但她不敢再往深处去想，她不敢打开早已紧紧掩蔽的心扉。她宁可相信这只是超越了男人和女人界限的一般的情谊，或是与子强一样同情她的好心人在默默相助？这一悬念在整个剧情推展中时隐时现，美英与子强二人的情感线也时断时续。或许这真的不是爱情在召唤？的确，从成子强对美英一家人温暖的情意中，从社会底层小人物之间的相濡以沫中，观众真的能够品尝出随着市场经济的到来已渐渐淡出的“人情味”的丝丝甜意呢！

直到有一天，成子强瘫痪卧床多年的老母过世，他决定去城里打工的临行前，才向美英表明心迹：愿意共同担起这个家，让两个苦命人牵手过河、抱团取暖、颉颃齐飞。可是，正当美英心头荡起了情感的涟漪，斜刺里窜出受奶奶指使逃课跟踪妈妈的幺妹，生生拆散了这对有情人。照说追求正常情爱是每个人生命的权利，谁也无权干涉。但幺妹年幼无知生怕失去妈妈，竟以妈妈要找新爸爸她就不再上学读书相要挟，逼得美英不得不做出妥协，做出自我情感的巨大牺牲，违心地拒绝子强的情感，远离子强坚守着这个家。

待到幺妹终于长大了、懂事了，想弥补自己的过错却为时已晚。子强在城里打工七年，等了她整整七年，如今已意外丧生。幺妹带回子强的遗物扁担，上面竟刻着七个“等”字，美英第二次永失真爱她的那个男人。待到佯装平静地送走了三个孩子的那一刻,美英情感的闸门再也无法关闭,她抱着那根子强遗物扁担号啕大哭起来,简直是撕心裂肺呀!命运再一次给了她致命的一击。

再说亲情,亲情在人的一生中总是不离不弃,它既能给人带来温馨的感觉,也需要亲人们予以真诚的呵护。

张华早逝,沉浸在老年丧子痛苦中的张华老母半生守寡,自己又不识字、没文化,迷信、愚昧、狭隘又偏执。儿子弃老娘而去,她感到一生的希望都已破灭。她受不了这一强刺激,整天刻薄地抱怨媳妇"克夫",抱怨媳妇和儿子"八字"不和,老天爷要了独生子张华的命都是美英的过错,她把一切不幸统统怪罪在儿媳妇的头上。

婆婆这种不近人情的表现,美英并没有记恨在心,她强忍内心同样的伤痛宽恕了这个老人。她遵从中华民族传统伦理道德,诚心诚意地代亡夫张华向婆婆尽孝,时刻关怀她的饮食起居,并教育子女从小养成尊敬老人、关心长辈的道德品质,恪尽做晚辈的应尽职责。

美英17年含辛茹苦地抚育和教养子女没有白费,幺妹和弟郎终于双双考上了重点大学。从这个女挑山工的家里,从这个小小的村庄,居然同时走出两个大学生,这是张家的荣耀,也是全村人的荣耀啊!孩子们都离家了、出息了,美英的婆婆为自己过去的行为感到羞愧,竟要向美英下跪,要代表张家人向儿媳妇赔礼道歉,请求宽恕。美英搀起了年迈的婆婆,只是极其平淡地说了声:"我骂也骂过了,恨也恨过了,现在你也老了,我也老了,大家都不要再相互记恨了!"这番话真是感人肺腑呀!美英用她的仁爱之心,用她宽厚、大度的胸襟赢得了婆婆的尊重,亲情让她们和好如初。

三条人物感情线编织成一个"深、真、美"的艺术形象(97岁高龄的郭汉城先生如是评价该剧)。美英的扮演者华雯对这个人物的内心世界有着相当深刻的体验,借助她在沪剧舞台上摸爬滚打多年积累下的唱念做表深厚功力,将体验融入表演之中,二者水乳交融,在当代舞台上塑造出一个质朴无华的、活生生的挑山女工王美英的艺术形象,感人至深,美不胜收。

三、精 神 传 递

《挑山女人》的编剧李莉有意识地借用扁担与大山的意象,述说一个普通的女人,以生命之"扁担"挑起生活之"大山"的感人故事。张华与美英虽然高考落榜此生与上大学无缘,但他们深知跨进高等学府、接受高等教育、掌握更多科学文化知识在当今社会有多重要!成家后他俩揣着一个梦想在心头:我们这辈子已与大学梦失之交臂,一定要让自己的孩子能够上大学!一定要让知识彻底改变下一代的命运!这或许就是人生梦想无法实现时,人们惯有的一种心理补偿方式。丈夫早逝没有等到圆梦的这一天,美英却靠自己的一副铁肩每天挑山不止,不仅拉扯大了三个孩子,还最终完成了丈夫生前的遗愿。她坚持让弟郎、幺妹兄妹完整地接受了小学、初中和高中12年教育,并且考上名牌大学,能够享受高等教育,她托举起一对孪生兄妹同时考上大学的梦想。在她的多方努力下,也为大郎争取到进省城盲校学习按摩技术的机遇，使他日后能够自食其力成为有用之才。

王美英敢于直面人生的苦难，敢于坚持人生的信念，她认准目标朝前走，顶着狂风恶浪上，生命不息奋斗不已，终于战胜了命运，战胜了苦难，战胜了自己。这是何等宽广的胸襟！何等坚强的生命意识！何等感天动地的高尚情操！她每天挑起沉重的担子向着齐云山的巅峰出发，艰难地攀登，攀登，再攀登，永不放弃！17年里她的贯穿动作就是背负着苦难去攀登，是向着家庭、责任和亲情铸就的目标一步一步勇敢地攀登，是向着普天之下母爱筑成的无私奉献、自我牺牲之崇高精神境界顽强地攀登，也是坚韧地、虽九死其犹未悔地向着生命的巅峰攀登。我以为，剧中人王美英的攀登也成了一种意象，和扁担、大山一样具有某种象征意味。如果说在剧作家的笔端，扁担象征的是一种对亲情、家庭和责任的担当，大山象征着苦难给予她的沉重精神压力和情感压力，那么，奋力攀登则更象征着一种隐忍和坚守，象征着一种自强不息的精神力量。沪剧舞台上的王美英，不仅用她柔弱的肩膀扛起了家庭的重担，还向当代人广泛传递着一种弥足珍贵的精神力量。

四、真 诚 期 待

从生活原型到艺术形象创造的破茧化蝶，《挑山女人》剧组的创造性劳动获得了普遍认同。但是，我还不满足于此，我期待着这部现实题材戏曲现代戏剧作的尽善尽美。

其一，我以为就继承东方女性的善良、坚韧、刚强和忍辱负重、百折不挠等优良品格而言，剧中王美英这个人物形象体现的时代感似乎不够鲜明。就17年的时间跨度而言，从她的巨大付出、她的所有作为中，观众似乎看不到时代变迁的足迹，听不到时代脉搏的跳动，感受不到改革开放带给中国社会天翻地覆的巨大变化。似乎将王美英置换为过去时代的旧式妇女也未尝不可？

依我的理解，剧中人王美英生活的80年代，中国社会已跨入改革开放的火热年代。然而，地处偏远的安徽休宁县的齐云山麓依然闭塞如斯？生活在这里的村民们，与大山外面热火朝天的社会变革居然没有一丝一毫的牵连？比方说，齐云山顶宾馆里来来往往的游客们会不会带来“外面的世界很精彩”的些许信息呢？比方说，走村串乡的众多挑山工们言谈话语中，就没有透露出一些社会变革中的新鲜事？再比方说，弟郎和幺妹十余年进出校园和家门，有无可能伴随着时代变迁，随着年龄的增长，在他们的言谈话语中跳跃着一些新的思维？而现在舞台上所表现的17年时光流逝过程，却似乎是生活的一成不变。这是否属于情节设置中的一种疏忽呢？

还有，如前所述张华与美英都是高中毕业生，他们对上大学的渴求，对知识改变命运的认知，对决心培养下一代成为大学生的热望与梦想，他们怀揣大学梦的人生目标和奋斗动力等等，表现得不够充足。在美英含辛茹苦独自抚育孩子长大成人的17年里，在她望子成龙般的殷切期望中，或在她偶尔有暇督促、辅导孩子们做功课的话语中，会不会有意无意流露出来？哪怕是只言片语？

再如，在她最孤立无助时面对张华遗像哭诉时，那些向自己至亲的丈夫披露心声的语言未免太通俗、太朴素,太过强调人物身份的低微,有意偏向世俗化的表达,而忽略了她是一个有文化的挑山工?剧作是否忽略了对人物的受教育背景及对故事发生的时代背景的勾连,因而对美英内心深藏的精神追求和精神动力的开掘不足,造成对这个人物独特个性的彰显有所缺损,甚至在人物形象塑造中,某种程度上依稀存在概念化、符号化之嫌?

当然,瑕不掩瑜,《挑山女人》的艺术成就有目共睹。以上疑点仅为一家言,意欲与更多钟爱这部剧作的观众做一番真诚的交流。不妥之处,敬请方家指正。

大写的女人顶起天

季国平
（中国剧协分党组书记、驻会副主席）

沪剧《挑山女人》是一出感人肺腑、催人泪下的好戏。女主人公王美英面对丈夫意外去世、婆婆离家出走，独自顽强地担当起抚养三个年幼孩子的重任。她唯一能够做的工作是连男人都觉得苦的“挑夫”，每天挑着沉重的担子往返在齐云山三千七百级台阶上，每天都要为留守家中的孩子操心。十七年风雨无阻，十七年挑山不停，她用柔弱的双肩挑起了生活的重担，培养儿女成才，也深深感动了离家出走的婆婆。在王美英的心中，“苦乐全有是人生”，“这‘人’字原来大如天，一撇一捺顶起天”。

感动来自生活，感动来自真实。《挑山女人》取材于安徽齐云山唯一的女挑夫汪美红真实的人生故事。该剧首演日，我在现场见到了这位平凡而伟大的母亲，她十七年艰辛奋斗的人生就足以让每位观众感动落泪。更为可贵的是，即使生活如此艰难，这位现实中的山村母亲擦干眼泪，坦然面对，挺起腰杆，勇往直前。沪剧《挑山女人》不仅再现了挑山女人的艰辛人生，更揭示了坚忍顽强、积极向上的不屈精神，观众无不为伟大的母爱、无私的奉献和崇高的人格而感动！

当然，感动还来自艺术，艺术更强化了感动。《挑山女人》源于生活，但比生活更集中、更典型，并充分发挥了沪剧现代戏从编剧到二度创作的优势，一波三折的剧情，声情并茂的表演，如诉如泣的吟唱，哀婉悲壮的风格，浓烈醇厚的乡土气息，给观众留下了深刻的印象。

写真人真事的戏很难，写英模人物能强烈地感动人的戏更难。《挑山女人》在戏剧结构上并没有多少花架子，主创善于提炼原型最典型的事迹，紧紧把握住主人公十七年命运的悲惨和不屈服于命运的抗争这条主线，选择了不同时期人物命运的几个节点，挑山育子、巧遇恋人、婆婆误解出走等，每一场都有戏，戏越往后越好看，也越精彩。特别是最后一场，儿女成才之日，默默相爱了十多的恋人却永远地走了；女人放声大哭、肝肠寸断之时，出走十几年的婆婆悄悄回来了，跪倒在媳妇的面前，婆媳抱头痛哭——真是神来之笔！全剧情节于平淡中见奇崛，人物塑造于平凡中寓伟大，既朴素无华又鲜明生动。戏中并没有回避挑山女人面对生活苦难时的悲伤，甚至伤心处悲痛欲绝，但她在痛哭淋漓后是坦然面对和勇往直前，令观众既为她的命运而落泪，更为她的坚强而感动。

华雯的倾情演绎，为观众塑造了一位平凡而伟大的母亲形象，被誉为沪剧舞台上又一个“美丽母亲”。为了创作《挑山女人》，华雯与主创团队曾两次来到齐云山下汪美红的家里，与汪美红近距离接触，跟随汪美红一起爬齐云山。挑山女人的生活和精神感动了华雯，母爱的大美激励着她在舞台上创造出又一位“美丽母亲”。华雯的演唱声情并茂，缠绵时低回婉转，高亢时激情四射，熟悉沪剧的老观众从中过足了流派唱腔的戏瘾，新观众也能从华雯饱含深情的表演中感受到人物和沪剧艺术的独特魅力。

创作真正有价值的草根艺术

吕育忠
（文化部艺术司副司长）

很高兴参加沪剧《挑山女人》的座谈会，对我来说也是一个非常好的学习机会，在谈沪剧《挑山女人》之前，我想说几句题外的话。上海不仅是我国舞台艺术创作的重镇，也是引领全国舞台艺术创作的码头。近年来，上海舞台艺术创作佳作迭出、硕果累累，创作演出了一大批代表着国家舞台艺术水准的优秀作品，比如说京剧《贞观盛世》、《成败萧何》；话剧《商鞅》；杂技剧《天鹅湖》；杂技晚会《时空之旅》；越剧《红楼梦》；昆曲《班昭》、《长生殿》，包括在第五届中国昆剧艺术节上获得剧目榜首的《景阳钟》，我觉得这个剧目假以时日一定会成为新时期的昆剧经典，它的意义不仅在剧目本身的成功，而且是将为以后昆曲传统剧目的挖掘、整理、改编找到一条新路。

应该说，沪剧《挑山女人》是上海戏剧舞台艺术创作的又一道亮丽的风景。在看戏的过程当中让人深切感受到一种久违的感动，仿佛让人回到小时候观看朝鲜电影《卖花姑娘》的情景，以及改革开放之初戏曲演出的火爆场面。沪剧《挑山女人》所展示出的为人之母的这种大情、大爱、大义、大忍，她的生命力量、生命的精神和执着的生活信念，是当下社会所需要的打开心扉的钥匙。文化建设也是一种民生建设，客观上就要求艺术创作必须以人民群众喜闻乐见，满足百姓需求为着眼点和落脚点。以人民为中心的创作导向，就是要以人为本，凸显人文关怀，以真情之心面对生活，真实地了解生活、反映生活，在平凡生活中挖掘出人生的意义和人性的深度，以艺术的形式表现人的尊严、生命的希望，传递生活的热情和人生的温情。

沪剧《挑山女人》捕捉百姓生活、呈现百姓感受，是一部接地气的优秀剧目。剧作家以一种成熟的心态，把真正有价值的这种草根艺术，从内心深处为生命的价值而呐喊，保持了在戏曲发展过程当中为弱势群体发言的创造本质和生命本质，剧作家力争用生活的真实流动来表达人的情感和意愿。如剧中女主人公不靠天、不靠地，凭着自强自立的这种坚强的意志，活得刚正硬朗，活出做人的尊严，这既是剧作家对文化传统的传承，也是一种现代的觉醒。

关于沪剧艺术本体特征与现代家庭故事剧的契合共振所传达出的这种良好的艺术效果，以及华雯在剧中成功的表演，刚才很多专家做了非常好的总结和归纳。大家知道，我国的地方戏是以当地方言和生态体系为艺术本体，在它的发展演变当中，形成了各自富有浓郁地方色彩的表演特色，选择素材与剧中自身独特的艺术表现力相吻合、相贴切就显得非常重要。因此，沪剧《挑山女人》的成功，从某种意义上来说既是沪剧艺术家坚持剧种独特个性，遵循艺术创作规律的成功,也是沪剧几代艺术家探寻沪剧最佳表现力的结果。

下面对本剧提几点小的建议,因为我的建议寄予在以前看现场演出的这种感受,我今天上午刚刚到,新给我的文本还来不及看,说得不一定对。

第一,关于剧中婆婆这个人物,她也是为人之母,她把自己儿子的死归结到儿媳的身上,因为她认为儿媳克夫,为此她对儿媳的这种怨恨,我觉得大家都能理解和接受,尽管这种怨恨的理由是带有某种封建迷信的色彩,但是她一开始就对自己年幼的孙儿、孙女不管不问,断然离去,我觉得这一点显得似乎不是非常的近人情。

第二,最后当女主人公得知成子强死去,强忍着自己内心的情感,送走儿女,返身回屋号啕哭泣,我觉得这个节点似乎是能够深入地探入女主人公内心情感和精神世界比较好的时机,但是在现场演出可惜被婆婆的出现打断了,女主人公一声哭泣以后,婆婆一声叫,整个情感就转移了。我觉得在这个地方,似乎好像女主人公的情感没有得到充分的张扬,女主人公的精神世界没有得到充分的挖掘,此时此刻女主人公面对曾经暗恋自己,并在自己最艰难的时刻给予帮助,或者在精神层面上给予慰藉,或者曾经是在严寒当中给自己带来一丝温馨的成子强死讯之时,她有何所思、有何所感?

如果说在开掘出女主人公人性中的崇高、善良,以及她这种坚韧、隐忍的品格的同时,进一步、深一步地开掘女主人公复杂的精神世界,可能会增加本剧的厚重感。

遵循艺术规律创作的现实主义力作

姚 欣

（中国戏曲现代戏研究会会长，文化部艺术局原副局长）

我是第四次参加沪剧《挑山女人》的研讨会了。随着戏的不断修改提高和场合的不同，我每次发言的侧重点自然不同。但是有一点是不变的，就是这部以真人真事为原型的作品，成功地塑造了挑山女人王美英这个善良宽容、坚忍不拔、有社会担当的普通农村劳动妇女的典型艺术形象。这个典型形象感人至深，催人泪下，闪耀着崇高的人性美的光辉。这与当前一批同类的真人真事作品相比，是一部遵循艺术规律创作的、不可多得的现实主义力作。因此，我很看重这部戏。

看重这部戏，还因为这部戏出现的当代题材现代戏创作的背景。

我们都知道：戏曲作为承载民族优秀传统文化和时代精神的大众化载体，它在满足群众艺术欣赏的同时，对构建社会主义核心价值观具有重要意义。因此，理应受到社会和社会舆论的重视。然而，现实是它受到两个方面的挑战：其一是改革开放以来，戏曲面临文化娱乐形式多元化的冲击，观众面日渐缩小，生存日趋艰难；其二是前一段时间，舆论界谈及舞台艺术改革成果时，往往只提某某院团转制后走市场挣了多少钱，经济效益如何如何。从而促使不少戏曲和话剧院团为生存而以当地真人真事、英模人物为创作选题，在号称弘扬"主旋律"的情况下，争取上级的经费投入和争取领导发话、"红头文件"进入政府买单的市场（或者说其中一部分是上级为了政绩而"策划"院团搞的那种艺术含量不高的宣传品）。在这种背景下，出现了原创作品中当代题材现代戏数量相对不少，而高质量作品并不多的现状。

而《挑山女人》的原型并不在上海，更不在上海宝山区，且领导也开明，因而编剧和主创人员未受到有形的和无形的狭隘政绩观（或错误政绩观）的影响和制约，能遵循艺术规律进行创作。

该剧能按艺术规律进行创作，我认为至少有以下三点。

一、实现了由"要我写"到"我要写"的转换（包括由"要我导"、"要我演"到"我要导"、"我要演"的转换）。

"要我写"我就写，那是"遵命文学"。遵命文学往往流于一般化，难以成为留得下的艺术品，因为它往往不是从生活来的，也不是从作者心里流出来的。当然，问题不能绝对化，我们不能泛泛地反对"遵命文学"，因为创作中"遵命文学"成为艺术品的例子也不少，那是由于作者(包括其他主创)接受任务后潜心研究材料,认真深入生活,体验感受和认识分析生活中特定的对象,同时调动自己人生感受中的积累,从而产生创作冲动,实现“我要写”的转换。沪剧《挑山女人》的创作过程,就是这样的。即该剧的策划和相关领导看了报上发表的安徽休宁县齐云山区女挑山工汪美红的报道决定创编这台戏后,首先组织编剧等主创人员到齐云山区深入生活,从而使主创人员受到感动、受到震撼而进入创作。生活是客观存在,是第一性的;我(主创)是主观,是第二性的。只有主观的我真正认识了特定的客观生活(表现对象),并深刻地感受了它,才能真正实现“我要写”的转变。这个问题,在艺术规律方面,是是否坚持生活是艺术的唯一源泉问题;在哲学上,是是否坚持辩证唯物主义的“反映论”这样的规律问题。

二、坚持现实主义的创作原则。

古往今来,但凡留得下的叙事性作品,大多是按现实主义原则创作的。现实主义创作原则既包括作者的人生观、世界观对创作的决定作用和对所表现生活的价值取向,也包括处理素材的写实手法。我这里说《挑山女人》坚持现实主义的原则,主要是讲作者对这个题材的价值判断,讲作者在立意上的选择取舍。

原型汪美红当挑山工 17 年,始于上世纪 90 年代中期,当时不少贫困地区,特别是偏远的贫困山区,基层组织面对汪美红这类贫困户往往是无奈,或不作为甚至自己已经瘫痪。面对这样的题材,如果某个作者去写时,也许会通过表现主人公的贫困无助,揭露当时社会某些角落的落后现实,呼唤组织和社会关注弱势群体,关注民生。这也有意义,无可厚非。但《挑》剧的作者没那么写,那样写容易流于旧现实主义(批判现实主义)的窠臼,老套子。原型生活中的主要对立面是婆婆,这个迷信自私的人逼得儿媳用挑山养子女。这个题材也可以从反迷信自私的角度反映人性的美丑,但这样处理使作品的立意太陈旧、太一般化。《挑》剧的作者漠视了前两种价值判断,着重沿着主人公命运和内心世界方向开拓,表现其对子女的伟大母爱和对婆婆的宽容,表现其在困难面前坚忍不拔,表现其对家庭对社会的担当精神,从而表现主人公人性的崇高美。当然,呼唤社会关注弱势群体,批判封建迷信和自私者也可以成为一部成功作品的副主题,但是,我们面临我们民族的伟大复兴,更需要在两个小时的戏中,集中笔力表现和弘扬我们中华民族的担当精神和艰苦卓绝的奋斗精神。

三、表现真人真事的作品,也应遵循典型化的原则。

社会生活是丰富多彩的,但原生态的生活并不等于艺术。我们常说艺术源于生活,高于生活,是因为作家艺术家把生活进行了选择提炼和加工改造这样一个“典型化”的过程,因而它又比生活更高、更集中、更强烈、更典型,因而又更具有普遍性。因此,成功的作品,它的创作过程,始终要遵循“典型化”的原则。生活中的英模人物和其他的典型人物,其本身当然具有一定的典型性,但它不一定都能成为艺术中的典型人物。一般地说,艺术典型应该从若干人物中提炼、改造而使之典型化。因此,我不主张出一个英模就搞一出戏。但对于《挑》剧中以这种原型为基础创作,在具体的构思中,也进行了一定程度典型化处理的成功创作事例,我也是赞赏的。该剧创作中的“典型化”,主要表现在以下三点。首先表现在主人公的名字上——原型叫汪美红,剧中人变王美英。这种改名换姓,作者给自己留下了设置人物,选择和组织剧情、人物形象塑造的自由驰骋、挥洒创造的空间。其次，努力发掘、扩张甚至合理的虚构主人公在特定时期生活中可能有的合理人物、情节和事件来结构戏剧，这也是允许而且是必要的。例如编剧曾说在深入生活访问原型汪美红时，曾问汪：她十七年中是否有过相好的男人，汪欲言又止地答了一句：心里倒想过一个人。编剧抓住这么一点（注意：仅仅是这么一点），虚构了一个挑山工成子强，并使成子强这个人物贯穿在主人公17年的"挑山"生活和情感世界中，从而创造了揭示主人公王美英的情感世界和道德境界的条件。再次，对次要原型人物性格、事件的调整（如与婆婆的关系，包括婆婆指使女儿对主人公的监视及女儿长大后的后悔等），对关键道具的设计（如扁担）及几次"挑山"的设计，都对原型生活作了若干选择取舍。该剧诸如此类的典型化处理，使之从生活真实达到了一种感人肺腑的艺术真实，颇为可贵。

沪剧《挑山女人》观后随想

张宏文

（中国戏曲现代戏研究会副会长）

我先后三次看了沪剧现代戏《挑山女人》，这是一出感人至深的好戏。原创沪剧《挑山女人》取材于报道《能挑起山的母亲的肩》，它感动了华雯和有关领导及她的同行朋友，请来剧作家李莉加盟，开始了艰难的创作之路，现代沪剧《挑山女人》大获成功。

这出戏虽然没有曲折离奇情节，又无缠绵悱恻的爱情故事，更无华美夺目的服装造型。但剧作家着力塑造了一位"人有德行，母爱如山"王美英的艺术形象，人物很是鲜活饱满。一经公演，引起领导关注、专家认可、观众喜爱、口口相传，形成争看沪剧《挑山女人》的火爆场面。

观剧后我总在想：为什么《挑山女人》那么受欢迎？那么感人？首先我觉得这出戏的决策者们有眼光有智慧。他们实实在在是被报道感动，促使他们产生创作欲望。没什么急功近利，少了浮躁，多了踏实。然后是因为剧团有华雯这样的有号召力的好演员，这戏是为她量身打造。

华雯是上世纪八十年代涌现的耀眼新人，成名很早。1986 年当年 23 岁时排演了《东方女性》而摘得第四届梅花奖。几十年过去了，台上台下她经历了风风雨雨，多年艺术实践形成她朴实无华、大气感人的表演风格。她演唱天赋条件很好，她又吸收了杨派的声腔，与自己的演唱特点融为一体，使得韵味淳厚、清越甜润，独具特色。无论演什么角色，她都能用心体验，用情歌唱，声情并茂。在《挑山女人》这出戏中体现尤为突出。作为一名沪剧演员，她身上有一股很强的爆发力，又很率性，这是非常难能可贵的。沪剧《挑山女人》较好地全面展现了华雯的艺术才华，她塑造的王美英艺术形象，为沪剧舞台增添了又一新人物典型。

由于排演沪剧《挑山女人》，宝山沪剧团士气大振，小剧团有大作为，可以说一出好戏为一个小剧团注入了蓬勃发展的生机，它的经验值得我们学习。愿华雯带领全团演职员，奋发图强多演出，多塑造几个有血有肉的新人形象，为沪剧事业的繁荣发展勇往直前。

在不动声色中发力

黄在敏
（中国艺术研究院研究员）

沪剧《挑山女人》是一出苦情戏、励志戏，这种类型的戏当然也需要有曲折的故事情节，但这故事情节的存在除了自身的文学价值而外，更重要的作用还在于如何去蹂躏主人公的情感、磨砺主人公的精神，让主人公在特殊的生存环境中屹立起来，显示出人性的光辉、人格的魅力。于是这类戏的演出，往往要靠主演个人的艺术魅力来支撑。

而《挑山女人》在这方面就显得更为突出一些。因为这出戏取材于真人真事，剧作家在尊重原型真实的基础上，没有为主人公设置过于复杂的人物关系，也没有让她陷入多深的感情漩涡。一个女人，丈夫意外身亡，一家人生活面临绝境，为抚养三个孩子，毅然当起了男人都难以承受的挑山工，以柔弱的双肩扛起养家的重任，终于把孩子抚养成人，故事就这么简单。如果说有矛盾，也只是在婆媳之间；如果说有一些情感纠葛，也只是多了一位同情她爱慕她默默帮助她的同是挑山工的男人……更为重要的是编导演给她的形象定位是既非“可怜虫”，也不“唱高调”，遭遇虽悲惨，但却能泰然处之“凄而不苦、苦而向上”的人文性格。泼墨挥洒的支点不多，却要呈现出一个鲜明动人的艺术形象，这个中的难度可想而知。但华雯却能在不动声色中发力，不仅出色地完成了形象创造的任务，也充分展示了自身的艺术魅力。

所谓在不动声色中发力，首先就是求真，从生活出发，在形态上向生活靠拢。生活气息浓郁是沪剧的特点，程式规范不像京剧、昆曲那些古老的剧种那么严谨，这似乎对人物形象的创造更容易更宽松一些，实则不然。程式不多，勾画舞台形象的声色手段也就不那么丰富，不像有些剧种，演员开始进入角色时有那么多现成程式动作可选择，只要选几招，像不像便有了三分样。这全要靠生活，靠生活体验，靠生活经验的积累。比如一个挑担的动作，除了除夕夜带着孩子们挑担送煤气罐的那段戏有一些戏曲化的身段安排之外，许多挑担的表演无论是动作还是神态都是生活化的，生活化就必须真实，必须逼真，惟其如此才能引领观众观赏之始便能进入情景。

在不动声色中发力，不仅形态上要求真，内在上更要走心。华雯在这方面显然是下了大工夫的，着意的外部动作不多，但真情实感，丰富的心理却能溢于言表。表演艺术这个东西是很神秘的，你心里有了，真的走心了，台上台下的空间距离是挡不住的，她一定会在有形无形中弥漫开来，渗透进观众的心灵。这东西来不得半点虚假、来不得半点做作。当然不同样式的表演艺术都离不开真，离不开体验，但却各有不同的追求和侧重。有的更注重美，要的是美中求真;有的更注重真,要的是真中求美,这里所产生的审美效果也不尽相同。戏曲的审美是相当丰富的,不同的剧种、不同的剧目、不同的流派不仅审美形态即便是审美精神也是各美其美的。华雯在《挑山女人》中的表演显然在这方面也呈现出了自己的个性,重要的是这个性和全剧的风格走向,和王美英的形象意蕴是相吻合的。

在不动声色中发力的力还表现在唱上。正因为这出戏的舞台呈现和表演比较写实,没有那么多目迷五色的东西,所以唱自然就成了华雯塑造人物,塑造戏曲人物形象的重要手段。人物心里的"痛"、人物心里的"怨"、人物心里的"爱"……大多是通过优美的唱段来表现的。值得赞叹的是,"痛"也好、"怨"也好、"爱"也好,这些情感的抒发没有一般化,都被纳入了王美英这一个人物哀而不伤的整体性格中去了,这就形成了华雯在这出戏中以"敛"为主的演唱风格。在"敛"中"放",在"放"中"敛",这是很需要一些功力的,在当前的戏曲舞台上能注意到这一点并且能做到这一点是不容易的,在多数情况下容易出现的是"声高气壮",音调唯恐不高,音量唯恐不大,这不能全赖演员,恐怕和长期以来那些浮躁而概念的演出创造不无关系。

当然这样讲并不是说华雯的表演疏于戏曲化,从表面上看,她在形体上没有那么多程式化舞蹈化的动作,但骨子里仍然充满了戏曲的韵味。在这方面我以为她和导演共同实践的是一条以唱带形、以乐赋形的路子,充分利用唱腔和场景音乐的节奏与旋律,来规范那些接近生活形态的身段动作,来强化心理节奏的韵律感和心理活动的层次运动,来生发表演中的细节处理。这样耐心创作的结果,自然会使得整个表演的风格既不失写实的逼真又平添了不少戏曲的韵味。不过,这种"身段是车曲是辄"的审美形态,也会因剧种、剧目、流派的不同而有疏淡、严谨之分,像有些生活气息浓郁的剧种剧目就不适于太严谨,否则就会变得呆板而少灵动之气;一些讲究程式技巧的剧种剧目就不能太疏淡,否则就会削弱演出的精气神,甚至衰减其审美效果。

总之,华雯在《挑山女人》中的表演是成功的,作为个案也是值得总结和研究的,戏曲表演实在是太丰富太深厚了,恐怕不可能只用一种模式一种规律来概括。

看似平常不平常

黄维钧
（《中国戏剧》原副主编）

沪剧是地道的上海本土剧种，我五十年代后半期在上海读书时，看过听过沪剧，此后数十年间，虽常居北京，也有机会看到沪剧。这次有幸看了我当年母校所在地宝山沪剧团的新作《挑山女人》，吴语开腔，乐声一起，亲切感便油然而生。难得历经漫长岁月的摆弄，沪剧的本色、本性、本相没有大变，这在艺术以新奇为尚，五花八门、眼花缭乱的眼下，沪剧把握自身的定力显得难能可贵。植根于上海滩本土，以上海本地及周边地区最基层、普通的老百姓为观赏对象的沪剧，只要观众还钟情于它，其本色、本性、本相还是不要大变为好。这样抉择自己的发展路线，我以为是明智的。这并不影响它反映新生活，塑造新人物，发扬自身的艺术魅力，发挥演员的艺术才华，《挑山女人》就是新近的成功例子。

"挑山"这个词地域性很强，平原地区的人难知其中的艰难。这是苦力中最苦的营生。四川有棒棒军，云南有马帮，只不过它是用马驮物，而挑山是人用硬木扁担，挑着重担，在牲口都走不了的崎岖山道，爬长坡，过险坎，专事运送物资的苦力，而且一般都是长途，如戏中的王美英一次挑山要走 30 里。这活儿只有身强力壮的男人干得了，女人干这营生，肯定是没有其他活路可走了。王美英便是这样的苦命人。我对此剧的创作背景一无所知，看样子取材或参考了真人真事，剧中故事地点设置于安徽。但此剧没有那些照搬好人好事报道剧的痼疾，这个戏也多少有点励志剧、劝孝剧的痕迹，但并不说教，并不概念化，是一出朴实真挚，感人肺腑，艺术化程度相当高的戏曲现代戏。

《挑山女人》没有复杂情节，也没有激烈冲突，但是构思精致，真实揭示人的生存状态，着力刻画的是人物的命运，而不是评功摆好。作者李莉擅写高雅的京剧，对这个戏，她适应沪剧的乡土特点，采用质朴本真的戏剧叙事。戏里写的都是农村里的凡人寻常事。王美英婚后五年，成为寡妇。婆婆离家单过，美英为三个小孩所拖累，不能出去工作，万般无奈，只得走上挑山这条挣命的路。王美英与婆婆，与三个孩子，与暗恋她十年的成子强这三条线平行、跳跃、交替推进，都交织到王美英一个人身上，构成了她苦难的命运。作者对每条线都写得非常精炼，每条线上只系一个情节扣，但这个扣子的结与解，将形成剧中的戏剧场面，具有相当强的叙事、论理、传情功能。

婆婆只在剧的开篇和收尾部分出现了两次。第一次是她拒绝照看三个小孙儿，并且离家搬到老屋独居，其用心只为不让美英到宾馆工作。她是迫使美英去当挑山工的第一推手。她又是戏里因袭陈腐思想的代表人物，她内心深处的动机是要为死去的儿子保住这个家，她要截断可能使美英再婚的任何机会。这是很有代表性，并且至今依然普遍残存、极为自私、反人性的封建意识。但戏里没有仅仅把她当作反面符号来写，在表述中讲到她雨天到学校给孙子送伞，最后她也表示了忏悔，并感念美英所做的一切。她的思想、立场一直是死去儿子的卫道士。尽管如此，过年过节时，美英要孩子给她送去新做的棉袄和匀给她一份红烧肉。这是美英出于自身的孝道，藉此开导孩子，要始终不忘养育自己的前辈的恩情。我佩服只占那么一点点戏份，却能运用情节的辐射和联想，产生丰富的表现力。

三个孩子，大郎六岁，是个盲童；两个小的是龙凤双胞胎，三岁。他们第一次出场，两个小的像两只可怜的小猫是爬着出来的。美英出门挑山，把两个小的用绳子拴牵在桌子腿上。大郎眼瞎，唯一的戏剧动作是用废绳打结，记下妈妈挑山多少次。这个戏剧动作，令人心酸，也让我们看到孩子心灵的善根。在戏里起重大转折作用的是小女儿。待她稍长，已经上学，一向功课很好，猛然骤变，经常旷课，成绩急坠。原来她受奶奶的唆使，暗中跟踪妈妈，窥探她与成子强的接触。她以停学要挟，坚决抵制接纳"新爸爸"。美英看到了与成子强一旦成事，将产生的家庭危机。这个刚强的女性，自动扼杀了爱的萌芽。待孩子长大，经事明理，能辨是非，知道爱母亲最根本最重要的是要尊重她做人和爱的权利，然而一切都晚了。这条线上只有区区几个戏剧点，然而蕴育着巨大的情感和思想的能量。这也是看似寻常生活事，一旦成为戏剧意象所产生的魅力。

美英和成子强这条线，是全剧最重要的情感线，笔意浓重而表述简洁到非同一般。不像一般写戏，想方设法要加上一条爱情线，然后展开三段论式的爱情经历过程，最后走向观众预料之中的结果。这个戏只写了美英和成子强爱情线的两端，其间的过程完全略去。入戏自然，毫不矫情：挑山民工队列的最后，出现个踉踉跄跄的女挑工王美英。男挑工们坐下休息，漂亮女挑工的出现成了必然的话题，有猜测，有打趣，免不了还有吃豆腐的。只有成子强真心实意，他认为没有大难处，女人不会来挑山，心中升起了怜惜和凄惶。他的知事明理和人心温良，就凭几句话，可见其一斑了。美英发现她挑的货中有鸡蛋，碰碎了一些，计算要赔人家两元钱，可自己只有八角，正在为难之时，成子强把自己仅有的两元给了她。他们第一次出场，就这点引而不发的戏。第三场提到了他的名，却没让他现身。十年来，每当过年，美英家门外，总有人悄悄送来一碗红烧肉。美英猜是成子强送的。这种事情当局的女方是决不会猜错的。由此可联想两人之间的情愫已经隐忍十年了，多么美好，又多么无奈。直到第五场，成子强老母已逝，他要到城里去打工，这才下决心要向美英吐衷肠。二人正在山道上互诉心曲，前来搅局的女儿突然出现，谎称大郎急病，美英撂下扁担，匆匆赶回家中。到家后，大郎无病，女儿说出原委，原来一切出自婆婆的策划。受到巨大心灵打击的美英，在丈夫的遗像前激情哭诉，回忆当年的恩爱，挑山使她忘掉自己是女人，已经心如枯井无波澜，碰到成子强之后，刚感到"温馨一点点"，"籽逢春雨欲吐芽，想不到儿女之情似剪刀"。美英知道在保持家庭稳定与追求自身幸福之间不能两全其美。刚强的她关闭了自己的心扉，当面告诉来送扁担的成子强，希望他另找姑娘，并祝他幸福。深深失落的成子强只得怏怏而回，此后再无联系。

七年之后，美英苦出了头，一双小儿女都考上了有名的大学，大郎也将去接受盲人按摩培训。这也是村里的大喜事,大家凑钱买了两部手机送给未来的大学生。美英家中一片欢腾。美英给幺妹买了一条她想了多年的牛仔裤。幺妹到城里去找成子强,她想请他回来,以赎前愆。可是她只带回成子强唯一的遗物:他七年前带走的美英的扁担,上面一年刻一个等字,共有七个等字。他已经在一次火海救人中牺牲了。喜庆气象,通过美英因儿女离家的落寞之情作过渡,很快进入悲情氛围。美英面对泣求她原谅的幺妹,劝她“有些事要牢牢记住,有些事不要再深思了”。对于婆婆的自责和道歉,美英显示了坦荡豁达的胸襟。场上只剩她一个人的时候,她急切抱起那根扁担,痛苦抚摸,哭倒在地。此时的表演无程式,有讲究,很细腻,很真挚,非常感人而有意味。全剧没有按老套子在最后安排美英长篇核心唱段,以归纳全剧,诉说委屈和不平,自述不屈不挠的奋斗等等。她对幺妹的忏悔,对婆婆的道歉和认错,分别应对,只有宽慰与谅解,并无责备和说教。自述胸怀,话不在多,贵在坦诚,她说:我想过逃,想过死,也想过改嫁,就是抛不下几个孩子……我不信前路能阻拦,强忍苦难往前走,自信自立的王美英,送走风雨迎来艳阳天。这是一个恪守传统道德、具有中国劳动妇女爱子爱家,富有自我牺牲精神,吃大苦,耐大劳,表现出无比坚毅和自立精神的形象,这正是王美英的真性情之所在。

面对这样的题材,如果仅用力于为王美英评功摆好和忍受苦难,极易落入浅显平庸和概念化的编剧窠臼。《挑山女人》最成功的也是最基本的创作经验就是写人和写人的命运。《挑山女人》虽没有激烈矛盾冲突,但是不缺戏,这些戏通过大量成为意象的细节来构筑。如通过给两元钱解人难题,缔造这对有情人命运的开端。一根扁担非常合理而巧妙地维系、见证、体现了成子强与王美英美丽而具有悲剧性的爱情,用得自然合理,想象丰富,戏剧性也很强。再如幺妹跟踪妈妈和她的谎言,只是一个细节处理,却牵出老一代的传统心理和破坏力极强的处心积虑,导致美英关闭了通向幸福的心门。从人道主义角度来看,编导运用这个细节,扯开了掩盖着人生悲剧的面纱,也是对美英命运和她的性格的有力刻画。再如大郎,是个盲童,他在戏里用打结表现对妈妈的记挂,这个动作的设计和体现(已经打了一大捆多色彩、纸鹤般的结子),让这孩子的情感和思想尽在不言中。一碗红烧肉,体现了美英的孝道,更让人联想并惊叹男女主人公长达十年的欲说还休的暗恋。立意颇深,取法呼上,精心构思,巧用细节,造就了这出优秀的沪剧现代戏。

《挑山女人》的主演是华雯,她还与孙虹江合作完成了导演工作。整体演出生活气息、剧种特色很鲜明,而且唱做互补。华雯对人物的理解和把握体现了深刻、准确、鲜明、适度和生动,她在戏里没有什么豪言壮语,自有一股朴实、自然、自强自信之气扑面而来。王美英所吃的苦,经历的难;所受的心灵打击、感情挫折、孤寂与痛苦,都非比寻常,可是华雯不停留在情感表层去演难、痛、悲、伤,而是针对不同对象真挚而适度地应对,丰富地表现人物的性格和内在的美。华雯的表演(唱和做)自如、真挚、细腻,别具一种亲切、蕴藉之美。她的确称得上是位优秀的沪剧表演艺术家。

表现与体验的完美结合

安志强
(《中国戏剧》原副主编)

上海宝山沪剧团演出的《挑山女人》我看了三遍，每次看都有新的体味。一出现代题材的剧目，能够让人悉心体味而不厌烦，实属难得。

现代题材剧目的创作，容易直奔主题，容易概念化，这或许是多年积习而形成的创作思维定势？其实，无论写什么样题材的作品，归根结蒂，还是写人，写人的性格、命运的。剧作家李莉写《挑山女人》着力写的就是一个女人王美英的命运。王美英嫁了一个男人，男人是个挑夫，靠为来往客人在山路上挑运重负挣几个辛苦钱生活。婚后，生了一个儿子，不幸是个盲童，又生了一对龙凤胎，按说是个喜事，但生活的压力太大了，5 年后，男人因为不堪重负而早逝。这出戏的重点就是讲述王美英在丈夫去世后是如何抚养三个孩子长大成人的故事。然而，仅仅讲述抚养孩子的辛苦、劳累，是构成不了戏剧冲突的，而且，生活也不是那样的平静，王美英除了抚养子女，挑起家庭的重担，还有她的精神生活，其实，人的性格、命运，归根结蒂就是人的精神生活。当然，人们也关心主人公的物质生活，是缺衣少食，还是衣食无忧，然而，这只是表面，深层次的是他(她)的精神生活，是劳累还是安逸，是困苦还是幸福，是伤痛还是快乐。这是令人牵肠挂肚的关注点，是推动戏剧情节的内在动力。李莉在王美英的情感生活上浓墨重彩，展示和推动戏剧情节的进展。王美英在她选择“挑夫”这个行业来养家糊口的劳动中结识了一个挑夫成子强，她感受到成子强对她的暗恋，暗暗地帮助她，年深日久，她对成子强也有了感情，然而，婆婆怕孩子无人照看，孩子怕母亲遗弃了他们，家庭的精神重负使得她把这段情感埋藏了 17 年之久，直到孩子长大成人，在她有条件考虑自己婚事的时候，却传来成子强去世的噩耗。王美英的命运时刻在牵动着观众的心。华雯以她准确生动的表演在这出戏里成功地塑造了王美英的戏曲舞台形象。

华雯在这出戏里的表演跨度很大，25 岁出嫁时的欢愉、羞涩。5 年后，丈夫去世了，华雯表现了王美英的困惑与担当。又过了 10 年，除夕夜，孩子们欢天喜地准备过年，华雯(王美英)上场了，带着满身的疲劳。又过了 7 年，孩子们长大成才，华雯(王美英)的头发已添加了些许白发，在她的身上，我感受到人世的沧桑。

我特别强调的是华雯塑造的是一个生动的戏曲舞台形象。她是用戏曲的表演手段来塑造人物的。戏曲的表演手段是什么？是程式化的表演。对于戏曲程式化的表演，我们在认识上似乎有个误区。有人说，戏曲不需要塑造人物，它只是利用唱、做、念、打(舞)的形式把人物的神态表现出来而已。有人说，戏曲演员没有对生活、对人物情感的体验，程式化意味着僵化。两者的角度不同，但殊途同归。都否定了戏曲演员对人物的情感体验。这里不想展开论述，只需问一个问题，如果戏曲演员只是用"僵化"了的程式表现人物而没有对人物内心世界的深刻体验，哪里会有"活赵云"、"活曹操"之称？梅兰芳的杨贵妃(《贵妃醉酒》)、程砚秋的薛湘灵(《锁麟囊》)又为什么那么栩栩如生？戏曲演现代戏，问题出来了，长于演古代人物的戏曲要演现代人物了，头上戴的，身上穿的，脚下踩的，手里拿的，马鞭、甩发、髯口、水袖等等，都没有了，起霸、趟马、走边等都不能用了，全副武装都给卸掉了。现代人物怎么演？曾经有过骑自行车、打电话表演程式的创造，似乎只有这些带有舞蹈形式的表演才是程式化的表演，这就把戏曲程式化的表演理解得过于狭窄了。其实，舞台上人物的场面调度，以及演员在舞台上举止言谈的节奏把握，这些都是在排演过程中根据剧情进展、人物内心的情感变化事先设计出来，并经过彼此之间的多次磨合，而这些事先设计的动作言谈以及场面上的调度等就是表演的程式。就《挑山女人》的表演来讲，有一场戏，王美英偶遇成子强，两人难得说上几句贴心话，这时，一直在跟踪她的女儿幺妹突然出现了，谎称哥哥病了，打断了她与成子强的谈话。回到家里，一看哥哥好好的，根本没有病。这时，幺妹才说，我是骗你呢，宁可不上学，也不能叫叔叔把你抢走。王美英听了，有两个动作，一是脱了一只鞋，追着幺妹，没舍得扔出去。一是抡起了手掌要打幺妹，却打在了自己的脸上。这些表情动作以及对话节奏的把握都是依据剧情发展及人物情感的碰撞而事先设计并在排演场上反复排练、磨合而成的。又如，幺妹考上大学，就要到城里念书去了，临行前特意到城里找成叔叔，想表达自己曾经伤害过妈妈的歉意，不想成叔叔已经不在人世，带回来一根扁担，扁担是妈妈送给叔叔做纪念的，扁担上刻了7个印记，表示叔叔等妈妈已经等了7年。幺妹同哥哥们商量，决定不把叔叔去世的消息告诉妈妈，怕引起妈妈的伤心，就把扁担藏在柴火堆里。王美英回家了，要为即将离开家里的子女们烧水做饭，幺妹抢着坐在了灶旁说我来烧。妈妈说好，我给你添柴。添柴时无意碰到了扁担——这是什么？扁担！幺妹吓得站起身来，后退，惊恐地看着妈妈，场面拉开了，突出了灶旁的王美英，王美英感到气氛不对，愣怔怔地望着前方——不对！我送给成子强留作纪念的扁担怎么会在这儿？幺妹只得把实情告诉给妈妈。儿女们用伤痛的目光望着妈妈，准备安慰妈妈。可妈妈表现得很平静，是强忍着的"平静"。她要孩子们在父亲的遗像面前行礼告别，然后把孩子们送出大门。送走孩子们的王美英已经压抑不住内心的痛苦，抢步回到了家中，蹲在地上，失声痛哭起来。是失声吗？是华雯表现出来的王美英的"失声"，而华雯是在控制着声音，表现出来的则是"失声"，如果真的失声，那后面一长段清板的演唱是唱不出来的。一切节奏都是控制着的，而表现出来的却都是真切的。我想起了阿甲先生所说的话，他说，戏曲演员的体验是技巧性的体验。也就是说，戏曲演员对他所饰演的人物的情感体验是通过技巧性的表演把它表现出来的。在华雯的表演中，充分体现出戏曲表演中表现与体验的完美结合。

我在想，为什么我看三遍《挑山女人》而不觉厌烦？是我受到了感动，因为感动，善良增添了一分。我在观赏演出时，体验到审美的愉悦，这种愉悦，使我的健康增添了一分。这就是戏曲艺术的特殊魅力。

华雯在《挑山女人》中的表演艺术

李春喜
（中国文联理论研究室原副主任）

上海宝山沪剧团的现代戏《挑山女人》，是一出感人至深的伦理情感戏，一出弘扬中华民族核心价值观、具有现实意义的现代戏，一出具有鲜明沪剧剧种风格的剧团吃饭戏。正因此，它今年相继荣获了中国戏曲现代戏研究会的特殊贡献奖，和今天的中国戏曲学会奖。

《挑山女人》的舞台艺术风格可以概括为一个词——就是生活：来自生活，表现生活，接近生活，让艺术像生活一样地真实、朴实、丰富、感人。李莉的编剧，一改以往的丈夫气概，宫廷杀伐的写作气质，而转去抒写亲情伦理，表现愁肠百转，女性的隐忍细腻。孙虹江的导演处理，既注重煽情又出手朴实，节奏鲜明又流畅。舞美以写实为主，一个可以折叠开合的山石装置，提供了多样的动作空间，这符合沪剧剧种的传统风格。音乐，灯光，服饰，各个舞台部门也都体现了生活气息浓厚的艺术特点。

这个戏的艺术风格也体现在华雯的表演艺术上。她把自己内心真实的情感活动和沪剧接近生活的唱念做技巧融合一处，逐渐进入戏曲表演的艺术境界，展现了独特的风采。

华雯是第四届中国戏剧梅花奖获得者，几十年生活的磨砺，艺术的修炼，使她更加坚信戏曲表演的最高任务，就是塑造人物，而不是像有的理论家说的，是演员自己的技艺展示。

华雯在这个戏里，成功塑造了山区年轻寡妇王美英 17 年艰辛养育儿女成人的感人艺术形象，抒写了母爱的伟大。母爱的伟大，在于它的无私，它的无边，它的包容宽厚和牺牲奉献。美英在丈夫死后，放弃进修的机会，放弃进城工作的机会，甚至放弃了建立一个挡风遮雨的新家的机会，只为了抚养三个年幼无助的儿女。在 17 年的苦难之后，她又以母亲的宽广胸怀原谅了婆婆曾经的冷酷。华雯塑造的这个人物体现了平民百姓的人伦道德，对于匡正当下社会的道德失范，建设社会主义核心价值体系，无疑具有积极的基础性的意义。

华雯在完成这个人物形象的创作中，充分展示了一个演员深厚的艺术修养和娴熟地运用、掌控戏曲表演内外部技巧的能力。她对王美英这个人物深度认同，创作态度真诚；她的内心敏感，善于激起并且控制自己的情绪；她懂得通过角色之间的交流和反应，来保持自己心理情感线的连贯；在得心应手的行腔和身段动作中，华雯不但没有无端地消耗自己的注意力，反而在音乐的旋律和节奏中，更准确、快捷地进入了对人物的情感体验。所以我们看到，华雯的表演总是那么感情充沛，那么投入，那么真实、可信、感人。在更注重、更依赖技艺和技巧的戏曲舞台上，华雯表演的这种心理状态，无疑是十分难得、也是非常值得提倡的。

在保持这种演员创作的心理状态的同时，华雯的表演也是非常注重外部表现的。她依据自己真实充沛的内心体验，流连不断的情感逻辑和心理节奏，结合沪剧表演讲究细节丰富，讲究形态更加接近生活的特点，精心设计了演唱方式和身段动作，创造了既有浓郁的生活气息又有鲜明的形式美的舞台形象。

比如，她第一次挑山时登山的步态和身段，表现一个女子的柔弱、胆怯和挑不了也要挑的倔强。比如子强买走了她的碎鸡蛋后，她跳着脚倒退着，往远处张望，想要看到离去的子强，表现美英的高兴、感谢和一个年轻女人此时的情感状态。特别是那场"打女儿"的戏，女儿为了跟踪母亲，不去读书，母亲非常伤心、生气，举手欲打女儿，举在空中的手颤抖着，始终打不下来，最后，一个转身，巴掌狠狠地打在自己的脸上。这时候，华雯背对舞台，在一个停顿后，她要向舞台深处走去，刚一迈腿，一个不经意的腿软，一个趔趄，表现了这个女人内心所遭受的巨大打击、折磨和身心俱疲的状态。接下来，是在一束追光中，对丈夫遗像的大段念白，倾诉了多少年那些憋在心里无处可说的话，语气、语调、强弱、顿挫、连断等方面的处理上，感情真挚、节奏鲜明、感人至深、催人泪下。

华雯善于在把握人物关系的整体变化中，确定角色性格发展的层次和逻辑，勾勒人物的形象总谱，更好地完成演员的形象塑造。美英和子强的情感关系有四段戏：初遇一段，帮和被帮，都是那样的自然洒脱，像乡邻、像工友，即使美英在子强离去时，心里涌起一丝丝的暖意，但在那个跳脚远望的轻快的动作里，也融进了感谢为主的情感色调里；子强表白一段，美英作为一个女人，对那份情感已经有所敏感，她站在台口的山石前，背对着子强，只用一个哦，来回答子强的问话，她是那样的不知所措，那样的窘迫甚至羞涩，她试图掩饰、平复自己，但是，那急促起伏的后背，还是暴露了她内心的情感激荡；拒绝告别一段，美英强忍悲伤拒绝了子强，嘱咐子强好好出去打工，甚至还对着子强笑出了声，那是安慰的笑，心疼的笑，她不忍心子强带着一丝痛苦踏上漂泊的路，然而笑声终于掩不住哭声，在笑声的对比下，美英后面的饮泣和哭声，就具有了更加令人心酸的感染力；最后一段，是听女儿说出子强已死的噩耗，美英居然没有理睬这个话头，极力平静地送走孩子们，接下来是一个空荡荡的房子，一片死一样的寂静，在一个大的停顿之后，是美英从天而降一样的突然爆发出的一声嚎哭。这些表演处理中，华雯的情感态度、眼神、表情、身段，是准确、细腻的，逻辑是层次鲜明的，勾勒了这一对人物关系的全部历史。特别是得知子强噩耗后的这个处理，华雯深知停顿、无声、留白的艺术辩证法，她让美英平静地送别儿女，然后才是那一声撕心裂肺的哭号宣泄，这些地方都表现了演员的心理控制能力和驾驭表演技巧的能力。

华雯与《挑山女人》

徐培成
（沈阳评剧院原院长）

由上海宝山沪剧团原创推出的现代沪剧《挑山女人》，引起了上上下下方方面面的交口赞誉，特别是广大观众的热烈欢迎。仅两年多的时间就演出了150多场，好评如潮，是一台真正的以艺术作品服务社会、引领社会，为提升全民族整体素质作出贡献的难得的好戏。正如著名剧作家该剧作者李莉先生的心语所述："一个普通的女人，以生命之'扁担'挑起生活之'大山'"。全戏情节跌宕、情感丰富、情真意切、情入深处、情催泪下、感人至深，是近年来现代戏创作中的一部颂扬人间真情的经典力作。这个"情"字书写了一个平凡的女人用一条平凡的扁担，挑出了我们这个时代最需要的伟大的担当精神。这是我们当下要实现中国梦最需要的宝贵精神啊！

《挑山女人》这部戏我前后共看了三遍，每次都泪流不止，感动不已。我为该剧的编剧大声叫好，赞佩不已，专家们一定会浓墨重彩地评议与赞美。因为我是搞表演艺术的，今天我仅就该剧的主演华雯精湛的表演艺术谈一谈我的学习体会。我过去没有看过华雯的戏，而且沪剧看的也不过七八出，在我大半生中，沪剧给我留下最深刻印象的戏只有九十年代初期的《明月照母心》和华雯主演的《挑山女人》。特别是《挑山女人》的情到深处、情满人间的震撼力令我刻骨铭心，深度感动。我真感佩华雯女士是一个把情唱到极致，把情演到极致，把人物塑造到生动鲜活极致的好演员。看她的充满真情的表演，你就相信她就是真的王美英。作为戏曲演员能把人物演到如此入情、入境、入心、入理的境地，真是太难能可贵了。

华雯的唱念表演功夫已到了炉火纯青的境地，其主要标志就是她把剧中人王美英的遭遇经历及人物内心世界的复杂感受深深体验到自己的心里，又用精湛准确的艺术手段表现出来。她把王美英在剧中的"喜、怒、悲、哀、怨、笑、哭"的遭遇所要表述的唱段，都用高超的演唱技巧演唱出来。她的演唱高音响而不躁，中音甜脆俏美，低音委婉曼妙。在她的演唱中能让人真正体味到"慢板情不断，快板字不乱"的高超技巧，特别是她独有的行腔中所运用的慢颤音确有余音绕梁的味道。听华雯的演唱能让业内人士真正体会到她把梨园行的演唱要领"字儿、气儿、情儿、味儿"的技法磨练得十分老道。这出戏的唱词多达540多句，是京剧昆曲的一倍，比一般地方戏曲还要多出三分之一唱词。这既是作曲者的难题，更考验演唱者的功力。华雯在全戏中唱了300多句，这充分彰显了她超凡的艺术功力。因此我赞美她在当今沪剧剧种中是独树一帜、独领风骚的佼佼者。她的演唱功力如此之好，得力于她对节奏的理解与把控能力的厚积薄发。“节奏是戏的灵魂”,“节奏出绝活”,“节奏产生美”。这是艺术界的共识,华雯之所以好,恰恰是她把节奏掌控得十分得当。念白中她把王美英的人物关系分析得丝丝入扣,对婆婆、对大儿子、对小儿子、对小女儿、对成子强的分寸感,话声语气的表述都根据剧情发展的需要,处理得十分准确到位且情满神随。在表演上她更是“情”字当头,戏随情转,人随情走。她在全戏有三处感人至深的哭泣、痛哭场景:第一处是一场婆婆含悲怒而卷铺盖搬走,王美英面对三个孩子,一个五岁,二个三岁的儿女,面对死去丈夫张华的遗照的一通委屈悲难的哭泣,华雯用的是一个坚强女人的隐忍的打落牙往肚子里咽的委屈泣哭……这一哭不单引人怜惜同情,更令人心酸自省和自我考量,如果我是王美英,我该怎么办……?第二处是她的女儿幺妹听信奶奶的话,不让妈妈给她们找新爸爸而拒绝去学校上学读书时,王美英面对单纯而不懂事的儿女们,把准备痛打女儿的手掌掴在自己脸上,狠狠地抽了自己一记耳光,紧接着又看到了张华的遗像,坐在地上抽泣地哭、哭泣着训女、训儿……“可怜天下父母心”的真实写照,真是催人泪下……似在泣说着母亲的舐犊之情多深重,又似在告知儿女们,母亲的付出多艰难,母亲的苦楚谁能说得清,人世上母亲是多么多么的伟大呀。第三处是当王美英艰难挑山十七年后,呕心沥血把三个孩子抚养成人了,老大盲人去了按摩学校,两个双胞胎双双考上了名牌大学,都走了,她一个人跑到屋里,从桌子上抓起成子强等了她七年刻了七个“等”字的扁担。一场失声痛哭转入放声大哭,真是让人撕心裂肺泪如雨下,这一哭把王美英因自己艰难付出所换得成果的欣慰之情,把王美英为抚育儿女而拒绝成子强的挚爱所留下的遗憾愧疚之情都宣泄得淋漓尽致。王美英太可敬、太可爱、太伟大了!一个女人的肩膀真的担起了一座山!王美英形象塑造的完美成功就是华雯女士的完美成功。从华雯塑造的王美英这一人物的成功途径中,确实给当下现代戏人物塑造留下了一个值得思考的成功经验。我个人从华雯女士的身上窥出了一点体会。那就是必须像华雯那样去体验生活,选择题材,去爬上那3700级登山的台阶,在汗水中去体味人物的痛苦与欢乐。在艺术创作中去精心布局设计全戏的几个高潮闪光点,去确定全戏的几个动情点,去磨练人物“唱、念、做、舞”的技术难点,力争精益求精。

正可谓:“不经一番寒彻骨,哪得梅花满园香”。当今时代需要好的激人上进的现代戏,更需要像华雯这样演好现代戏的拔尖人才。

《挑山女人》音乐创作漫谈

朱维英
（中国戏曲学院教授）

上海宝山沪剧艺术传承中心创作排演的大型现代沪剧《挑山女人》从剧本、表演、导演、音乐整体上呈现出较高的艺术水平。故事矛盾情节，深刻感人。剧本有高度的平民性，能关注人们关心的社会现实和热点问题，能开掘人性本质的真善美，能适应当代观众的审美需求和价值期待，在十届中国艺术节和第十三届中国戏剧节上受到观众的认可和好评。

戏曲音乐是戏曲艺术的灵魂，戏是车，曲是辄，有戏必有曲，无曲不成戏。《挑山女人》的唱腔音乐创作是成功的。它的成功简单归纳为以下几个方面：

继承创新得法

继承创新是我们搞戏曲音乐人永远不能不说的老话题。搞戏曲音乐不能离开剧种音乐传统音乐程式，首先要得到剧种观众群的认可，就是说：不管啥题材，唱腔都要具备鲜明的剧种风格特点。《挑山女人》女主人公大段感人至深的唱腔“既像新朋出现，又似旧友重逢”，作曲家汝金山在创作中，注意到了既“像”又新颖。这种创作方法是汝金山及全国各个剧种作曲家普遍遵循的一个带有戏曲音乐创作共性的基本原则。这一创作原则不仅我们老一辈作曲家要坚持做和讲，新生代的戏曲音乐人也应秉持这一原则，才能使剧种音乐特点薪火相传，发扬光大。

成功塑造鲜明的人物形象

戏曲音乐不同于一般品类的音乐，它独特的品质充满了戏剧性，和剧中人物命运紧密相连。《挑山女人》的唱腔合乎人物身份，合乎人物特定情感，合乎人物口吻。情景配乐符合人物环境，符合人物心理，符合人物行动，旋律流畅抒情。《挑山女人》唱腔音乐准确成功地塑造了感人至深的人物形象。

沪剧作曲家汝金山先生一生致力于戏曲音乐创作。他是我国为数不多的既能创腔写音乐，又能配器指挥的戏曲音乐专业作曲家之一。传统戏各剧种剧目音乐创作没有专业作曲家，唱腔多是由演员、琴师共同完成的，其创作方法是民间的创作方法。历史发展到 21 世纪，戏曲艺术要发展，各个剧种都需要有像汝金山先生这样的既熟悉剧种传统音乐，又能掌握专业作曲技术的领军人才。目前一些剧种音乐创作人才严重青黄不接，一些剧团的唱腔音乐又回归到建国前的民间和半专业状态。一些创腔的不懂基本乐理，不识五线谱，更谈不上灵活运用专业作曲手法。按习惯性创作，只会在同宫系统内写旋律，无调性变化，不懂和声、复调、配器法，更谈不上对一出戏的风格样式追求。这些状况就是我国戏曲大多数剧种、大多数剧团音乐设计的基本实情。

祝贺《挑山女人》音乐创作的成功。也希望汝金山先生能够创作出更高水准的戏曲音乐作品。

看沪剧《挑山女人》，没有人不流泪

赵 忱

（《中国文化报》副总编）

看沪剧《挑山女人》没有人会不哭。无论你怎么控制，都会流下热泪。这情形，有点儿像当年大家看朝鲜电影《卖花姑娘》。

2月18日，应国家大剧院邀请，上海宝山沪剧团在国家大剧院演出《挑山女人》，上海市委、上海文联、宝山区委、上海剧协以及宝山区文广局保驾护航。上海市委宣传部副部长陈东亲自带队。陈东已经看过很多遍《挑山女人》了，所以对《挑山女人》更加爱护，也因此对《挑山女人》有足够的信心。

宝山沪剧团如今真正的名字叫上海宝山沪剧艺术传承中心，这是改革进程中的机智应变，全国有一些艺术院团为了跟上文化体制改革的“路线图”和“时间表”，巧妙地以“中心”的方式改掉了名字保留了事业单位编制。所以，事实上，提到宝山沪剧，人们仍沿用“宝山沪剧团”这样的叫法。

2月18日是宝山沪剧团原创大型现代沪剧《挑山女人》第一次在北京演出，在此之前，作为沪剧的《挑山女人》对于自己能不能获得北京观众的喜爱不是很有把握，但是，他们知道，自《挑山女人》问世以来，一直都深受疼爱，疼爱的意思是不止一般意义上的喜爱。

那晚，国家大剧院戏剧场座无虚席。其中在嘉宾席就座的有中共中央政治局委员、上海市委书记韩正，国务委员杨洁篪，北京市委副书记、市长王安顺，文化部副部长董伟，中国文联副主席李前光等。戏开始之前，大家亲切交谈，国家大剧院院长陈平热情的言语令气氛热烈。但据说韩正书记到了国家大剧院后问的第一句话就是：北京观众能看懂沪剧吗？如果不是正好赶上韩正书记在中央党校参加省部级领导干部学习班，日理万机的书记是不大可能有时间看戏的，何况是在北京看上海的《挑山女人》。书记的担心在情理之中。

大幕拉开，“挑山女人”王美英踏着齐云山的云雾走来，不知从何处赶来的满满的北京观众跟着王美英来到了她简陋的家。《挑山女人》讲述的正是安徽休宁县齐云山脚下的真人真事：山里姑娘王美英像城里姑娘一样美丽，嫁给了老实本分的同学张华。两人都是高考落榜生，上大学是他们的心愿，心愿只能寄托在孩子身上。婚后，他们生了3个孩子。长子6岁得病，瞎了眼；二胎一次生了两个娃，一龙一凤。为了养家糊口，张华起早贪黑上山送货当挑夫，不幸摔下了山崖。婆婆原本担心漂亮儿媳留不住，丧儿之痛让她更加怪罪、防范王美英……王美英有个机会进县城当服务员，却被婆婆一通骂，骂完婆婆就离开儿媳与孙子、孙女去老屋独居了。貌似婆婆不讲理，其实是怕漂亮媳妇进城被诱惑令孩子最后失去亲妈。怎么样才能又挣钱养家又不误带孩子呢？王美英走投无路。俗话说：靠山吃山。王美英想起一条路，这条路是上山当挑夫，可是，她是女人啊！但她只有这一条路。无论雨雪雾，王美英都上山，一家四口的吃喝与两个孩子的学费全凭妈妈挑山维持。她忘记自己是女人，忘记自己曾经美貌如花，孩子们的日渐懂事与刻苦用功激励着她。挑山路上亦有知己，一个叫成子强的未婚男人一直默默欣赏并且爱着她，爱得淳朴而隐忍——每年除夕送碗红烧肉到门外。还是露出了蛛丝马迹，正当子强鼓足勇气要表白，小女儿逃课跟踪了上来，还以不念书相威胁。这样贫寒的家庭哪里能承受孩子不读书呢，那是唯一的希望啊。爱的火花还没点着，就被责任感熄灭，成子强进城打工去了，王美英更加孤独而拼命地挑物上山。每一次扁担压肩上，脚步迈得虽坚定但勉强，王美英像在与命运做最后的挣扎。终于，孩子们长大了，长子盲眼巧手为妈妈打千千结，一次山路一个结，日复一日。直到好消息传来：二儿子考上同济大学，小女儿被安徽医科大学录取，大儿子也得到盲人按摩培训的机会。喜讯传遍齐云山，乡亲纷纷来道贺，此时不见了王美英和小女儿。原来，王美英进城给女儿买一直求之不得的牛仔裤；女儿去城里想为妈妈找回成子强。牛仔裤很漂亮，成子强却没了：刚刚因为赴汤蹈火救人葬身火海……只留下一条与王美英告别时得到的扁担，上面刻着 7 个“等”字。婆婆颤巍巍过来道歉，王美英哭着说理解，扶起将要跪下的婆婆自己跪了下来……

台上，所有的人都唱得那样好，演得那样真；台下，所有的人都揪着心，流着泪。没有人方便去给书记、市长、部长送纸巾，嘉宾席上的贵宾们，身为七尺男儿，感动得握拳、搓手，屏住了呼吸。平常观众自由些，虽然也努力控制着，还是喉咙疼，最后泪流满面，竖着隔着好几排，横着隔着一整行，彼此都知道，彼此都在哭。大部分人哭红了眼。

演王美英的是宝山沪剧团团长华雯，她实在是演得好，唱得好，“挑”得好。其情感的把握、动作的收放、声腔的控制，不可思议地准确，比真人更动人，比忘我更忘我，台下看过 10 遍、20 遍《挑山女人》的宝山区委书记汪泓还是在不停地擦眼泪……第十届中国艺术节期间，华雯曾经为《中国文化报》写过《我和挑山女人》一文，这是演员华雯的文字处女作，她用了 4 天 4 夜思考、写作，长达 4000 余字，详细交代了为了创作《挑山女人》多次深入生活，与人物原型一起吃住聊，与主创人员反复推敲、磨戏的过程，这篇文章侧面告诉专家和普通观众《挑山女人》为什么会具备如此强大的戏剧能量。

华雯和《挑山女人》的作为使得其实只有十几个编制的区级沪剧团得到了宝山区、上海市的鼎力支持，在《挑山女人》之外，有无数“挑夫”为“挑山女人”效力，“挑山女人”简直是被他们手拉手地拽到了山顶——这个并非大制作的舞台艺术作品浓缩了社会主义核心价值观的诸多要点，观众的泪既是为一个女人挑山的劳累与辛苦而流，更是为“挑山女人”担起的丰满的价值和表现出的人格魅力而流。“挑山女人”是朴实无华、感人至深的“天下母亲”，《挑山女人》是一出台上流泪演、台下哭着看的“接地气”的好戏。自 2012 年 10 月 26 日首演以来，已演出百余场，接连在中国艺术节、中国戏剧节、上海国际艺术节上亮相，并获文华奖优秀剧目奖，中国戏剧节优秀剧目奖、优秀表演奖等 7 个奖项，成为近年来中国戏曲舞台上难能可贵的现实主义题材的优秀作品。

作为首部走进国家大剧院演出的沪剧，《挑山女人》如此圆满地实现了梦想，看戏的观众则看到了中华民族善良、勤奋、坚韧、无私的优良品质，加深了对于责任、担当、感恩、宽容的思考和理解。新近总结提炼出 24 字的社会主义核心价值观被《挑山女人》做了最为形象的描述。

剧终，韩正书记疾步走上舞台，亲切慰问了全体演职人员，对演员的精彩演出表示感谢。韩正说，《挑山女人》深刻反映了中华民族的传统美德，十分感人。宝山沪剧团将现实题材的戏剧演绎到如此高的水平，是非常不容易的。他还充分肯定了《挑山女人》深刻的教育意义。他要求，将观看该剧作为上海开展第二批党的群众路线教育实践活动的内容之一，组织每个区的局、处级干部观看，让每一位领导干部流流泪，知道自己的工作如何为老百姓服务，进一步提升使命感与责任感。

韩正书记带着深深的感动消失在夜色中，他的感动与鼓励深深地感染着《挑山女人》，直到次日，《挑山女人》专家座谈会在中国剧协会议室召开，会场上下仍然反复再现着前夜的温情。陈东副部长像一年前一样，再次成为《挑山女人》座谈会上的主心骨，薛若琳等专家不吝厚爱。薛若琳甚至说，《挑山女人》还应该再得大奖，得所有大奖！众专家都笑着认同，因为，这出“苦情戏”实在是给人带来了太多的动力：自强不息的女人，积极向上的孩子，婆媳之情、男女之情、母子之情、邻里之情，小家之梦、大家之梦，所有坚忍的美好的一切，凝聚在一起，形成坚强的力量，向着梦想奔走，中国梦，即使在远远的高高的喜马拉雅，也一定会实现！

2 月 19 日晚，《挑山女人》继续上演，哭声如雨、掌声如雷。等《挑山女人》回到上海，它将走遍上海所有区县，那些正在群众路线教育实践活动中接受教育的干部将在泪水中沉思：人民的疾苦有多少与我相干？这是上海的幸事。

挑出人间无比绚丽的真情真爱

孙豹隐　孙　昭
（陕西省文化厅原副厅长）
（陕西省艺术研究所副研究员）

看了上海宝山沪剧艺术传承中心原创大型现代沪剧《挑山女人》，我们不禁要思考一个问题：为什么有的戏题材较之《挑山女人》更为铿锵宏伟，人物形象比起王美英来显得更加高大炫目，故事情节更是气贯长虹、轰轰烈烈许多，却没有《挑山女人》那般感人、动人，缺少《挑山女人》那种震撼人心的气场？

好的艺术品，自然应当是真善美和谐统一的产物。而把真善美作为一个哲学、美学命题来解析，真，总是要排列第一位的，是真善美三元素中最为基础、最根本的东西。唯有了真，善和美才有可能挥洒喷张，才有可能异彩纷飞，才有可能"凿破鸿蒙"。对视《挑山女人》，其艺术特色、优点长处当然很多，然最根本最重要的一条在于剧作着力开掘出了撒布人间的真情真爱，把生活里的真与艺术上的真演绎到了最佳的境界。这个戏取材于现实生活中的真人真事，创作立足于表演普通人的生活境界和精神境界，不作太多创意的雕琢，鲜见华丽溢美的包装，以平实的笔墨，逼真的情景，讲述了女挑夫王美英历经千辛万苦，挑山 17 年，用真挚而伟大的母爱、面对苦难的担当与坚守，把一双龙凤胎儿女养大成人，唱响了一曲人间无比绚丽的真情真爱之时代大歌。

艺术真实的发现可以为人们创造一个激发人们发现力的审美境界，拓展发现者的一种发散思维能力。这种能力可以促使发现者对现实生活中的一个问题、一种现象、一道风景从多个起点产生多种联想。对同一问题、同一现象、同一风景的认识、看法、透视，能够根据客观情况的变化和新发现的事实进行更加全面更加细密的思考。不仅能考虑其本身和整体，而且能考虑其细节及与此相关的其他条件并得出新颖的答案。进而在思考中达到高峰体验，乃至超越体验，创造出色彩斑斓、形态独特的剧作来。该戏的艺术家们不是在上海，不是在自己的眼皮子底下，而是在千里之外的安徽齐云山有了对生活、对题材、对人物的独到发现，这是他们懂得并握有这种艺术发散思维能力的鲜活体现。生活中的人和事，可能感动人的，搬到舞台上未必能打动人。一不留神，还会给人以不能信服乃至矫情的印象。《挑山女人》的情节是比较单纯的故事线，戏剧冲突也不十分复杂。剧中人物那振人眉宇、沁人胸怀的生活原型，实际生活中 17 年挑山育儿的一幕幕情景，只是为剧作筑下了以情动人的基础。还需要在艺术创造上进一步夯实情感元素，促使剧作的情感线有白描，也有浓墨重彩、格外喷张，方能够拨动旋律、打动人心，起到搅动观众血脉、冲击人们神经的戏剧效果。因为，人类的一切实践活动是无不伴随着欢乐和痛苦的有情活动，一种生命形式必定是流灌着情感的形式，情感使其生气贯注，使其精神抖擞，使其神采飞扬。相反，“没有人的感情，就从来没有也不可能有人对真理的追求”(《列宁全集》第 20 卷，第 225 页)。有情感就有追求，有追求就有努力，就有痛苦和欢乐，就贯注着人的整个生命流动，这也就导致人在为追求自己所渴望的存在形式、所寄寓的情感时，会甘愿放弃或牺牲自己的部分自由，坚毅地承担起追求过程中的各种责任与苦难。创作《挑山女人》的艺术家正是在这个艺术的基点上展示出令人艳羡的功力。剧中铺设了一条又一条在很大程度上足以推波助澜的情感戏，这些“戏”既是从生活实际真的素材中找到的，更是给予了艺术的提炼与升华，极大地丰富了情感的内涵，使得人物的真和情达到了一种完美的契合。我们来看一看这么一段场景：女儿为怕妈妈外嫁而遵照奶奶的嘱咐，死死盯紧看牢妈妈到了不惜放弃读书的地步。内心深深的伤痛使王美英颤抖的手举了起来……可这一巴掌最终打向了自己的脸。失明的大郎理解母亲情急之下打幺妹的举动，待弄清楚这是母亲在自责时，儿子对妈妈的挚爱犹如山洪暴发、飞湍奔泻。此刻，妈妈那段深沉委婉的咏唱，倾情诉尽了一种百感交集的情怀。对孩子百般的爱，对成子强深藏的情，对生活磨难不屈的心，一个一个跳动的音符在与观众的心灵碰撞。生活的真、生活的美、艺术的真、艺术的美，共同筑起音乐的交响，所传递出来的戏剧效果不仅将人物情感活动本身充满的情趣、生机、意味张扬凸显，而且给主人公注入了精神支柱和浑身力量。从而使她的生活实践充满着五彩缤纷的情愫，充分地显示出人生的活力，使自己的普通生命充盈光彩、熠熠生辉。

凡属创造，都是独特新颖的，它能为人展现出新的形式，新的视角，新的思想。而能达到这种效果的创造必然以发现为基础。斯特拉文斯基说：“一个人是否是真正的创造者，可以根据他在自己的周围的那些最普通平凡的事物中发现值得注意的内容的能力来衡量。”(李普曼：《当代美学》第 406 页)的的确确，艺术发现首先是指对真实的发现。只有当人双脚踏在坚实的大地上，他才会树立起创作的信念、创作的动力，才能够从原先看到的粗略浅表形象中发现精细丰赡之处，进而超越原来的局部认识而发现总体面貌。创造《挑山女人》的艺术家们正是这样，从编剧李莉到主演华雯，她们多次置身齐云山腹地，感受生活，发现真实；和原型人物一起爬山，一起促膝谈心，进入人物内心深处体验人物的情感世界，终于有了丰硕的收获。她们对人物对生活的发现，不仅具有真实性，而且具有新颖性。她们创作的《挑山女人》说出了新的思想、新的意义，留给当代乃至后人一种新的眼光、新的启迪。车尔尼雪夫斯基说得好，“美是生活”。《挑山女人》的基本风格就是像生活一样真实，像生活一般流畅，像生活那样丰富动人。同时又不拘泥于原始事件、人物原型的层面，通过艺术家对生活的独特思考和精妙取舍来构建新的故事、新的人物。这样编织起来的戏，舞台上的人物不一定比现实中的原型高，但艺术上却让人更感动。应当说，这是创作与生活关系的一种真切体现，不是一定谁比谁高，而是真正做到了相融一体、相得益彰。我们说，从生活里发现这个有意义有价值的题材，是接地气；开掘这个题材，成功创作这个题材，是扬正气。我们需要感谢生活，生活为戏剧提供了无限广阔的创作天地。我们同样感谢艺术家，艺术家不仅是从生活中发现了这个题材，而且艺术地再现了这个题材。戏中王美英计较的“两块五”，年节送来的一碗红烧肉，一条扁担上七个“等”字，这种独特有味的生活细节，托举出了平常事中的葱花花、油点点，凝聚成了普通人的耀眼处、闪光点。为成就一部大戏、为讴歌人精神上的伟岸与富有注入了浓浓的颜色。从生活到舞台，艺术家的社会责任感、敏锐的艺术创造力透视得清清楚楚，飘逸得深邃渺远。整个艺术创作足以在平凡中发现神奇，在平白中创造神秘，在不起眼处（广义上讲即人的普普通通之处）发现意义。这种意义表现在艺术创作与艺术审美中，就是在日常生活中充分而深入地了解、读懂自己和同类，通过一举一动、一笑一颦、一叹一泪看出人的性格与命运。《挑山女人》显然对王美英人生中的某些内容进行了适度的集中、夸张乃至畸变，旨在促使观众见之不得不关注之、品味之、思索之、赞叹之、崇敬之。这种艺术创作是一种美学上的“发散思维”，充盈着平淡人事的诗意化。这样的艺术思维除能够带来审美空间的拓展外，还足以加大生活张力，增强人生悬念，突出生命过程的意义。进而借助人物使观众换个角度看人生，换副眼光看艺术，迸发一种给人生与艺术新的意义。观众看戏，自自然然增强了感知兴趣、欣赏热情，激活了对剧情、人物命运的反思情绪，促使戏剧效果成倍地放大出来。面对《挑山女人》的舞台，我们清晰地捕捉到艺术家正是用这种近乎诗化的眼光看待生活，用诗意的方式表现生活。通过女主人公一张素恬又略显神秘的面庞表达出数不尽道不完的人生体验，演绎出沉重的人生负累和性格命运，营造出一种戏剧冲突的另辟蹊径和欣赏主体（观众）审美心理结构的丰富与重建。他们以其卓越的胆识在公认的艺术创造原理的边缘地带大胆探索、辛勤开垦，让观众欣赏到了在一般作品中无法体验到的新鲜滋味（一般作品司空见惯那种或用抒情化的语言表现英雄的毁灭与新生；或渲染有情人的相亲、相离；或用程式对剧中人物的性格、意志加以概括和规定）。《挑山女人》中，人物是一种有缺陷的存在，当然又是一种不满于缺陷而追求完善的存在。王美英在理性的控制和压抑下总是奋起追求着生动鲜活的情与爱，在贫穷和苦难的困扰下追求着富足与文明，在单调呆板的生活世界追求着多角度进步发展的生活。序幕中，短短的一段唱，唱出了新嫁娘对美好生活的憧憬。可紧接着却由于丈夫的意外死亡，给她的生活带来了颠覆性的改变。生活的重担，婆母的提防，王美英想到了解脱。而孩子的哭声唤醒了她母爱的神圣责任。人性的力量，母亲的大爱，道德的支撑，使她挺起身来直面厄运，搏击生活。挑山无疑是繁重的、艰辛的，令无数男儿望而折腰、中途退却。可是王美英坚持下来了，挑山 17 年，那是漫漫的 17 年，又是充满希望的 17 年啊。戏里创造出的曲折生动剧情，引起了观众的高度审美注意、审美期待，牵动观众不断地进行审美揣测、审美修正。观众一会儿为剧情的出乎意料而惊奇，一会儿又为人物命运不出自己所意料而得意，心中不时升腾起对世事人生的复杂、生存成长的艰难的深度思考，领悟出戏剧冲突的每一次缓解与进展都是主人公付出的顽强拼搏之精神代价。我们知道，人生缺陷和匮乏，一方面从负面消极方面驱动人的不满、抗争，进而驱动人去创造。另一方面，更多地则是从正面积极地召唤人去完善、超越自己的缺陷和不足，进而以强劲的动力促使人进行创造活动。毋庸置疑，王美英更多地是从正面积极地去完善、超越自己的缺陷与不足，强力推动自己进行创造活动。戏里反复咏唱的一首歌，“太阳还可以休息，女人不可以休息”。女人难道不需要休息么？那场为得到三倍工钱而临时接下冒雪上山送货的戏，12 岁的一双儿女随妈妈一起在山陡路滑的情景中拼搏，人与环境都按客观实际，作为变化了的或正在变化着的事物进行表现。剧情的每一次细微发展都是未知数，剧中人物性格和命运走向揪扯着观众去体味去探究，从而大大提升了观众与舞台的互动，拓展了观众的欣赏自由度及审美动力，挥发出来更多的社会正能量。

《挑山女人》的剧名起得好，而内涵更富意义。王美英挑起的不是一般意义上的大山，她挑起的是弘扬中华民族传统美德的大山，挑起的是传递中华民族伟大复兴时代号角的大山。这部戏的另一大贡献是把戏剧作品理应表现中华民族的核心价值观、社会主义文艺的主旋律的时代责任，从一种概念化的理解、模式上的展示中脱颖而出，以真实、动情的艺术手段、舞台呈现，将社会主义核心价值观融入人物的真情实况当中，既平平淡淡又激扬奔放地表现出来。我们自古就有“天行健，君子以自强不息”的自强、自立、自强不息的精神。今天，这种精神依然是中华民族核心价值观的一个具有普遍性的重要部分。《挑山女人》中这种自立自强精神流灌舞台，贯穿全剧始终，充盈着人物的整个精神世界。戏中，王美英是生活在特定时空之中、饱尝一隅人生限制之苦、历尽渴望突破人生局限而希冀获得自由人生、始终保留了一种美好坚定信念的个人。她的双脚站在特定的大地上，承载着 17 年挑山生活的一隅之中。而艺术家们很好地运用了发散思维的功效，将一隅人生艺术地普遍化、人类化，透过一隅一人的人生心理，将其中的深远意蕴、普遍内涵发掘出来。从王美英与他人外在的差异底下找出内在的共同特质，以拓展了的艺术眼光，揭橥出剧作更广阔的社会意义。

戏曲最悦耳者莫过于音乐，最悦目者莫过于舞蹈，戏曲一切表演都是乐舞化的。斯特莱尔说，演员是“凭着身体素质，凭着内心志趣(爱戏剧)，凭着智力的特征(自觉地倾心于戏剧)，凭着独立获得的智能和体能，我能够用唱腔和身段——借助于不变的，然而实际上取之不尽，用之不竭的丰富表演手段——体现交给我的剧本”(乔尔乔・斯特莱尔《人的戏剧》，见《现代西方艺术美学文选・戏剧美学卷》)。《挑山女人》获大成功，与华雯的精彩表演密不可分。这位沪剧表演艺术家深谙这种艺术法则，她在用唱腔和身段表演交给自己的剧本时，调动全部精力、手段去表演那必须乐舞化而又能促动剧情发展的部分，通过把生活中的各种自然言行进行艺术化的处理，使其更加优美，使得该演的部分能得到淋漓尽致的发挥，增强其审美冲击力，同时也调动起观众的想象力。这样的艺术创造颇见匠心，看重的是对角色的内心体验，同时善于将内心体验与戏曲的抒情手段结合起来，从而传达出人物真切的深情实感。华雯的唱凸显独到的功力，每每把剧中规定的情景唱得酣畅淋漓，把观众撩拨得心潮涌动、声泪俱下。核心唱段更是把自己的情感力量全部渗入到轻重缓急、抑扬顿挫的旋律之中，让观众在那音乐境界中随着王美英去感知人生况味，共享喜怒哀乐、酸甜苦辣。在表演上，她那优美的身段犹若鲜花之绽放，含苞、破蕊、怒放，无不恰到好处、极具分寸。王美英闻讯成子强救火遇难噩耗的那场戏，她在人前拼命克制，待送走孩子们，一人回屋，才号啕大哭，一任悲情倾泻而出。此刻人物克制的外表下奔腾着那爱的波涛，关键要把握住怒放的那一刹那，不及不美，太过则傻。华雯表演的节奏随着人物情绪的发展递进放大，渲染灵光，充分展示出一种真实、充沛的内心世界，令人唏嘘不已，令人感慨不止，成就了一个使人由悲悯到敬仰的人物形象塑造。华雯在《挑山女人》中的表演艺术达到了一个新的高度。她从人物内心出发，从人物激荡的精神世界出发，塑造出一个既流淌柔弱温情又彰显挑山女人刚强坚毅的当代母亲艺术形象。活跃在舞台上的王美英，是一个平凡普通的女人，是一个了不起的、令人肃然起敬的女人，是一个

“在舞台上活生生地立住”的角色，是生活美的化身，是艺术美的炫张，是一个蕴蓄着中华民族优秀传统的当代女性。这个艺术形象为琳琅满目的中国戏曲画廊增添了一朵红艳艳的奇葩。

《挑山女人》堪称是一件艺术品。她所弘扬的中华民族优良传统，足以成为当下品质教育、道德教育的生动教材。她鼓舞人们在生活中遇到困难挫折的时候想想王美英，从而挺起脊梁，积极、勇敢地面对苦难，努力将苦难的人生经历最大化地转换为有意义的社会动能。这在当前普遍缺失一种自强自立精神的现实中，针对匡正时下存在的某些道德失范，有着十分积极的现实意义。同时，这部戏以其思想性、艺术性、观赏性的和谐统一，引发了我们对现代戏创作许多新的思考，促使我们更加重视当下戏曲作品审美价值的挖掘与阐发。不论是从戏曲自身的发展，还是从继承传统文化精髓培育社会主义核心价值观的角度，《挑山女人》中都蕴含释放着优秀的传统文化精华。在写真人真事现代戏的宣传意义往往被简单放大、粗疏呈现的当下舞台，《挑山女人》的启迪尤显珍贵。

一首自强不息的人生赞歌

秦华生
(梅兰芳纪念馆馆长)

上海宝山沪剧团创排演出的现代戏《挑山女人》,以戏曲化手法,塑造了王美英这位当代安徽齐云山女挑夫的艺术形象,诠释了"天行健,君子当自强不息"这一优秀传统理念,丰富了现代戏曲人物画廊,为当前的现代戏创作提供了一个典型案例,值得深入总结。

一、此剧从生活真实到艺术形象转换过程中,有独特的发现与表现,形成独特的艺术价值。

李莉这位身处上海繁华闹市的剧作家,从纷纭复杂的当代社会生活中,独具慧眼地关注远方齐云山女挑夫,发现了女挑夫身上散发出的淳朴善良、坚韧不拔、勇于担当的精神气质,从而对大量的生活素材去粗取精,提炼加工,精心编织了戏剧故事,巧妙设置了戏剧冲突,充分表现了女主人公在人生困境面前勇担责任,自强不息的精神个性,引起了当代人,尤其是城市观众的强烈共鸣。

剧中描述女主人公王美英,结婚后第一个孩子双目失明,按照计划生育政策,生育了第二胎,是一对龙凤胎,然而,丈夫却突然病逝。王美英要去县城宾馆当服务员,而婆婆害怕媳妇在外认识人改嫁,不愿在家带三个孙子,离家自己独身生活。这样设置人物关系,合乎情理,把女主人公推向了第一个矛盾漩涡。为了照顾三个孩子,又要挣钱养家,王美英只好去离家近的齐云山当挑夫。

王美英吃苦耐劳,顽强坚持,逐渐适应了艰苦的挑夫生活。十年来,侍候病母的单身挑夫成子强爱上了女主人公。当母亲病逝后,成子强正要向王美英吐露心声,其女儿害怕失去母爱,偷偷跟踪母亲,引发了冲突,把女主人公推向了第二个矛盾之中。

七年之后,二位儿女双双考上大学,婆母回来认错,婆媳和解。懂事了的女儿,去城里寻找打工的成子强,试图玉成被自己拆散的姻缘。而成子强救火牺牲,只带回一根刻有七个"等"字的扁担,使这对有情人未成眷属,从而把矛盾推向了高潮。这样一波三折,跌宕起伏,能维系戏剧冲突的紧张度,吸引观众的审美关注。

二、此剧主要情节是家庭琐事,创作集体遵循戏曲"重在写情"这一艺术规律,一度创作和二度创作在表现人物情感上下功夫,注重写情,以情感人。

剧中两段婆媳戏,几段母子戏和母女戏,尤其是王美英和成子强的恋人戏,都很精彩。例如,第二段婆媳戏,婆婆守寡二十年,深知寡妇的不易,吐露心声并下跪道歉……婆媳二人交心的唱段，感人至深。又如，失明的大儿子为母亲每次挑山打一个结，共九千多个结，王美英见后感动唱道：

千千结结千千情牵万千，万千语无从言郁结心间；

千千结细说出儿子深情，千千结打动了娘的心扉。

舞台上出现红色的千千结画面，视觉冲击力很强，使观者深深铭记。再如成子强病母逝世后，要去城里打工，与王美英道别的一场戏，展示二人的复杂心理，王美英以奋力搓绳掩饰心中的郁结，成子强拿走了王美英挑山的扁担作为分别留念，意味深长（如果前面描述王美英刚挑山时扁担太硬，磨坏了肩膀，成子强悄悄送了这根扁担，使之成为贯穿剧中的道具，更佳）。

三、作为现代戏，二度创作把写意与写实相结合，使这一寡妇挑山育儿的母爱故事，表现得有滋有味，婉转动人，实在难能可贵。

剧中设计了表现齐云山陡峭的山路，置于舞台中后方，形象化地表达挑山的艰辛。大年三十夜，为多挣挑山费，两个孩子陪同母亲挑山，遇上暴风雪，三人爬山的身段表演，突出了戏曲载歌载舞的程式，颇具艺术表现力。

在沪剧唱腔中加入地方山歌旋律，不仅表明了地域色彩，又增加了沪剧音乐的元素，韵味独特。剧中开头和结尾，都吟唱齐云山歌：

天上日头么歇歇夜，月儿相帮么来照亮。

地上女人么不得歇，歇来香火要断档。

聆听这样悠扬婉转的歌吟，别有一番滋味在心头。

这“娘亲”两字比山重

——《挑山女人》中的平常人与平常心

王　馗

（中国艺术研究院戏曲研究所所长）

沪剧《挑山女人》是有故事原型的。

从2007年以来，《中国青年报》等报纸杂志，湖南卫视、中央电视台、香港卫视等新闻媒体的相继报道，让安徽休宁县的女挑夫——汪美红，逐渐地被世人所了解。十七年的艰难岁月里，她磨破一百四十多双解放鞋，挑断七十多根扁担，在齐云山的陡峭山路间行走二十多万里，最终把三个孩子培养成人，其中一对双胞胎圆了大学梦。正如她所获得的荣誉称号：黄山市“十大杰出母亲”、“心动2011·安徽年度新闻人物”、“安徽好人”等等，这样一个让国人感动的母亲，确实最容易成为当代社会舆论所关注的焦点。这样一个形象自然也很容易成为中国戏曲所关注的人物原型。

现代戏的创作题材本来是丰富的。新时期以来的中国戏曲却形成了一个创作倾向，即众多的地方剧种更多地倾向于挖掘地域文化中的人与事，且不论新编历史剧偏重于地域历史中的精英故事，即以现代戏而言，当代地方英模人物及其先进事迹，往往成为地方剧种着力渲染的重点。这显然与当代戏曲剧种的生存环境和它一直以来所承担的主流价值、教化责任是密切相关的。这也就造成了戏曲的创作团队往往在所处地方文化的有限资源中竭泽而渔，而创作者亦因对所处地方文化资源的有限解读，而陷入江郎才尽的困境。特别是现代戏创作所面对的：人物是当代的，故事是真实的，人与事所建构的戏剧场面自然也是不容虚构的，主旋律的创作主旨是不容有伤原型人事的。因此，这类戏剧作品或者流于对生活真实的刻板再现，或者流于宣传“高大全”的了无生气，大多无法呈现真实生活的动人魅力。在这种倾向中，丰富的现代戏题材实际弱化成了对地方人事的简单宣传，这显然是违背戏曲创作规律的。

由此来看沪剧对当代安徽先进人物的涉及，便能发现，《挑山女人》的创作团队突破的正是十数年来形成的这种创作倾向，她们让一个与上海文化毫不相干的人事，走入沪剧的舞台；并且通过沪剧的艺术视野，让这个感动了无数人的原型人物，焕发出了与现实生活截然不同的舞台光彩。这当然与上海这个城市从近代以来就秉持着的文化担当是有关的，当然也与上海宝山沪剧团对于沪剧这一剧种的文化担当是密不可分的。这种创作方式是现代戏创作的正确方向，《挑山女人》正是沿着这条正确的创作之路，避免了生活原型及其生活环境对于艺术生产的束缚，也避免了将戏曲创作依附在狭隘的地域文化观念的窘境。无疑，这是完全符合中国戏曲数百年来围绕中华民族核心价值体系来进行艺术创造的整体规律的。从这个角度而言,《挑山女人》的创作团队已经具备了源于生活而高于生活、超越了纯粹功利思维的艺术视角。

正是通过这样的视角和高度,《挑山女人》能够很从容地讲述故事、刻画形象。其实,作为生活原型的汪美红是一个平常得不能再平常的女性,她的所有感人事迹就是在坚守着生活的轨迹,在自己熟悉的山区,通过自己的力气养育三个孩子。她的命运是困苦的,她的坚守是艰苦的,她被世人视作伟大的地方正是这种苦难的坚守。因此,她的行走山间的平常人生,实际对于戏曲创作而言,是极具挑战性的,稍有不妥,戏剧故事就会因为失去吸引观众的趣味而变得索然乏味。当然,也很容易因为失去耸动人心的魅力而让戏剧变得面目可憎。

从汪美红到《挑山女人》中的王美英,剧作家没有刻意的形象拔高,也不做特别的评价解释,而是紧扣这个山区普通女性的苦难和坚守,用时间和等待来完成对人物形象的呈现。故事的时间跨度是十七年,在这个舞台的时间观照中,具有象征意义的麻绳结和扁担最终成了王美英生命年轮的真实记录,千千节,节节相同,而扁担则是"寸土之上两竿竹"的承载,依然是竹节的记录,麻绳结与扁担上的"等"字具有了同样的时间内涵。因此,反复的绳结和扁担的移动正是这个女性平常人生的具体缩微。在这种象征写意的渲染中,三个孩子从稚童走向了成年,而王美英也从一个待嫁新娘走完了她的青春和理想岁月。尤其是剧终由婆婆与王美英的对唱,直接完成时空场景的转换,极具写意特征,非常真实地展示了女主人公内心世界对现实时空的超越。漫长的十七年,在回首一瞬之时变得短暂而迅忽,生命的变化因为独特的时间观而显示出耐人寻味的辩证力度,这是该剧在抒写平常人生时具有的思想深度。

剧作家在设置上述象征物时,借助的则是实在而变化的人物关系。与王美英十七年坚守相关的,是剧中人婆婆与饱含温情的成子强。剧中的婆婆是一个有着相对传统观念的人物,她有着守寡的生命体验,但是因为"迷信"、抱怨与对穷困、无依的恐惧,赫然将生活的苦难全部移交给媳妇王美英。这一举动似乎有些突然,但是又让人觉得真实。剧中的成子强是一个充满了生活憧憬的人物,但是因为照顾瘫痪母亲而始终将自己的爱情深埋心间,直到能说出口时却因为王美英无法求得两全而忍痛离开,他可以选择"可以自己做主"的挑山生活,却始终无力勇敢地直面自己的情感诉求。这一人物似乎有些懦弱,但是又让人觉得可敬。但是在剧终之时,婆婆的忏悔才显露出十七年来对三个孙辈的呵护与扶助;成子强在意外身亡后才展示出他对爱情的至死等待。这两个形象看似与观众的期待有所距离,但却展露出生活的常态,让人能够深入地理解宿命无法更改的苦痛。他们的人生态度也许不是那样高尚完美,但却让人真实地体会到不完美生活中也有善良而真诚的情感。

显然,婆婆、成子强这两个人物形象正映照出女主人公王美英的生命选择和人性高贵。无论是从剧作依据的故事原型,还是从剧作中的核心情节而言,女主人公十七年在一个地方养育三个孩子,都是一个相对单薄的题材。《挑山女人》的创作团队显然通过婆婆和成子强两个人物的设置,由此引发出两条故事线索,延展了题材的表现张力,让情节变得更加饱满。婆婆与女主人公,构成了一个悲剧家庭的两种人生态度,前者爱子心切、护家心切,因此用近乎苛刻的方式维持家庭的完整,当然也就激发出女主人公"守贫"、守家的必须。成子强与女主人公,同样构成了一个理想家庭的两种人生憧憬,前者因道义相助而渐生爱慕,因此用含蓄温婉的方式来彰显人情人性的美好，当然也就激发出女主人公在女人与母亲之间的抉择，甚至发展至女主人公舍弃女性的私欲而成就赡养儿女的大爱。由于剧中人幺妹在人生成长中从幼稚到成熟的个性变化，直接推动了女主人公一直徘徊在个人情感与家庭道义之间，由此两条线索或隐或现，相互交织，时时在女主人公平静的人生中激起波澜，引出冲突。在剧中出现的两段高潮华章，即第六场中王美英在无奈之下责打自己，大段的道白倾诉；第七场中在婆婆“谢罪”之时，王美英大段的赋子板唱腔，都成为两条线索推动下的情感致高点。这正显示出剧作家的匠心所在。

可贵的是，该剧并没有设置任何类如反面的人物和情节，而是始终将人物的情感作为情节结构的核心，这是极有挑战但又最冲击观众情感的构思方法。剧中人的情感都来源于质朴而真实的生活，特别是主人公王美英既不是传统山区里的“节妇”，也不是当代主流价值判断中的“劳模”，而是一个始终恪守生活伦理的普通人，她的所有行为均来自于她在生活面前一个又一个需要面对的沟沟坎坎。家中悬挂着的亡夫遗像，让她不忘二人曾经的情感梦想；婆婆毅然离家的决绝，让她在无法轻生时必须面对残破的家庭；三个孩子成长的烦恼，让她在挑山的艰苦生活中必须完成教子成长的重任；成子强情感关怀的牵引，让她在家庭责任面前最终将个人情缘隐藏在内心深处。这些不得不接纳的生活，实际正是现实社会中每个普通人在过去、现在或将来都可能要必须面对的。应该说，《挑山女人》中的这个女主人公如同故事原型一样，是一个平常人，唯其平常，才越发能够引动每个普通观众的感同身受。

因此，剧作没有用社会伦理来刻意拔高王美英的行为动机，也不曾用琐碎生活来消减她在特定人生中的生命高度，而是将她定位在“母亲”这个社会角色上，即如剧中所唱的“这娘亲两字比山重”，看似用“挑山”这个男性职业来赋予女主人公的人格特征，但实际上却紧扣“娘亲”这个女性特有的身份特征，由此展现出比山厚重的母爱。中国传统戏曲向来不乏母亲形象，而且沪剧也不乏用丁派、杨派等旦行流派塑造母亲形象的传统，但是这些母亲形象在呈现母与子的关系时，往往呈现出更为强烈的伦理特征，“母亲”应该具有的母性特征实际上减弱了、甚至是忽略了这样的设问：“母亲”怎样具有母性特征？《挑山女人》实际上细腻地赋予了王美英怎样成为母亲、怎样成为别人眼中的伟大母亲的心理悸动和情感抉择。第一场中，王美英在无路可走之际，做出轻生幻想，是孩子们的呼喊让她选择了挑山的生存之路；第四场中，母子三人挑山行走时，是孩子们的体谅让她坚定地说出“娘为儿女当操劳”；第六场中，是孩子们幼稚的挽留让她在“不能求两全”的尴尬中“儿女之情似刀剪”。这些过程伴随着主人公的绝望、痛苦、徘徊、犹豫、坚决等诸多情感体验，一次次地完成了对“娘亲”这个词汇的诠释，既符合人性本然，也具有伦理意味，当然也更有情感深度。可以说，在平常生活中来完成对母亲形象的塑造，将深具主旋律色彩的主题思想分解成平常人的平常心，这是该剧得以感动人心、升华思想的魅力所在。

以上所述，正可以显示出《挑山女人》在当代现代戏创作中的价值和位置，这正是当代中国戏曲寻求舞台创造中所缺少的品质。那种由戏曲剧种所承担的社会责任、主流价值，由戏曲剧作所表现的人生况味、生命感觉，以及依靠演职人员共同完成的舞台艺术与观众情感体验的互动，都代表了中国戏曲传统以来的文化坚守！

柔美之极　臻于壮美

谢柏梁
（中国戏曲学院戏文系主任）

大凡在现场观看过上海宝山沪剧团的《挑山女人》演出的观众，都不免会洒落感动的热泪。这些发自内心的泪花，都是基于对一位齐云山下普通家庭主妇王美英的深深敬意。正如剧中的主题曲所唱道："天上日头要歇夜，月儿相帮来照亮。地上女人不得歇，歇来香火要断档！"中国社会的发展与前进，原来皆与一辈辈劳动妇女的辛勤劳作分不开，更与她们勇于担当、勤于忙活、养儿育女、牺牲自己的优良品质息息相关。正是在基于从柔美的女人到壮美的"女汉子"之间的角色转换，这才能成为撑起中国社会的底层脊梁，成为令人感动、激动和敬仰的审美对象。

由著名沪剧表演艺术家华雯所扮演的王美英，原本是一位娇弱柔美的小女子。一旦嫁到齐云山下小山村，她就与丈夫张华过起了人家，生下了娃娃。尽管老大眼睛失明，但接下来生的一对双胞胎聪明伶俐，日子过得也还凑合，生活也不乏甜美之处。可是幸福的日子总是很短暂，一旦丈夫去世，留下的只是一屁股债务，还有那幅挂在墙上的遗像。从此之后，全部生活的担子也就只能压到弱女子王美英一人的身上了。

不错，张家确实还有婆婆在。但是婆婆却对王美英这个儿媳妇恨到了极致。正是因为王美英生得漂亮，所以儿子生前才置娘的定亲于不顾，执意要娶这房所谓"生辰八字合不拢"的美娘子。正是因为要养家糊口，张华才每天累死忙活，为了一家五口的生存而奋斗，终于一头倒进山涧之中，再也没有爬起来。这叫从年轻守寡、单身抚养独子长大的老娘，怎不痛彻心肠，怎不怨天尤人？她极为偏执地认为媳妇徒仗着人样子好看，非但不会照顾老公，反而使得老公劳劳碌碌，英年早逝；她恨的是果然八字相冲，这媳妇就像一个小妖精一般克死了丈夫！"真是前世作孽啊，我张家怎么会讨到你这样的媳妇！（唱）自从你进了我家门，张家从此乱纷纷。生个儿子是瞎子，两年后一胎双胞又降临。穷加穷欠下五千断命债，害我儿，早起夜做活活做死在山岭。"

更为忧心忡忡的是接下来通常可以预计的事情。"更害怕，漂亮媳妇难守贫。倘若她离开张家门，丢下我，一家老小怎样活性命？"村长可怜这家人家的遭遇，原本要推荐王美英到县里宾馆去做服务员，可是又给婆婆给搅黄了。尽管宾馆里的收入报酬高，但是婆婆认为那里是是非之地，是乱七八糟男人出没的地方，也是极有可能让寡媳另择高枝的地方，所以坚决不同意她去。非但如此，老人家还执意搬出了家门，极其智慧地要让儿媳妇承担起全部拖儿带女的责任，缠住她，拖住她，让她无法脱身，让她无法改嫁！

在生活濒临绝境的时候，孤身奋战的小媳妇王美英没有退缩、没有回头，她坚定地承担了全部的家庭重担，独自挑起了照顾儿女、养家糊口和挣钱还债这三座沉甸甸的大山。当在田里干活注定无法养家还债的时候，她毅然决然地选择了“挑山”也即辗转在齐云山脉做职业挑夫挑盐挑米的生活。挑山之苦，苦不堪言，挑山之重，重于石头，多少挑山的男人英年早逝，多少挑夫栽倒在山间，多少挑夫累得筋骨坏损、大口吐血……挑山路上无女人！凡此种种，王美英全部知晓。当她第一次摇摇晃晃、步履蹒跚地挑着担子爬第一步山路的时候，她就知道这不是女人干的活，更不是她这位中学生学历小知识分子所能干的活。可是，为了儿女的成长，为了还债的道义，她还是毅然决然地以娇弱之躯，撑起了女子挑山的脊梁。旁人的诧异她不顾，挑夫们的讥笑她不管，也就是在这一刹那间，王美英从柔美至极的小媳妇，转换成为臻于壮美、顶天立地的女汉子。

柔美出自天然，壮美可是浸透着重重磨难的悲壮诗篇。当着王美英常常“肩上血泡曾化脓”、每天回家瘫坐不愿动的时候，当着她与儿女为了多赚一点钱，过节期间挑年货却抛洒了年糕，一家三口抱头痛哭的时候，血泪与鼻涕共下，柔情与豪情齐飞，秀美与壮美交织，这是多么凄惨却又是多么动人的场面！

王美英的壮美情怀，还体现出牺牲自己个人爱情、无欲并禁欲的生活状态和崇高品质，绝没有半点的矜持和作秀。挑夫成子强一直在默默地关注、理解、同情和爱戴着王美英，他始终想为之分忧解难，始终想让她放下挑山的扁担。可是为了将儿女们培养成才，也怕拖累了成子强的未来，王美英硬是狠下心、埋下情，先后拒绝了他的一次次好意，实指望等到儿女出道之后，再看情况说话。当成子强的瘫痪老母归天之后，他鼓足勇气要在山道上向王美英求婚，却又被暗中监视的幺妹胡搅蛮缠给活生生打断，强阻妈妈与子强叔叔的好婚姻。

当着幺妹姐弟双双考上大学，老大也到城里学习按摩之后，王美英满心轻松，身上的担子也感觉一下子卸了下来。此时的幺妹长大懂事了，当她理解到妈妈的痛苦和心声之后，“幺妹决心来补偿，悄赴省城去邀请。想送一份天大的惊喜给妈妈呀……万不料，他、他火海救人已献身，已献身。(取过扁担)遗物只有这扁担，深深刻着七个等。等等等，等等等，七个等字七年情呀，他是年年祈盼年年等”。一段可能预见的美好姻缘，又成为永恒的思念与永生的痛。于是，王美英在一定程度上成为了现代版的赵五娘，成为牺牲个人幸福和情感安慰，换来社会责任的道德的化身，妈妈的典范，从而开始闪现出圣母般的苦难和慈悲。

该剧的着力点还不仅仅在于一般意义上的爱情婚姻难于实现的悲剧，也不至于大苦大难的哭剧，还在于那种经历了人世间喜怒哀乐、参透世情之后的不可忘怀的坦然接受和历经劫难之后的大彻大悟。王美英回顾这半生的挑山，认为自己对得起亡夫、对得起婆婆，更对得起她一手扒拉长大的孩子们。一切无愧于心，唯独对成子强百般抱歉，温情脉脉：“含泪再把‘等’字看，这‘等’字原来撑着天。寸土之上两竿竹，亦苦亦乐相并联。苦在美英心怀里，乐在孩子成长间。苦乐全有是人生，经风经雨根越坚。”这种超越了苦乐的人生才是真正的人生，这种永恒的抱歉才是含金量最高的抱歉，这种建筑在苦难生涯当中而壮志不改、责任不抛、恩情不忘的生活态度，才是无比壮美的人生大境界。

我曾在沪学习工作长达二十年，对沪剧的情形有一定的了解，对宝山沪剧团华雯她们"挑"起沪剧一方天的崇高精神深表敬重。原本以为安徽齐云山的农村戏，由大都市的沪剧演出可能有不尽吻合的地方。及至在国家大剧院看完全剧，这才感到沪剧写家长里短、民间苦难和草民情怀，原来是如此贴切、如此动人。上海市和国家层面的那么多专家、领导与观众朋友们都来捧场，都为之一掬热泪，这样的场面其实在当代戏剧的观演过程中并未为之多见。大剧院与小剧团相得益彰，华雯较为全面的艺术才能与质朴的表演风格相映成趣，农村题材与海派沪剧水乳交融，凡此种种构成了一部特别协调的生活交响曲与艺术协奏曲。

应该说，柔美的华雯不仅撑起了体制小、条件差的宝山沪剧团，而且在剧中撑起了壮美的王美英，也撑起中国草根老百姓们顽强不惜的生存面貌之一角，更撑起了她们于平凡中见伟大，在艰难时显境界的崇高境界。正是她们的艰苦奋斗和默默奉献，才共同撑持起伟大中华的笔直脊梁。士别三日当刮目相待。还记得当年的李莉，在上海戏剧学院高级编剧班学习的时候，被封为女编剧"三妖"之中的"大妖"。中妖和小妖目前都是广州、宁波的著名话剧与戏曲编剧，但是大妖更加身手不凡，一骑绝尘，快马加鞭，这么多年为那么多剧种写了那么多好作品，这令我们为之感动。作为一位曾经的解放军通信营指导员，作为一位曾为女儿的成长付出了大量的心血的妈妈，她也包含着没能全部为孩子尽职的内疚。用自己的内疚来与剧中王美英的付出交相映照，李莉不是在品玩戏剧，而是在反省人生，并从柔美上升为壮美的美学历程中，展示母亲的大爱，展示中国特色的贤良母亲的高贵品质。也正是因为如此，李莉已经超越了柔美的女性美，而成长为一位不以性别分先后、而以成就品高低的中华知识分子之林中具备大美与壮美境界的优秀剧作家。

由《挑山女人》谈“话剧加唱”

王绍军
（中国戏曲学院表演系主任）

近来，沪剧《挑山女人》风靡剧坛，成为新时期以来少有的佳作之一。它的成功引发了笔者对现代戏创作的思考！

建国后，随着现代戏的兴盛，在排演过程中，熟悉并习惯于用传统程式技法塑造角色的戏曲演员们普遍遇到这样的情形，即面对活生生的现代人物不知该用什么样的形式去表现？于是乎以反映现实生活见长的话剧表演在一个时期成了戏曲反映现代生活所主要借鉴的表现形式。以致出现了一种新的“两下锅”形式——“话剧加唱”。

但长期以来，“话剧加唱”这个术语是带有一种贬义意味的，认为是将话剧和戏曲两种艺术形态的简单结合，削弱了戏曲艺术的特色和魅力。笔者认为，从戏曲创作的角度看，吸取话剧提炼生活的方法和表现形式，是提高戏曲演员对人物的分析、创作能力，消解其所固有的（与现代人物不相适应的）传统戏曲身段功架，使表演自然生动的有效方式。沪剧《挑山女人》的成功演出，可以说是上述观点的生动佐证。

沪剧系滩簧一系，清光绪年间，江浙滩簧在上海勃兴，苏滩、宁波滩簧等声誉鹊起。部分花鼓戏艺人为招徕观众，把花鼓戏改为滩簧，上海本地人为了把它与苏滩、宁波滩簧等区别开来，便称它为申滩时调，简称本滩，又叫申滩。这一时期演出的剧目除对子戏外，大都以农村生活为题材，演员的装束都是清代的农村服饰，被称为“清装戏”。

民国时期，申曲排演了大量剧情取材于现实生活的剧目，演员的服装基本是西装和旗袍，一时被称为“西装旗袍戏”。这是沪剧史上编演时装新戏的开端。这类剧目的上演使申曲逐步采用了接近文明戏和话剧的表演形式，形成了沪剧贴近生活，富于生活气息的表演风格。

《挑山女人》继承、发扬了沪剧这种艺术传统，创作者们将一个反映当代底层人民生活的题材揭示得如泣如诉。主人公王美英的扮演者华雯准确地把握了人物坚韧、隐忍的性格特质和心地善良、富于牺牲精神的高贵品质，以王美英的因情而嫁、为子弃职、挑山不辍、为爱弃爱、养儿成才、爱人殒命等一系列行动、事件为支点，以类似话剧的生活化表演和沪剧的念白、唱腔相结合，细腻、传神地塑造了一个朴实无华、胸有大爱、重情重义、一诺千金的底层妇女形象。她的表演没有过多繁杂的戏曲身段和舞蹈，而是以人物的生活形态为基调，着重以细腻的表演和幽咽婉转的唱腔传达人物内在的心理活动和情感波澜。

华雯为塑造好这个人物，曾经到人物原型汪美红的所在地齐云山下体验生活，和她一起爬山挑担，感受她生活的艰辛，体验她内心的感受。华雯的这种创作人物的方式涉及戏曲演员塑造现代人物时普遍面临的一个问题，即如何“向生活要人物”。

在实际创作中，不是所有戏曲演员都能从生活中提炼出恰当的元素，运用到人物的塑造中。戏曲演员习惯性的传统身段韵律和现代人物生活化的言行举止的矛盾，是由来已久的难题。

如何解决这个问题？著名戏曲导演艺术家李紫贵先生通过自己的艺术实践做了很好的解答。1964年，中国戏曲研究院实验京剧团排演《红旗谱》，李紫贵任导演。他带领剧团到河北省高阳体验生活，以熟悉农民生活，改造创作者的思想和艺术观。经过一段生活体验，回到排练场上之后，李紫贵要求演员“先不必追求像京剧，先得像农民，再进一步得像他所扮演的人物”。首先把人物的思想感情找对了，先把握住人物的内部节奏，再考虑形式问题。场面再根据生活的节奏、人物的行动来发挥创造性，哪儿加锣，哪儿安什么腔。他要求演员经过深入的体验生活，在准确把握人物基调的前提下再运用戏曲的形式予以表现。经过这种从内容到形式，从生活到艺术的过程，使演员从传统中解放出来，先像人物，再像剧种，既是生活的，又是戏曲的。在现实主义的道路上迈出创作的第一步。

以华雯为代表的《挑》剧的演员们，正是遵循这种现实主义的创作方式，以饱满的激情，投入到人物群像的塑造之中。创作团队牢牢抓住情感这一主线，将王美英谨记誓言，对阴阳相隔已逝丈夫的“夫妻情”；十七载独身“挑山”，含辛茹苦，养育失明大儿、双生小儿，终致“山窝飞凤凰”的浓浓“母子情”；成子强与王美英十载“挑山”风雨同舟，默默相助，十七载痴恋苦等，却魂断火场，遗恨人间，刻骨铭心的“恋人情”；大郎、弟郎三兄妹之间相濡以沫的“兄妹情”；张婆暗中照顾孙儿、血浓于水的“祖孙情”；挑工邻里日久生“敬”，在弟郎兄妹双双考入重点大学时，欣喜祝贺的“邻里情”演绎得情深意切，使得全剧洋溢着一簇簇浓郁的人间温情。演员们不论角色大小，倾情投入，以真挚朴实的生活化表演与沪剧的道白声腔、符合情境的轻歌曼舞的有机结合，塑造了一个充满真善美的人物群体。

沪剧《挑山女人》的成功，引发我们对地方戏现代剧目创作的思考。中国的戏曲剧种种类繁多，各剧种产生的年代、地域也有很大差异。这就造成了剧种间的风格各异、特色独具。昆曲、京剧、梆子、川剧、粤剧等剧种，时代久远，传统文化底蕴、表演程式积淀深厚。而越剧、沪剧、黄梅戏、评剧、吕剧这些新兴的，具有现代生活气息的剧种，则传统程式根基浅薄。这既是它们的缺憾，也是它们的特长。它们可以轻装上阵，在自由的创作空间中充分发挥其表演形式贴近生活的优势，在艺术多元化的时代，追寻表现形式的与时俱进。但问题的关键是要在保持戏曲剧种艺术特色的前提下广泛、有机、合理地吸收其他的艺术形式为我所用，丰富自己的艺术手段和表现力，而不是自身艺术特色的丧失。有鉴于此，笔者认为，生活、话剧、戏曲三点一线的创作流程和方式，是这些新兴剧种解决上述问题的切实可行的方法。

所谓生活，就是创作人物时要体验人物的生活，也即前文所讲的“向生活要人物”。通过体验生活，把握人物的群体特质、个体特质、本人特质（以《白毛女》中的杨白劳为例：即先像老人、后像老农民、再像杨白劳)。但“来源于生活不等于生活,也不是对生活的简单模仿,艺术反映生活并不像镜中那样原模原样”①。关键在于体验生活之后以什么形式提炼和再现生活中的人物?戏曲与话剧的创作方法相结合,不失为一种可行的创作形式。具体体现为以下几个方面:

1. 话剧式的人物分析、生活化的心理体验与戏曲技术性心理体验与外部表现性形式的结合。

2. 话剧台词的逻辑重音处理方式与戏曲化的抑扬顿挫念白韵律的结合。

3. 叙事情节中话剧式的生活化动作和情感跌宕时刻鲜明的戏曲化节奏、表现性程式身段的结合。

但我们也应清醒地认识到,体验生活和借鉴话剧不是对戏曲原有艺术特色的取代,而是为了使现代戏曲更富艺术魅力和时代气息。在最终的表现形式上还要回到戏曲表演的艺术本体上来。体现在表演形态上为“有形的生活化举止,无形的戏曲化韵律”②。

如何做到戏曲化的动作韵律?体现在两个方面,即传统程式动作生活化、现实生活动作戏曲化。

京剧大师李少春先生对此有过精辟的论述:所谓传统程式动作生活化,决不是指把生活常态的动作,粗糙地安排在舞台之上,从而使表演陷入自然主义,而是指把可以借鉴的传统程式动作,作合乎情节、合乎人物的安排,使它和现代生活动作相互融合,让动作本身传达出生活的情态。

所谓生活动作京剧(戏曲)艺术化,决不是指用已有的京剧(戏曲)程式动作,来简单地刻画现代人物,从而使表演陷入旧瓶装新酒、貌合神离,而是指把现代生活动作,按照京剧(戏曲)的艺术规律加以提炼,使之升华为京剧(戏曲)舞台动作。提炼和升华,这是一个复杂的创作过程,决不是把丰富的生活作简单生硬的削削改改,装入老一套程式所能做到的。而是要通过苦心钻研,创作出一些既能反映现代生活内容,又闪烁出京剧(戏曲)艺术光彩的、新的舞台动作和表演程式。③

另外,这种戏曲化韵律的体现方式之一便是节奏形态。戏曲最鲜明的标志便是以打击乐为节制的节奏性。将富于传统意味的打击乐与现代人物的言行举止合而为一,既是戏曲特点的体现,也是对人物行动的烘托与点染。其中打击乐这一伴奏形式是戏曲表演的灵魂和节奏的杠杆。但在一些地方剧种中,打击乐就未必是其伴奏、节奏的绝对和唯一。这就引发了这样一个命题:没有打击乐为伴奏、节奏形式还是不是戏曲?

在沪剧《挑山女人》中,几乎没有铿锵的打击乐伴奏,整个剧目在一种介乎方言话剧和清唱剧的形式中进行。但这丝毫没有减弱该剧的戏剧力量和感染力。沪剧等剧种形成的历史条件,时代年限,地域民风决定了它传统程式负担较轻,善于以轻歌曼舞表现生活的特点。

① 参见阿甲《戏曲表演规律再探》,中国戏剧出版社 1990 年 11 月第 1 版,第 26 页。

② 参见笔者《现代戏曲人物创作方法论》,《戏曲艺术》2007 年第 4 期。

③ 参见李少春《谈京剧现代戏表演的几个问题——兼评〈八一风暴〉演出的成就》,《人民日报》1963 年 12 月 1 日版。

“一个剧种的形式美——大都是依据自己的尺度和标准来表演的。”①因此，对沪剧这种程式技法积淀相对薄弱的年轻剧种来说，在其新创剧目中，借鉴其他艺术的表现方式，使本剧种表演形式的嬗变、发展被观众逐渐认可，能否成为一种可能？

沪剧《挑山女人》的成功证明，“话剧加唱”，不失为地方剧种创作反映现代生活剧目的一种可行的方式。我们对各种剧种、各种风格、流派，应该抱着一种宽容的心态，允许它们在保持本剧种艺术特色的前提下进行多方面的实验，取长补短，兼收并蓄，这样才能促进戏曲艺术的全面发展。

我们祝愿《挑山女人》走得更美！走得更远！

① 阿甲《戏曲表演规律再探》，中国戏剧出版社1990年版，第198页。

《挑山女人》——十七年挑起善美人生

段雨强
（山东省演艺集团有限责任公司原董事长）

沪剧《挑山女人》在“十艺节”上演出，震撼了很多专家和观众，也给了我们院团领导者一个沉重的思考。一个宝山区的剧团，竟能拿出这么精彩的剧目参加艺术节的评比，我和很多人一样惊叹，他们对事业的那种坚守，让我们不得不对他们肃然起敬。

《挑山女人》是一部现实主义题材的优秀作品，整体风格非常接地气，所以更引起每个人强烈的共鸣。该剧讲述一位丧夫的普通农村妇女王美英靠做“挑山工”把三个未成年孩子抚养长大、成才的真实故事。全局没有太多曲折离奇的故事情节，没有缠绵悱恻的爱情，没有夸张的台词和舞台动作，她就像流水滑过我们的生活，流经滩涂、越过险峰。主人公接纳了生活给予的种种不幸或磨难，处处透漏着温情，时时彰显着美善，真实而精彩，质朴而感人。

“天上日头么歇歇夜，月儿相帮么来照亮，地上女人么不得歇，歇来香火要断档。”故事一开始就明示了一个女人辛苦一生的命运，并且贯穿始终。作为一个女人，丈夫早逝已是至悲至痛，可“屋漏偏逢连夜雨”，婆婆又给带上“命中克夫”的“紧箍咒”，并不帮忙照顾年幼的三个孩子，让生活变得举步维艰。王美英在生活的漩涡里艰难地生存。在一个家看不见希望的关键时刻，她——一个弱女子挑起了生活和生存的重担。十七年的时光里，她攀爬了多少陡峭的山路，往返了多少个陡峭的石阶，磨破了多少脚上的解放鞋，用断了多少负重的扁担。昔日的弱女子在这条延绵三十里的山路上，把自己挑成了生活的强者。

《挑山女人》巧妙地描写了每一条感情线，每一条都揪着观众们的心。王美英与丈夫张华过早地阴阳两隔，让这个上有老下有小的家失去了主要生活来源，满腹委屈难以排解。再加上丧子的婆婆冷嘲热讽，视王美英为克死儿子的丧门星而抛弃了这个家，搬住老屋。对孙儿孙女甩手不管，甚至还唆使孙女幺妹监视王美英，让她的生活雪上加霜。只有默默相助的挑山夫成子强使她“一点点苦中藏丝甜”，当成子强“送走”瘫痪老母，要向王美英吐露真情时，却被幺妹打断。为了孩子为了家，美英毅然以一根扁担作为感情的回报送走了挚爱的子强。七年，在等待和煎熬中艰难度过。待到弟郎、幺妹金榜题名，愧疚的幺妹长大了，懂事了，想为母亲寻回成子强时，却只有一根扁担和刻在上面的七个“等”字在等待美英。“我拄着拐杖去致歉”的愿望化成了沉沉的歉疚永远刻在了美英的心上。看到这里，我潸然泪下。想替她抱怨生活的不公，想替她狂吼出心中的愤懑，可她的表现却是：压住心底撕裂的痛，故作平静地送走了三个求学的孩子，让他们不要带着对母亲的歉疚，张开翅膀去飞翔。返回昔日三个儿女承欢膝下的空房子，握着倾注半世情愫的老扁担，失魂落魄的美英仿佛失去了生活的目标，所有的坚强在这一刻坍塌了。她从心底迸发出积攒了十七年的苦难，只化作了压抑、嘶哑、揪心的沉吟，让我的心在那一刻随之粉碎。

尽管生活充满了磨难，王美英却一直乐观并坚强着。婆婆句句话儿绝情、离家去老屋居住，她却要坚守“当为丈夫奉娘亲”。弟郎不给奶奶送年货，幺妹逃课跟踪监督她、阻挠她追求幸福，她没有抱怨，教育儿女“爱心孝道是齐家宝”、“做人为先”，孩子们终将明白自己是“长在母亲的血汗中”，失明的长子大郎，用九千九百九十八颗绳结记录了对母亲的爱，弟郎、幺妹用优秀的学业报答了母亲的苦。王美英没有深刻的说教，只是用最真挚的母爱和“籽落石缝也要蓬蓬勃勃发新芽”的毅力，教儿女们最质朴的道理。她把中国女人的善美、孝道、母爱演绎得淋漓尽致。

“含泪再把‘等’字看，这‘等’字原来撑着天。寸土之上两竿竹，亦苦亦乐相并联。苦在美英心怀里，乐在孩子成长间。苦乐全有是人生，经风历雨根越坚。”唱至此，情感升华为人生信念。正是这种苦乐观、人生观，才会有勇往直前的担当精神。

《挑山女人》算是苦情戏，但却是高品位的苦情戏。我们没有看到王美英多少泪水，却忍不住我们夺眶而出的泪水。这泪水，是对她的坚强性格的怜惜、是对她善良人性的褒奖、是对她勇于担当的钦佩、是对她直面苦难的感动。她用十七年的坚韧，把自己挑成了一座苍凉的大山。而现实中的王美英扮演者华雯——这位“梅花奖”的女团长，也在自己的坚守下，用一出《挑山女人》把沪剧挑进了第十届中国艺术节的大舞台，也给沪剧挑出了一个光明的未来。

我要向王美英致敬，向一位用生命的扁担挑起生活大山的普通女人致敬；我也要向华雯致敬，向一位用小剧团、小人物挑起剧团大发展、大跨越的沪剧带头人致敬。生命因精神而坚韧，为人因信仰而善美。

一腔神曲润心田

李道国
（湖北省演艺集团副总经理）

女人一双肩，
挑山十七年。
挑出人间真善美，
一腔神曲润心田！

这是笔者观看沪剧《挑山女人》演出后所得到的一些感悟。

《挑山女人》是一出反映农村现实生活、讴歌人间大爱、传播正能量的悲喜剧，是一部具有独特音乐魅力的绚丽画卷！剧中主人翁的命运始终牵动着笔者的心脉。观众被女主人翁的坚忍不拔、自强不息的精神和高尚的道德情操所感动，被宝山沪剧团诸多优秀演员的声情并茂的精彩表演所感动，被跌宕起伏、优美动听的沪剧音乐所感动。无论是唱腔设计，还是描写音乐，到乐队配器，作曲家都经过深思熟虑，精纺密织，恰到妙处、终成正果。听《挑山女人》的音乐，显见作曲家深厚的作曲功底和驾驭戏曲音乐创作的不凡能力。

无疑，这部戏的成功，音乐起到了至关重要作用。音乐的成功主要表现在以下几个方面。

一、统一全剧的主题音乐

我国戏曲音乐的发展，在历经其“曲牌体”、“曲牌联缀体”、“单腔板式变化体”、“多腔板式变化体”等唱腔体制的变革之后，已进入到现代“主腔融变体”的戏曲音乐创作时期。由于这一时期中西各种音乐元素的交流融合，中国戏曲音乐的创作自然会受到西方音乐的影响。现代戏曲其创作成分日渐增多，表现手段更趋丰富多样。而在戏曲音乐创作中通常出现的一个问题是：不少剧种的创作剧目，其唱段单独听起来还过得去，而涉及一整台大戏，其音乐的材料要么过于单一平淡，要么运用素材过多过杂，因而整体音乐显得空泛单调或零碎杂乱，缺乏厚重感或统一性。

天上日头么歇歇夜，
月儿相帮么来照亮；

地上女人么不得歇，
歇来香火么要断档。

不知这四句唱词是流行在江浙一带的民谣，还是剧作家的妙笔之作？《挑山女人》这个动人的故事就是在以这四句唱词为主题歌的音乐声中拉开帷幕。剧作家为该剧音乐的展开提供了一种创作模式，即典型的主题歌创作模式。在全剧音乐材料的铺排上，作曲家注重统一音素的运用。该剧的统一音素就是“天上日头歇歇夜”这一主题歌的基本曲调及其种种变化。一方面，“天上日头歇歇夜”作为主题歌贯穿全剧；另一方面，该主题歌的各种基本音乐元素，或融入剧中人的各种唱腔之中，或融入序曲、间奏和过场音乐之中。仅从序幕音乐中，我们就可以清晰看出作曲家在主题音乐运用上的独到之处。

主题歌在序幕音乐中出现了三次，首次出现是奏曲不唱歌。作曲家不急于将“天上日头歇歇夜”这四句主题歌马上推出，而是用清脆的竹笛为引子，奏出优美的自由节奏的主题歌旋律，以展现神秘的大自然之美。从笛声中可以感悟到大山的清灵与秀美。紧接着，一个浑厚凝重的男声以“哎哟里仔哟、里仔哟”等一连串的衬词喊出主题歌的曲调，营造了“挑山人”的劳作和喊山的意境。第三次，一束红红的灯光锁定在一个年轻美丽的待嫁姑娘身上。一个柔美的、凄婉的女声，静静地、淡淡地吟唱出真正意义上的主题歌，昭示出剧中主人翁坎坷一生的命运。序幕中三次出现的主题音乐，旋律上大同小异，但在处理的方式上决然不同。全剧音乐既有发展变化，又有高度统一的整体感。笔者虽听不懂沪语，但“天上日头歇歇夜”的主题歌旋律至今回响在我的耳旁，大有“余音绕梁，三日不知肉味”之趣。

二、情意交融的描写音乐

戏曲音乐，戏之魂也。艺术的审美特性之一就是“情感性”。音乐创作最本质的特点是抒情写意，通过音乐的手段，调动人的审美情趣，从而达到动感、动情。《挑山女人》的音乐素材源于生活，但她的舞台呈现又高于生活，还原了艺术的真实。该剧音乐的呈现十分完美，音乐和文本相辅相成，听觉和视觉相映交辉，“情”和“意”牵肠挂肚、渗透心扉。音乐用一个“情”字贯串始终，用一个“意”字纵横交错。人世间永恒的话题——爱情、亲情、友情等人之常情，经过音乐的描写和艺术的提炼，变得非同常情。全剧意深，意浓，写“意”到极致。在音乐表现的“张力”、“动力”、“色彩”上精心布局。根据故事的情节发展、人物的心理动态作适时调整，纵横开阖不拘一格。喜庆的场面让人喜到骨头，悲剧的氛围让人悲到绝处。音乐围绕着“情”和“意”做足了文章，下足了功夫。人物情感的变化、情绪的起伏转折及意旨的表达、意象的点化，匠心独运，耐人寻味。

三、布局缜密的音乐配器

上等的音乐配器会给音乐锦上添花、壁上生辉，劣质的音乐配器会给音乐带来毁灭性的打击。沪剧《挑山女人》成功地用音乐塑造角色、刻画人物，与成功的音乐配器密不可分。每个剧中人的抒情达意的方式、程度皆有差异，因而在乐器的选择和配器的织体上因人而异、因情而异、因需而异。有区别、有变化、有对比。该剧的配器基本确立了乐器相对的角色化、音乐织体的性格化，人物形象的立体化。她赋予人物的形象表情、性格特征，达到了清晰准确、凝炼精道的水准。如：剧中女主人翁王美英青年丧夫，婆婆中年丧子，一个好端端的家突然失去了唯一的依靠。一老一少两个农村女人都陷入了人生最苦最悲的境况。而婆婆又狠心舍家独居，丢下三个未成年的孩子，嗷嗷待哺。生活的重负全部压在了王美英这个普通的农村妇女身上。这两个女人的描写音乐虽然在旋律上有很大的差异，但都选用了二胡作为伴奏或独奏乐器，因为二胡低闷忧郁的音色总是和人物的凄凉悲苦的命运联系在一起的。这只是就二胡本身的音色相对而言。不做其他定论。

又如：第一场挑山老人的过场清唱，配器上只选用了简单的锣鼓进行伴奏：

挑山上坡又下坡

下山有乐又有苦

（匡　令　匡令　匡）

时光匆匆　　五年　　过

（乙才　才才匡——才　匡才才　匡才匡）

当初　　新娘　　成　寡　妇

（匡才令匡——乙才才才　　匡——才——匡）

此时用锣鼓伴奏简洁明了，别有一番意境。这可能是沪剧音乐伴奏的风格之一。

四、继承创新的声腔特色

众所周知，音乐的形态风貌，决定一部戏的总体风格。“文革”时期的革命样板戏，所有地方剧种去移植她，而移植的关键就在音乐声腔上。一个剧种的本质区别，就是这个剧种的音乐声腔。

《挑山女人》的作曲家用积极能动、自觉自为的创新思维引领音乐创作，在创作过程中，努力认真去解决好“继承传统”与“创新发展”的平衡与和谐。这也是戏曲音乐工作者共同面对的重大课题。

剧种的“母体基因”无论怎样改造变化，却万变不离其宗，更不能清除异化。作曲家熟练掌握了沪剧本体音乐的特性，在《挑山女人》的音乐声腔上呈现出鲜明的沪剧特色。使《挑山女人》的音乐个性和总体风格得到彰显发挥。

如第一场第四曲王美英唱：

婆婆怨恨离家去，
句句话儿皆绝情。
劈面羞辱难申辩，

满腹委屈诉谁听？
我若上班去工作，
三个幼儿谁照应？
我若在家照看儿，
不赚钱，一家数口难生存……

这是剧中女主人翁的第一段核心唱段，具有很强烈的戏剧性，音乐处理的好与坏至关重要。正值婆婆不顾儿媳的苦苦挽留，舍家而去的当口，此时的王美英是何等的绝望！一会儿音乐如倾盆大雨，电闪雷鸣，一会儿音乐形如溪水，如泣如诉、娓娓道来，一会儿音乐快如疾风，高亢激昂、激越铿锵……，王美英经过激烈的思想碰撞后，舍弃了进城上班的计划，做出了留下来养育三个孩子和“我当为丈夫奉娘亲”的决定。此时的音乐以舒展的、明朗的旋律进行了震撼性的烘托和全奏性的渲染。这几小节舒展、明朗而坚定的旋律反映了王美英性格的另一面。是一种信念守望的展示，在王美英的音乐声腔中多次出现。强烈的音乐感染力催人泪下，令人心潮澎湃、难以忘怀。

该剧的音乐声腔精彩纷呈，可圈可点的地方太多，鉴于篇幅和时间所限，本文暂不再赘述。

总之，全剧音乐语言丰富、作曲技法娴熟，伴奏乐器、伴奏织体的多样化等诸多元素的巧妙运用，精致雕琢、相得益彰，是一部新时期以来不可多得的戏曲音乐的典范之作。

民间底层母亲的力量

王评章
（福建省艺术研究院原院长）

《挑山女人》是一个感人但又很沉重的戏，也是一个让不同年龄段、不同经历的观众有不同感受的戏。从女主角王美英的遭遇，可以看到多种主题：农村经济、劳动方式、女性命运、家庭关系……有经济的，有人性的，有道德的，有情感的。审美上也会有反思、有同情、有赞叹。

戏讲的是王美英丧夫之后，用男人都畏惧的挑山赚取血汗钱的方式，独自养活了三个孩子，其中一个还是盲孩，并把另外的两个孩子培养成大学生。我想至少上世纪四五十年代出生的人对这个戏会更有共鸣。因为王美英那样的生活方式、劳动方式，那样的艰难沉重，那样的克己无我都依稀有我们的母亲们、姐姐们的身影，只是当年共同的生活艰难使我们的感情、感觉麻木迟钝。之后改革开放三十多年，我们远离并淡忘了那样的生活和劳动。这个戏锐利地剖开我们长茧的记忆，恍然有惊心的面对，似乎生活在重新倒带，而戏的现实、现代感又那么尖锐地刺穿我们一时的恍惚。只有时代在不断变化，女人、母亲们的担当和伟大反而成了永恒的背景。戏使我们的眼睛湿润起来，唤起了我们对母亲们、姐姐们的热切情感和歉意。所以在看戏过程中，王美英的形象变得重影、叠加起来，于是戏讲的不是别的地方、别的人、别的事了，人物变成一个集体的形象，情节、事件唤起共同的经验记忆。于是"挑山女人"的艰辛、付出、担当、坚忍，人物形象漫过、越过了她具体的生活事件如婆媳、爱情甚至儿女的成功，鲜明、放大了起来，融入中国民间底层劳动妇女或者母亲的集体形象，或者说通过这个真人亲切再现了这个集体形象。也就想起了一些传统戏，如梨园戏古老的南戏剧目《朱寿昌》中"冷温亭"一折，朱母雨天在崎岖山路挑柴，连人带担跌滚的精细感人的"跋柴"表演等等，也就理解了一些程式动作是怎样地饱含着历代的集体经验和情感，至今能感染人，唤起共鸣。

也就特别期待和喜欢第四场。这是现代戏创作最难得的以做为主的戏。剧作家是很熟悉戏曲的，从生活现实中的人物、情节出发，采用传统戏曲最擅长的"行路"的表演方法，以"歌舞"演故事，唱做一体，既生活化又戏曲化。表现主题、刻画人物、叙述情节、抒发情感以赏心悦目的形式展现，有节奏，有旋律，文学、音乐、表演融为一体。

像王美英这样以挑担为生的人，为了赚钱，基本上天天体力都处于透支状态，挑担时重量或路途多一分都会承受不了。那种对劳动、对重担的畏惧、战栗有时是从身体到心理的，是生命的，非亲历是不能体会理解的。所以各地都有很多俗语，如"大路驴，不过站"，说的是即使是驴马拉车运货，一旦超过日常的行程，都累得不肯再走；如"路头灯芯，路尾秤砣"，讲的是挑的担只要超过日常重量一点点，都会感受为压死骆驼的那一根草。所以即使三倍工钱，对着超重的担子，母亲也没有力量和信心，才不得不硬心让幼小的孩子帮衬她一把。母子们竞相装得轻松，筋疲力尽却想着减轻、心疼对方的辛苦，那样艰辛和动人，似乎表达得稍淡了点。也许是创作者的生活经验还不足以真实地体验、想象人物，也许是创作者有意回避表现劳动的过度艰难。但在艰难的血汗、血泪相濡相偎中产生出来的亲情才是最刻骨铭心、最贴近的，是高于血缘的。穷人的孩子早当家，很多人情、人性的早熟和纯粹，都是经过血汗磨洗出来的。

迅速变化的生活还是有一个较长的民间滞后的彗尾，这个真实生活的人物、事件让我们有一瞥惊心的重温。人物、故事天然具有象征的意义，挑山的女人，故事和剧名都充满极度的张力，鲜明生动。生活真实的力量使这个人物只需写实而不必通过象征化的提升来反哺。事实上，落后与贫困，生活的无奈，即使男人并不缺席，中国民间底层的妇女，也一样要挑起山来。母亲决不会因性别而推诿沉重的劳作，她们不仅吃苦耐劳，还要分心照顾丈夫孩子。即使只有一口食，她们也会忍饥挨饿，四处张望还有没有未喂饱的孩子。似乎她们生来就是为了照顾，抚养别人的。比起男性，她们更奋不顾身、更坚忍、任劳任怨，但是我们往往因为她们的一声不吭而忽略她们对艰难的承受程度。而这个母亲，让我们更加心疼，更加敬仰，同时，也让我们有痛定思痛和"却话巴山夜雨时"的回味。

戏很动情。编剧、演员都倾注了她们对主人公的同情和疼爱。真情实感永远具有打动人的力量。现代的文学传统或者说文学的现代性，日益追求和崇尚理性化，民间的日常的情感诉说传统变得陈旧落后而自惭形秽起来，戏曲舞台逐渐远离自己与生俱来的人生命运、遭遇的人间悲歌的传统。戏曲的抒情性、音乐性，戏曲文学内在情感的结构、音乐的结构都在消失。听惯了对戏曲滥情、煽情的现代批评，又希望戏曲以情化理的传统和精神，不要因此都变成以理节情，以理胜情。

《挑山女人》在现代生活内容与戏曲传统形式相统一上获得成功，除了它追求和遵循的是以情化理外，还在它采用传统的叙写人物遭遇、命运的方式，用事件写人物的方法，而不主要用性格化、冲突化的戏剧方式方法。这既为题材也为剧种特点所决定，这样也才有第四场、第七场那样感人的好戏。戏除了感情充沛饱满，情节也很丰富，主要事件之外，还有婆媳关系、爱情关系、母女关系等，保证了场场有戏。戏的节奏、结构也很清晰，重点场次浓墨重彩，高潮真实有力。

看完戏又有一点犹豫。大概是"生活实录"，戏写婆婆为了"挂"住她断然弃家，写儿女的防范使她有爱又恋不得，写她能再嫁而恋人救火牺牲了，反而使人觉得不幸过于"萃集"一身。也许生活的真实和力量与艺术的真实和力量之间还有互渗的余地。

精神的象征　情感的张力

——沪剧《挑山女人》的舞台艺术设计

吴新斌
（福建省剧协秘书长）

作为一部沪剧现代戏，《挑山女人》的舞台设计颇具表现性，充满情感的张力。

想必深深感动于这位平凡而伟大的“挑山女人”的内心世界和精神力量，设计者似乎接通了剧中主人公的情感、命运、性格脉络，以心灵情志创造独特样式，融注了浓烈的情感色彩，赋予很多意象化、隐喻性或者象征性的表现语言，形成自己统一协调的舞台语汇，给予舞台同样以强烈的文学色彩和文学性追求。

不妨先来聚焦一下这部戏：

沪剧《挑山女人》重视刻画人物，重视从人物的内心深处挖掘情感，整个作品具有很强的文学性和感染力。它不仅成功塑造了一个很鲜活、很真实、很有情感内容和深度的人物，还挖掘了这个题材所带来的时代审美价值。它绽放一种顽强坚韧、自强不息的生命气象。不少观众也讲到这部戏所蕴含的担当意识，但我觉得这部作品不仅停留在这些层面，还写出了特殊情境之下的人性特点、心灵世界，写出了传统道德教化底下的一位平凡女性的许多可贵闪光点，也写出了我们中华民族血脉相连的人间真情。那种特殊境遇下的母子情、母女情，那份伟大的母爱，那种感天动地的无私大爱，那种特殊境遇中的抉择，于今天无疑非常值得弘扬、思索。不少人不是痛恨现在人心不古、道德滑坡、世风日下吗？这样一个作品的出现，能净化社会风气、励人心志。它呼唤的是一种真情、美善，一种内心的纯粹、崇高。所有这些“意义”，在戏中又是非常自然地存在着，而不以矫揉造作的煽情野蛮拼贴于作品之上，也不是将所谓深刻主题、思想任意拔高于其间。

它的文学性属于戏曲文学意义上的文学性。它所编织的情感链条和抒情性质非常符合沪剧现代戏的审美特点。它的文学性来自于质朴、真实，来自于人物心灵深处的情感张力，来自于作品所具有的深邃的文化底蕴、“人学”内涵。

真没想到，这样一部表现乡间平凡小人物、无比质朴的现代戏曲会出自繁华的大都市上海并被广为流传、津津乐道。后来，我阅读了有关资料，才觉得《挑山女人》的横空出世原本就应很正常、很自然的一件事——沪剧是相当年轻的一个剧种，起初出自农村，但很快便进入上海等城市舞台。上海沪剧是城乡结合、土洋结合的产物，是上海独特的文化底蕴和文化环境培育浇灌出的一个有个性的地方剧种。这个剧种的特点首先当然是方言和声腔所决定的。

同时，我想它与这一方特定的人文、地域心理因素也非常有关联。所以，看上海沪剧，依稀得以观照上海老市民的“心灵成长史”中的某些截面。在物欲横流、人们都忙于各种事务、疲于利益之争的今天，像《挑山女人》这样的戏，因其通体质朴、触及灵魂而走进上海乃至全国众多观众的内心深处。

对于立在舞台上的戏曲作品而言，一部好作品必然要在综合意义上达到相对完善。

该剧在舞台形象和样式的选择上，既不是无中生有，亦非一般性的照搬现实。尽管此剧舞台呈现总体上偏向写实化倾向，但它写实中有写意的特点也不应忽略，舞美由此拓展了意义空间的审美层次。这个戏的舞台设计，完全是贴切这部戏的剧本内涵、剧本结构以及这部戏的文学性。粗看上去，好像它是现实生活当中的场景再现，但稍加留神，便会让人觉得它已然经过很大的提纯和提炼。比如说，一些石头的运用，石块垒成的台阶，还有山石、山路、悬崖、峭壁、远山以及路旁那些腰杆挺直的大树、岩石缝隙中顽强生长着的小花小草……这些场景或形象的组合、点缀都不乏还原生活的原味、升华艺术的意味、韵味。在质感上，它更着力体现一种坚硬、刚强、苍凉、冷峻的特性。这种特性跟主人公的性格、命运、内在精神意志天然吻合。

写实化的景物造型手段出现在戏曲作品当中，受到的各种争议、非议、质疑历来颇多。其实，不少成功的实践证明，写实布景作为舞美的一格，它有存在的合理性，其艺术探索的广阔空间和独特价值颇值因戏而“议”。传统戏曲的“一桌二椅”样式结构、舞台思维是一种基本原理。对这种基本原理，我们继承它更多的是其精神、原则，而非外在化形式。我们完全可以也有必要根据剧种的不同、剧目形式类型的不同、作品题材内涵的不同，而作一些适当调整和变化。戏曲在限制当中获得自由，其舞台形式的拓展上仍然很鲜活、很开放，可作为的空间仍然很大(这一点，在大量的新编新创剧目当中已得到了很好的验证)。对于现代戏曲出现写实化布景，我们不应先入为主地设定某些所谓前提条件，简单武断地给予否认或排斥。事实证明，现代题材的戏曲剧目，有着比传统戏、新编古代戏更有利地运用各种景物造型手段的机遇和条件。沪剧《挑山女人》亦然。艺术之所以充满魅力，就在于它是多元多样的各种艺术表达、追求，给人充分的自由和想象。艺术本身是自由的，创作者的思想及其表达方式、形式也是自由的，所以给予戏曲舞台的空间处理和形式表达也应该是自由的。一台戏的舞美，不能因为它是写实化的处理就给予它绝对的否定。相反我们要从剧种特色、作品内在精神意涵、整体风格协调性上，来给予它一种尽可能恰当的衡量、考量。

我们知道，要解决戏曲表演跟舞台布景之间的矛盾，首当其冲的，就是解决演员表演与舞台布景之间的某些冲突矛盾。布景如果给戏曲化表演带来了制约，给时空转换带来了干扰或者限制，那这个作品可能就存在问题。而这部戏，它提炼了时空，浓缩了时空，几个主要的场次的时空都进行浓缩化处理，几个大的场景也都被浓缩在同一地点，所设计的场景在写实当中仍然可以发挥它的作用。当然这一点会让人觉得它很像话剧，但是别忘了沪剧身上的包袱不大，毕竟它在表演艺术上不同于程式化明显的古老剧种。这个剧种在形成发展过程中，受到上海独有的文化环境影响，在吸收外来文化的时候，它跟重视生活体验的话剧的关系是比较靠拢的，或者说，它受话剧影响较大，所以“不妨称之为‘边缘型戏曲’”(龚和德语)。因此我们不要以一般的戏曲，特别是古老剧种的舞台时空处理办法、经验、套路来衡量它、要求它。我想，如果过分模式化、经验化则会让我们陷入另一种极端，陷入不必要的僵化、被动的深渊。

这个戏的舞台所传递出的一种形象、力量，很多地方让人感觉有点喘不过气来——它是一种压迫感，生活的窘迫，生活的艰辛，道路的崎岖，崇山峻岭的险峻，路途的遥远，这些都是一种信息、意蕴，是对戏剧内在精神的呼应、吻合或映衬。包括远处山路延伸出的"一线天"，也是非常有内涵，给人有一线希望的生气，都很好地呼应、渲染、点化了主题。一堵土墙，一张桌椅，一张床榻，一台黑白电视，几张奖状，都非常写真，简单而明了，主人公贫困窘迫的真实生活状态得以点示。

道具的应用，恰到好处地挖掘了主题的意蕴，挖掘了人物的心理世界、内心情感。比如说扁担的应用，在戏里就起到了很好的传递人物情感、表达角色内心的作用。它俨然是生活负担的象征，它挑起的是责任，挑起的是生活的艰难，挑起的是对整个家的大爱。戏中，守寡女主人公抛弃了自己的追求，其情其义，演员也借助扁担很好地传递出来。扁担在戏中俨然是一种情感的密码、情感的象征、情感传递的媒介。比如说成子强要追求女主人公，但由于各种原因让他苦苦等了整整七年，扁担上面因此刻下七个"等"字。女主人后来知道了，有点动心，却又因为她女儿的强烈反对(不希望自己母亲改嫁离开这个家)，所以作为人母的她又牺牲了自己的爱情，她就把扁担作为一个纪念品留给成子强，以此埋藏内心深处的一段情爱。这里面，它又是一个情感的载体，既是珍藏爱情的纪念品，也是她对内心深处情感的忍痛割舍的一个舞台动作。后来，等到女主人公有条件和成子强谈婚论嫁时，意外传来成子强因为火海救人牺牲了自己，女主人公又把扁担作为纪念成子强的一个象征物，让人看到扁担就好像看到成子强，扁担由此被拟人化了，被赋予了生命的温度、情感的深度和力度。

千千结等其他道具的应用，也非常巧妙地展现了人物的内心世界，帮助外化了人物的情感。

这部戏的灯光会随着人物时空、情感的变化而流转、渲染、说话。在为人物心理空间的外化、剧情的推进、戏的节奏把握诸方面，都完成了自己的角色定位，出色地完成了自己的使命。此外，音效的作用也给这部戏增添了力量。总的来说，这部戏的舞台呈现是成功的，舞台美术在帮助表演、帮助人物塑造方面，起到了独特作用。此外，在外化人物心理情感、深挖主题意蕴等方面也都起到了不可或缺的作用。

现代戏的成长、发展、完善与舞台美术家的探索、创造密不可分。舞台美术在为表演提供合理准确的时空的同时，也为演员表演提供造型空间，诚如理论家李春喜所说——舞台美术是"表演造型空间"的艺术。这部戏总体上感人至深，离不开舞台美术对戏剧情境的渲染，对人物情感开掘、内心表现、剧情推进的推波助澜。

此戏是现代戏曲探索建设中又一部代表性佳作，也是文学性与舞台性方面结合上佳的一部成功之作。

这部作品属于现实主义题材的作品，现实题材的沪剧做出戏味已非同小可。沪剧要做出更多的诗化生活的戏曲神韵、意趣，拥有更多的属于戏曲的"招之即来、挥之即去"的自由舒展，从而达到更高的艺术品级，想必非常之困难，但这部充满实力、魅力的沪剧在这方面还有余地、潜质，包括其舞台设计在形象的提纯度、绘画性以及虚实结合微妙关系的处理上，尚有商量加工余地，我因此期待《挑山女人》及其所在剧团今后通过努力能抵达更加美好的彼岸。

有了担当生命才如此辉煌

何玉人
（中国艺术研究院研究员）

“有了担当，生命才如此辉煌！”这是我看了沪剧《挑山女人》后受到的最大启示。担当不仅是一个沉甸甸的词，还是一种责任和使命。这种责任和使命既有社会历史的传统，也有个体的努力和奋进。

早在二十世纪初期，在朝代更迭、战火连绵的民族危亡时刻，上海以它特有的人文情怀、地理位置和社会环境，接纳、保护、传承了昆曲、京剧等戏曲艺术，还为培育沪剧、淮剧、越剧等剧种的发展提供了重要的演出阵地和观众支持，为这些剧种此后的赓续发展提供了可能。一百年后的今天，当历史进入一个新的发展时期时，上海为崛起、跃动、腾飞的中国文化作出了新的贡献，在戏剧艺术领域取得了令人瞩目的成绩。这是历史赋予上海的荣耀。所以，沪剧《挑山女人》的出现不是偶然的，它既与上海的文化传统有关，也与剧种、剧团自身的艺术追求和执着探索相连。沪剧《挑山女人》是上海戏剧向这个时代奉献的一部令人喜悦的好作品。自搬上舞台以后，剧中的女主人公震撼了无数人的心灵，感动了无数的观众，受到广大观众深深的喜爱，原因是多方面的，我想主要在于以下几个方面。

一、继承和弘扬了本剧种的艺术传统

沪剧的历史并不长，如果从早期花鼓戏、本滩、申曲，到当代沪剧，大致经历了两百多年时间。单就沪剧而言，它是在演文明戏和时装戏的申曲基础上发展而来的，从 1941 年上海沪剧社成立时更名为“沪剧”，到如今仅有七十多年，这七十多年沪剧始终根据自己特有的社会环境、地域风情和人文情景打造着剧种独有的品质，创作演出适合本剧种特点的剧目。沪剧富有浓郁的江南乡土气息，曲调委婉优美，擅长表现现代生活，抒发底层人生活与生命过程中喜怒哀乐的情感，以此形成了剧种自身独有的艺术审美定位和剧目风采。例如，早在 20 世纪二十年代就演出了根据文明戏改编的《恶婆与凶媳》、《杨乃武与小白菜》、《玲玉香消记》、《马永贞》等，根据新闻报道编演的时装戏《黄慧如与陆根荣》、《空谷兰》、《少奶奶的扇子》等，根据外国戏剧改编的《铁汉娇娃》、《蝴蝶夫人》、《母与子》以及《秋海棠》、《雷雨》等等。1953 年上海人民沪剧团的成立，使沪剧的发展跃上了一个新台阶。20 世纪五十年代出现了如《罗汉钱》、《白毛女》等，六十年代演出了《芦荡火种》、《红灯记》等，此外《鸡毛飞上天》、《黄浦怒潮》、《被唾弃的人》、《日出》等，都是沪剧的保留剧目。近年来，沪剧始终致力于音乐唱腔、表导演水平和舞美等方面的探索、创新和发展。《一个明星的遭遇》、《明月照母心》、《今日梦圆》、《挑山女人》等，这些剧目在表现方式上更加丰富，艺术上更加成熟。走上了一条有独立审美追求的发展途径。

二、刚强贤良的母亲定会造就有出息的儿女

人们常说“爱情是永恒的主题”，其实，在艺术创作中，母亲、母亲与儿女也是永恒的主题。中国自古就有孟母三迁、岳母刺字等感人的历史故事，日常生活中寡母与儿女之间相依为生的故事就更多了。沪剧《挑山女人》讲述的这个故事与历史故事不同，它取材于鲜活的现实生活，是发生在当今农村的真实故事，就在人们身边，是无法回避的存在，是活生生的母子情和生命感受的艺术写照，是对人性、母爱、品德、道德和亲情的礼赞。

作品的感人之处首先源自于挑山女王美英的淳朴、善良和坚毅的精神品格。全剧在高亢的吼叫声、轿夫欢快的颠轿舞蹈动作以及阵阵响起的鞭炮声中王美英和丈夫张华结婚的喜庆场面中拉开序幕的。紧接着第一幕，5 年后身为独生子的丈夫去世，留下了年迈的婆婆和三个需要人照顾的孩子。儿媳王美英得到了一个去宾馆工作的机会，她以为这份工作可以挣到钱，会帮家里解决拮据的生活。不料，得到婆母的极力反对，于是她放弃了这份令人羡慕的工作。无奈的生存和窘迫的生活使她曾经产生了轻生的念头，在孩子们“妈妈”的呼唤声中，她警觉地感到，孩子们不能没有娘亲，她要为逝去的丈夫“奉娘亲”。为了抚育曾经恩爱的丈夫留下的三个幼小的孩子，她毅然拿起扁担成了令许多男人都望而却步的挑山“夫”。十年里，无论是大雪漫天的风雪日，还是除夕傍晚的欢乐时，她艰难而又坚定地行走在挑山的路上，踉跄的趺趺绊绊，疲乏的身子，酸痛的腰肢，她默默地承受着这一切，用挑山挣来的钱供孩子们读书、生活，用真诚的感情呵护着孩子们的成长，用坚毅的挑山精神鼓舞着孩子们自强自立的生活信念。在这个家庭中母爱是山，母爱是水，失去父亲的孩子们同样有母亲山一样的臂膀可以依靠，有母亲柔情似水的胸襟可以依偎，是母亲给了他们生活的信念和做人的自信以及对未来的美好憧憬。母亲是无声的榜样，榜样的力量是无穷的，有了母亲就有了实现他们每一个人梦想的机会。

孩子是父母的天，孩子是父母的地。作为母亲，王美英面对生活的困境所表现出的坚强和担当，其动力也正来源于对孩子的责任、来自于难以割舍的母子亲情。当她披星戴月回到家时，孩子们欢快的笑声，为她搬椅子，为她掸雪花、捶腿，也带给她温馨。尽管过年也只能吃到青菜、萝卜、豆腐和大葱，但是，乖巧上进的孩子、和睦的家庭，给了母亲无限的慰藉和神圣的力量，这就是母爱力量的源头和动力。剧作所呈现的故事并不奇巧，结构也无一波三折的激烈冲突和错综复杂的叙事情节，讲述的只是一个母亲和三个孩子的普通故事，但是，正是平凡而又真实的人性美、道德美和中国妇女忍辱负重、朴实忠厚、善良坚强所形成的精神品格打动了千千万万观众的心。从她身上体现出的面对困难不屈不挠、勇敢无畏和贤淑善良的力量，彰显了当代社会所倡导的核心价值观。

三、生活的艺术和艺术的生活

生活的艺术是说艺术源自于生活，艺术的生活就是用艺术表现生活，当生活成为艺术时，

它一定比实际的生活更丰富、更集中和更能打动人。沪剧《挑山女人》根据安徽休宁县齐云山脚下农妇汪美红的真实故事进行创作时，剧作进行了合乎情理的艺术创造，从生活真实进入了艺术真实。为了使剧中的母亲形象更加丰满，人物更加真实可信，编剧特意设置了与王美英息息相关的两个人物，一个是王美英的婆婆，另一个是挑山夫成子强。王美英的婆婆也是一个母亲，与王美英一样她也爱子如命，也深爱着自己的孙儿们。但是，她却不喜欢、不信任与儿子相爱、结婚五年的漂亮媳妇，她没有抚养孩子们的勇气和胆魄，不希望失去儿子后的媳妇再婚和追求幸福。她放弃了家，割舍了亲情，离开了年幼的孩子们，使自己成为一个孤独之人。面对婆婆的绝情话儿，劈面的羞辱，拼命的猜疑和怨恨的离家而去，王美英勇敢地挑起生活重担，坚强地面对人生，挑战自我、挑战生命、挑战生活的不幸。于此，王美英的形象更加真实感人，一个贤惠温柔、可敬可爱的中国母亲的形象跃然于舞台。当然，剧作还赋予了年老的婆婆面对生活的无奈、失子的痛楚和渴望孩子们长大成人的焦虑之情。作为一个艺术形象，老年失子的婆婆所面对的生活重负是令人同情的，同时，我们也从婆婆身上看到了传统观念对人性的束缚与扼杀，看到了人与人之间莫须有的羞辱和猜疑造成的委屈，这是对民族劣根性的深刻揭示与批判。

剧中的挑山夫成子强，在王美英遇到困难的时候，毫不犹豫地给予她帮助，长此以往，两人产生了感情。但是，他们两人就像一根扁担的两头，一个在这边，一个在那边，难得相干。十七年中，为了各自的家，他们互相体谅、互相理解，在精神上相互温暖着对方的心，将款款的纯情深深地埋在心里。十七年对一个人的生命来讲是一个漫长的岁月。这期间，他尽孝送走了老人，她尽忠养育了孩子，他们在担当中、在被生存的艰难纠结中，度过了人生美好的年华。剧作没有按照传统戏曲大团圆的结局模式结构全剧的结尾，而是以一场大火烧毁了他们十七年的苦苦相恋。成子强见义勇为的牺牲值得赞颂，他身后留下的只是一根刻满了“等”字的扁担。这样的戏剧结局真可谓妙笔生花，独出心裁，它为戏剧升华出纯、诚、美的高远意境。总之，该剧以生活在底层社会的人为描写对象，真实、可信、感人，既有较强的现实意义，也有较高的审美意义，特别是剧作通过母亲的形象所表达的无私奉献、敢于吃苦、勇于担当、善良坚毅等多方面的主题意蕴，弘扬了中华民族的传统美德，也体现出崭新的时代精神，给了我们许多启迪与思考。

除以上之外，剧中“天上日头么歇歇夜，月儿相帮么来照亮也。地上女人么不得歇来，歇来香火么要断档哎——”的一段唱贯穿全剧，既点题又优美，唱出了沪剧的韵味，唱出了沪剧的特点。特别是华雯的演唱于哀怨缠绵、委婉悲切中透出刚柔相济、雄浑亮丽的韵味，使宝山沪剧团六十多年发展中，以杨飞飞“杨派”唱腔所形成的流派风格得到很好的传承和发展。现代戏很难演，现代戏对演员的身段、表演和演技提出了更高的要求。但是，华雯的表演声情并茂、刚柔有致、有张有弛，她的表演是成功的，华雯无愧于“出新花旦”的美称。我个人认为：如果在舞台呈现上更好地融汇运用戏曲艺术的表现手法，空灵一些、写意一些，或许会更好一些。当然，这个问题，也是戏曲现代戏面临的一个共同课题。

好一个“挑山女人”现象

郦国义
（上海文化发展基金会秘书长）

《挑山女人》的成功，让我们看到了上海文化界一个非常值得关注的现象——这就是宝山沪剧团现象，我想应该把这个理念提出来。宝山沪剧团华雯主演的《挑山女人》，是现代戏创作当中又一个值得关注的剧目。《挑山女人》遵循沪剧的创作规律，又弘扬了我们社会主义核心价值观，同时，满足人民群众的文化需求、艺术享受，这是很成功的。这么一个戏、这么一个剧团，放在全国的剧目、全国的剧团当中去看，都有其光彩之处。

《挑山女人》最成功的一点就是吸取了沪剧善于表现现实主义题材的长处，宝山沪剧团满腔热情地关注现实题材，是继承了沪剧创作的优秀传统。

我这两天重温了一下上海的沪剧发展史，尤其是新中国成立后的沪剧发展史，心里很不平静。沪剧是上海的戏，它海纳百川，有古典的传统戏，有“西装旗袍”戏，这“西装旗袍”戏甚至包括了外国的文学戏剧名著。从1949年到改革开放前，上海沪剧舞台上的现代戏创作有非常引人注目的光彩。有位戏剧研究大家曾说，沪剧就是在全国100多个戏剧当中，凭借现代剧目的创作优势，使她从一个地方戏成为一个全国关注的剧种。

查了一下历史，心里很触动。1949年5月上海解放，7月份上海就演出了沪剧《白毛女》，9月份演出了根据赵树理小说改编的《小二黑结婚》，10月份演出了《王贵与李香香》。

另外，上海沪剧舞台上的沪剧的保留剧目、优秀剧目，很多都是现代戏，最著名的是《罗汉钱》，1953年配合新婚姻法，它从小说改成了沪剧名剧。1953年有出戏叫《赵一曼》，赢得成功。据称在中国戏曲史上演出这样一个革命英雄人物，上海沪剧是第一个。1955年《星星之火》，是反映五卅革命斗争的戏；1960年《鸡毛飞上天》，表现一个上海民办小学教师的事例……还有很多很多的戏，比如《红灯记》、《芦荡火种》等皆是为人熟悉的好戏，这给人们一个启示：我们这几年出现了不少描写先进人物的戏，但往往成为“行业戏”，成为组织购买的戏，而非戏剧精品，这是很值得我们去反思的。

今天上海宝山沪剧团的《挑山女人》等三部现代戏都没有仅仅停留在政策宣传上，它可以成为沪剧的保留戏，也可成为将来沪剧的经典，这是很值得我们去研究的。

宝山沪剧团这么一个现象的出现，是遵循戏剧创作规律、传承沪剧传统的结果。为什么这么说？至少有三个方面。

第一是取材，沪剧改编大概来自三个来源，首先是成功的文学作品，就像《罗汉钱》、《小二黑结婚》;还有借鉴兄弟艺术的成果,比如像《红灯记》是从电影故事改编的;其三是从生活中取材,接地气。宝山沪剧团遵循了这么一个艺术规律。

第二个是怎么对改编进行二度创作。当年沪剧引入大艺术家执导。《罗汉钱》的导演是谁?张骏祥,原上海电影局局长,耶鲁大学的文科学士。《星星之火》导演朱端钧,大电影艺术家,后来在戏剧学院担任副院长。还有《红灯记》,《红灯记》的艺术顾问是应云卫,这三个大家指导下的三个沪剧都成为经典,这使我想到沪剧的发展必须借鉴兄弟艺术的大家来推动我们的成长。当年袁雪芬把越剧从乡村小戏变成了都市大戏,就是借鉴了现代的导演,借鉴了兄弟艺术门类的成果。《挑山女人》从编剧到导演都继承了这种传统。

第三个就是不断打磨。当年,《红灯记》是反复修改,当然其中有政治因素的折腾,但是其中也有全国文学戏剧精英的不断贡献。

今天《挑山女人》面临的任务就是继续沪剧的优秀传统不断打磨,用《挑山女人》的精神借全市之力将《挑山女人》挑上精品力作的艺术圣殿。

我下面简单说两点意见:

一、首先必须肯定李莉为这个戏作出了不可磨灭的贡献,包括里面的很多人物、情节塑造都已经超越生活。但是令人感到不满足的就是三个小孩的戏。这个挑山女人挑出了一双儿女进入了重点大学,这是最感动人的。但她是用什么样一种精神去感动教育孩子的却表现不足,就是年三十夜带他们上山,其实应该反映这三个孩子在母亲的感召下,他们的人格是怎么样成长的,他们是怎么继承父母这么一种独立自主的精神。我为什么要说这个话?因为我感到今天单有钱是不能把一双子女挑进重点大学,我们读书的时候是不能比爹的,现在比爹、比妈的比比皆是,穷人的孩子能进大学的不多,所以单给他这点钱,这些孩子还是进不了大学,孩子的成长倾向要有所变化。这是一个问题。

二、用挑山女人的钱让孩子读大学,这并不是社会的“亮点”,当然这应由政府和教育部门思考。但是用挑山女人这样的精神传给后一代人格的自立,让他能够跨进大学的大门,跨进社会上层的大门,这是我们应该重点抒发的。剧本后面这一部分上是有弱点的。

这个戏演出之后,湖北的《芳草杂志》又发表了一篇报道,这篇报道提供了三个孩子在母亲的感召下是怎么成长的,我都复印了一份,奉献给李莉,里面有三个事件我觉得很感动。一个事件是,在学校里这两个孩子受到人家的歧视,这在现实社会生活中也是很难避免的。然后儿子感到了这个现象以后跟母亲有对话,他看到了母亲那双脚,回去就帮母亲洗脚,这个情节很打动我。第二个情节是,这一双孩子在初中毕业的时候就帮母亲出去打工,两个人在暑假打了工,花了很多钱买了一个蛋糕帮母亲过生日,当天母亲回过来看两个孩子,没想到那个男孩子的脚也烂到发臭了,这个剧情是值得我们这个戏去表现的。《挑山女人》中一个母亲和三个孩子的遭遇,类似的社会情景不应该长久的延续,但是我们下一代有没有“挑山女人”这样一种精神,有没有人格自立的精神,这是非常重要的。我们希望把这个戏放在全国的舞台上,使它有更大的感召力。

感人肺腑的大写之"人"

毛时安
(上海市政府参事,文艺评论家　中国文艺评论家协会副主席)

每个时代都会呼唤期待着文艺作品中的"时代英雄",都会呼唤期待着属于自己时代的那个大写的"人"。我们生活的时代尤其如此。但我们往往误解误读了这一艺术使命,把它理解为不食人间烟火的"崇高",理解为像传声筒那样去对时代精神作概念的演绎,理解为形式宏大华丽的"英雄叙事"。结果让美好的创作初衷迷失在了意图的密林里。这是一个深刻影响、制约着当下创作实践的理论命题。由沪剧名角华雯主演、上海宝山沪剧团创排的现代戏《挑山女人》,以其朴素感人的戏剧叙事,明快地回应了这一长久以来令我们纠结不已的心结。戏一上演就演出了 30 余场,而且连演连满。许多观众坐在剧场里,目不转睛地看着山区女人王美英在山间、在小屋,进进出出忙里忙外,为她热泪盈眶,潸然泪下,一颗心自始至终被她牵着揪着跳动着。

《挑山女人》不是一个戏剧情节曲折复杂的戏,也不是一个人物命运跌宕起伏扣人心弦的戏,更不是一个外部冲突激烈动荡波澜叠起的戏。相反,它的故事简单明了。就像被蓝天勾勒出来的齐云山的巍峨轮廓,一清二楚:一个名叫王美英,年方 25 岁的山里女人,丈夫突然故去。为了抚养亡夫留下的三个孩子,她毅然咬牙选择了挑夫的职业。从此,17 年风里来雨里去,她挑着担子走在陡峭崎岖的山路上。终于,三个孩子在她 17 年留在山路的脚印中长大成人,她欣慰地完成了一个做母亲的女人应该做的事情,也失去了与她擦肩而过的爱情,抱憾终身……

但它简单却不单薄,在简单中蕴含着丰厚的人生底蕴。这是一个由中国社会最底层草根女子用坚实脚步,用生命光阴演绎的,决不轰轰烈烈叱咤风云,但一定会让人百感交集、肃然起敬的精神传奇。是一部表面平淡无奇毫无时尚新潮,却能使每一个当代人去反复回味思考一些人生根本问题的文艺作品。从戏曲美学的角度来看《挑山女人》,它是一部走情走心走人物的戏。

《挑山女人》摒弃了当下流行时尚戏曲剧中那些附加的苍白的浮光掠影式的"好看"元素。它以戏剧最原始最本元的要素,朴素、动人,感动着观众。它让戏剧回归到艺术本真的原点。首先把艺术的关注目光全部聚焦到人物的身上。在写意而截面的挑山生活中,让观众清晰可辨地看到王美英洒落在齐云山蜿蜒山路上结实而沉重的人生足迹。第一次挑山就尝到了力不能支砸碎箩筐里的鸡蛋而收不抵赔的苦涩。大年三十忍着脚伤冒着风雪带孩子一起挑山的果敢坚定，直到十七年后目送成材的孩子们走出深山老林的那缕深情的目光和无限的感慨。毫无疑问，《挑山女人》塑造了一位中国底层社会堪称“伟大”的母亲。但作品并没有把日常生活中平凡的“伟大”变成一个符号化的“伟大”。它千方百计地把艺术探寻的触角深入到王美英的内心世界，使最后凸显出来的“伟大”，始终带着能为观众所理解的最日常、最凡俗的动机。选择挑山，她并不是想去创造什么后来人们笔下齐云山唯一挑山女人的传奇，而是身处丈夫去世，婆母怨言，三个孩子又实在太幼小的绝境中，找到一个“既能一家数口活命，又能放心家中幼小孩子”的最现实的选择。同样，大年三十，也只是为了“一趟能赚三趟”挑夫钱，可以交了孩子新学期的书本费。世界上有比较纯粹的完全出自于信仰的伟大。但是，更多的“伟大”都是像王美英这样在看起来极其个人凡俗甚至有点卑微的内心世界中堆积、升华出来的圣洁的“伟大”，让人物的每一个决定，每一个行为，每一次波动，都有日常生活中切实可信的非艺术家强加给人物的心理依据，让人物的外部行动折射出清晰的心理逻辑，是王美英作为艺术人物内心世界的感人之处。

《挑山女人》把艺术关注的笔触投入到人物内心世界的时候，努力把外部世界的矛盾，转化为她内心世界的犹豫、彷徨、痛苦、冲突和选择，尤其是情感世界的矛盾和冲突。在王美英内心深处贯穿始终的是女人和母亲的角色冲突。作为女人，她一开始就“思来想去无路走”，想到过死。但作为母亲，“幼儿岂能失娘亲”，她只能选择坚强地活，选择挑山女人的路。作为女人，她已经听到了爱情的召唤，看见了新生活来临前夕的一缕曙光。山里男人成子强用十年默默无闻不求回报的关爱捂暖了她已被沉重生活麻木、冻僵了的心。作为母亲，面对恋人的情，孩子的心，她最后仍然痛苦而艰难地作出了诀别爱情，让儿女成材胜过天，重振精神挑山去的又一次重大的人生抉择。《挑山女人》的动人处在于对人物心理丝丝入扣的细腻把握。在成子强即将进城离别之际倾诉衷肠的那一刻，华雯并没有去表现王美英枯木逢春般的欣喜的状态，而是复杂真实地展示了她隐隐的喜悦和犹豫徘徊的交织心态，尤其是“事出突然”后，“安静下心来理理清”的第一反应。

而在《挑山女人》内心世界的身份和角色激烈冲突的背后，则是她情感世界中情感最后归宿何方的撕裂人心惊心动魄的冲突。诗有诗眼，戏也有戏眼。作为全剧戏眼的第六场，《挑山女人》把王美英和儿女们一时冲动激起的尖锐冲突和血缘情感的难舍难分，表现得一波三折高潮迭起。殷切期待用自己的含辛茹苦让儿女们成材的王美英，在重复听到女儿不去读书的瞬间，猛地举起右手欲打女儿，却让自己颤抖的手落到了自己的脸上。在情感世界面临崩溃之际，她在亡夫遗像面前声泪俱下，倾诉自己无法自拔的痛苦内心。接着，失明的大儿子大郎揭开自己十年来天天用母亲挑山的断绳打起千万个绳结去铭记母恩的秘密。这样，王美英最终在痛苦的情感冲突中坚毅挺直的身影里就有了各种力量交会的精神脊梁，人生天平的倾向就有了感情的砝码。可以说，全剧对于王美英内心情感的展示，基本做到了既层次清晰丰富又一气呵成毫不生硬，从而让人物在舞台上丰满立体起来。

《挑山女人》是一部走心走情走人物的戏，也是一部累心累情累演员的戏。华雯在戏中主演王美英，可圈可点，无论是面对困顿生活窘迫、焦虑，还是面对突如其来爱情表白的慌乱、犹豫，都把握着人物此时此地的心理分寸。无论是在听到儿子大郎受伤后抚摸的急切，几次追打女儿的欲打又止，还是在女儿倾诉自己对亡父情感时，她茫然失神的目光，走向亡夫遗像前的沉默而艰难的步履，都能在动作中展示出一种“无声胜有声”催人泪下的力量。夹杂着泪水和抽泣的大段内心的独白，从她人生的各个侧面透出了一个孤独的母亲五内俱焚百感交集的人生况味。最后一场当女儿成人，欲为母亲圆满人生梦想而得到成志强已牺牲火场消息后，有一段长达70句富于华彩意味的赋子板，更是快而不乱，字字清晰，充满激情，字字句句皆自肺腑流出，为自己充满母爱的一生作了富于价值启示录式的总结。在表现人物悲苦内心时，根据自己的嗓音特色，活用了沪剧老艺术家杨飞飞的杨派声腔，收到了极佳效果，也使杨飞飞开创的沪剧演底层人物“苦戏”的艺术传统，获得了一种富于时代精神的发展。华雯不是用技术，甚至不是用艺术，而是用自己身和心的全部投入，完成了一个大爱无疆的母亲的塑造。

对于观众，《挑山女人》会勾起每一个人对儿时母爱充满温情的情感记忆和人生回味。同时也迫使我们重新思考这个时代利他和利己的精神困境：在利他和利己发生尖锐冲突的时候，人究竟应该选择什么。

大美不言。王美英，一个平平常常的山里女子，17年时间，20万公里的山路，6000多次山下山上的往返，140双磨破的“解放鞋”，加上70根挑断了的扁担，见证了人的伟大，人性的崇高，见证了母爱的无私和圣洁。三个长大成人的孩子，用他们的生命和未来，为自己的母亲塑造了一座齐云山一样壮丽、朴实的“人”的丰碑。汉字中的“人”字最好写，一撇一捺，只有两笔。是童稚启蒙最早学的几个字中的一个。而现实生活中的“人”字最难写。因为要写好这个“人”字需要一生的努力，一生的兢兢业业，一生的劳作奉献。经历过生活风雨而沧桑的人，回顾人生的漫漫长路，才会领悟明白“人字原来大如天”的道理。

我们期待有更多的艺术作品，去塑造那些默默无闻为中国的前进贡献着自己，凝聚着人性的所有美好情感，为温暖人心提供着强大正能量，那些来自社会最底层，却常常被艺术忽略的大写的人。

戏曲现代戏理论建设的一种范例

罗怀臻

（中国戏剧家协会、上海市戏剧家协会副主席，上海市剧本创作中心艺术总监）

从“有艺术含量的宣传品”到“有教育意义的艺术品”，沪剧《挑山女人》经过不断修改，精益求精，有了质的提升。在这个修改提升的过程中，我看到了华雯和她领衔的宝山沪剧团的努力，也看到了华雯有如“挑山女人”般的坚守坚持和奋斗奋进。沪剧《挑山女人》历经磨难，终成正果，沪剧演员华雯也同步成长，百炼成钢，完成了她在沪剧表演艺术方面长期追求的精进升华。

首演之时，我注意到了观众的眼泪，有时观众席间简直就是一片唏嘘。观众的泪水，一度曾是媒体报道的焦点，也是演出者的骄傲。现在再看演出时观众的反应，显而易见，泪水少了，剧团也不必再为观众准备纸巾了。为什么演出更加精彩感人了，观众却不再稀里哗啦流泪了？其实，是《挑山女人》的感情境界提高了，她已经从作用于观众的感官到作用于观众的心灵。就如我们欣赏一般的“苦戏”，很容易触动感官，容易流泪；如果我们欣赏的是一出有内涵有力量的悲剧，我们则不会轻易流泪，但会触动心境，心房会颤动，进而产生敬畏之心，净化心灵。“苦戏”让人落泪，但容易遗忘；悲剧让人静默，却难以释怀。

戏曲现代戏研究会为沪剧《挑山女人》颁奖，并且为之召开理论研讨会，围绕这部作品探讨戏曲现代戏的理论话题，很有必要。

近些年来，我们习惯以京剧的程式规范来衡量京剧以外的所有地方戏剧种，检验一出新创戏曲现代戏是否足够“戏曲化”，有时并不考虑它是什么剧种，有什么独特的表演传统渊源，而一概以是否运用了京剧的传统程式，运用了多少，来作为它的价值判定。其结果很可能是，京剧在逐渐同化自己的同时，也将逐渐同化地方戏曲。浏览全国的戏曲创作和演出，趋同化的问题日益严重，传统戏、新编历史剧、戏曲现代戏，几乎都是一个标准，一种模式。这个局面，到了需要大声疾呼的时候了。让京剧成为京剧，让地方戏曲成为地方戏曲，让京剧和地方戏曲的不同剧团，在不同地域绽放出各自不同的美丽。唯有如此，中国京剧和各地方戏曲才能真正恢复百花争艳的良性生态。

有些戏曲理论或提法由来已久，渐成“共识”，其实深入想来，往往大而化之，不得要领。

首先说说“话剧加唱”。沪剧是不是“话剧加唱”？沪剧《挑山女人》是不是“话剧加唱”？我看沪剧从前是“话剧加唱”，《挑山女人》现在是“话剧加唱”，整个沪剧剧种今后的所有新创剧目还将会是“话剧加唱”，沪剧唯有坚持“话剧加唱”才是沪剧，否则沪剧就有可能被京剧或者越剧同化了，沪剧也就不成其为沪剧。沪剧如此，江南的所有滩簧剧种如此，北方的评剧、曲剧也是如此。现在滩簧家族的有些剧种或有些剧种的有些剧目，已经被京剧越剧同化得差不多了，评剧曲剧的有些剧团的表演风格则正在有意无意地京剧化、梆子化，甚至歌舞剧化。包括滩簧剧种和评剧曲剧在内的许多地方戏剧种，其渊源都不是京剧，而是早先的文明戏——话剧，或曲艺说唱。这些剧种因为形成较晚，受到城市艺术包括话剧、电影、曲艺的影响，擅长于编演现代戏，较少传统戏曲程式，与城市观众尤其青年观众的心理距离很近，渐渐形成了各自不同于传统程式比较深厚的京昆梆等古老剧种表演特点的个性特征，而今却要放弃自我，扬短避长，重新蹈入传统剧种的表演模式，实在是张冠李戴，本末倒置。

沪剧《挑山女人》坚持了“话剧加唱”的表演风格，主演华雯在人物心理真实性的体验方面，可以与优秀的话剧、电影、电视剧演员媲美，她的心理体验完全是现实主义的，是“真看”、“真听”、“真想”，没有丝毫行当化、脸谱化的传统戏曲表演痕迹，而她的舞台动作则来源于生活，又对生活作了非京剧化的提炼与美化，不仅有独特的身形，也有独特的舞姿，其他同台的演员也都没有刻意运用传统戏曲的程式规范，可是我们并不怀疑这不是一台沪剧一台戏曲。沪剧《挑山女人》这出现代戏，也没有引起“是不是戏曲”的争议。

其次说说“实景制作”。近些年，戏曲舞台的“实景制作”成为诟病，也是依据了京剧“一桌二椅”写意舞台的影响。是否需要实景制作，应该因戏因题材而异，而不是所有的剧目创作都只能简单地遵循写意风格。尤其对于程式化程度不高的剧种，单调的舞台设计，恰恰要了内容表达和情感抒发的命。近年里我们不断看到的一些所谓“大写意”戏剧，唯美到了失血，空灵到了可怖，没有多少程式功底的演员在空空荡荡犹如文艺晚会的舞台上，除了主要演员单调地飘来飘去、唱来唱去摆造型，就是神出鬼没、一哄而上地跳群舞。

舞台是生活的场景，演员需要有生活环境的衬托，必要的生活氛围和实景环境有助于演员的表演，也有助于观众入戏。同时，舞台美术也是一门独立的艺术，任何科技影像声光电色都不能取代舞台美术家的艺术创作和手工制作。如上世纪五六十年代上海越剧院的舞美风格，可以说没有一台戏不是人工绘制的布景，可是我们能说它不戏曲不写意不空灵吗？上海越剧院的四大经典剧目《红楼梦》、《梁祝》、《西厢记》、《祥林嫂》恰恰是中国戏曲舞台美术的典范。沪剧《挑山女人》在上海越剧院优秀导演孙虹江的带领下，继承了具有戏曲写意精神的实景舞美创作和制作，为演员和观众提供了既具有真实的生活质感又具有艺术的典型环境的舞美空间，应该说是独具匠心的。

最后说说“戏曲音乐”。在戏曲音乐尤其是伴奏音乐方面，我们通常在强调剧种音乐纯粹性的同时，泛泛地抵触西洋乐器。随着富有现代音乐素养的作曲家对戏曲音乐创作的介入，随着现代观众在听觉艺术方面日益丰富起来的需求，仅凭几件单调的民族乐器已经难以表现丰富复杂的戏曲舞台人物情感，难以渲染戏曲表演的氛围情势。在不失缺戏曲风格剧种特点的前提下，适度借助西洋乐器的表现力，以丰富戏曲民乐的表现，何乐而不为呢？

沪剧《挑山女人》的作曲家汝金山先生，涉猎的剧种多，判断剧种音乐特点的能力强，他在《挑山女人》中所运用的音乐配器配制，极大地丰富了沪剧听觉艺术的表现力，也丰富了沪剧的音乐，而我们听将下来，沪剧还是沪剧，甚至更加沪剧。

从生活本质到艺术追求

马博敏

（上海市戏剧家协会顾问，上海京昆艺术发展咨询委员会主任）

首先要感谢，我觉得真的现代戏研究会对这出戏的高度评价和今天研讨会的主题，非常好，非常感兴趣，对今后的现代戏推动，我觉得是有作用的，因此我有备而来，谈谈我的体会感想。

我的题目是“从生活本质到艺术追求”，完全切题的。宝山沪剧团创作演出的《挑山女人》上演以来，获得各方面的赞誉，叫好叫座，欲罢不能。原来是组织观摩，现在是希望请求他们去演出。走进剧场的观众，无一不被王美英打动，一个农村妇女的故事能在上海滩受到如此广泛的热捧，实在是为之骄傲。总结其原因有多方面：有对题材的选择角度，有对观众的认知重视，有领导层面的关爱支持，有对艺术的精益求精，但我以为创作团队不仅做到对生活体验的高度认真，而且特别注重对真实生活中原型人物的深度开掘，是该剧成功的根本原因。

中国戏曲现代戏研究会为《挑山女人》颁发戏曲现代戏突出贡献奖，我觉得是当之无愧的。将研讨的题目定位“从生活到艺术”，确实切中了《挑山女人》艺术成就的核心，大力地发掘生活本质，热情地体现艺术真实。写戏难，写当代戏更难，尤其是要把生活原型还健在的人物事迹搬上舞台，本来就是自讨苦吃的事情。生活在大都市的上海艺术家，却要上演一部远离自己生活的山里人的故事，弄不好就更可能是自讨无趣。然而宝山沪剧团甘心自讨苦吃，而且一炮打响，这是艺术家的社会责任和艺术追求共同作用的必然结果。宝山沪剧团长期以来关注现实生活题材为己任，坚持深入生活，已经创作了多部反映现实生活的优秀作品，《挑山女人》就是长期坚持和深厚积淀以后的一次自然爆发。生活的本质不是坐享而来的，发现生活中的美要靠艺术家强烈的社会责任。宝山沪剧团就是一群具有社会责任感的艺术家，有责任感才会具有发现生活本质的慧眼。作为一团之长的华雯，敏锐地捕捉住了“挑山女人”的信息，表面那么平凡普通，但是内心却有着非比寻常的坚强善良和一种大爱精神。华雯触摸到了在这个女人身上可以转换的戏剧因素，内心激起了要写她、演她的强烈冲动。于是她到安徽去深入生活，直面这个挑山女人的生活，一次又一次认真地体验生活，使他们不仅捕捉到贫困山里人的生活状态，为艺术创作提供了丰富的依据，更可贵的是华雯和原型真诚地交了朋友，让他们了解到这个性格内向的女人从来不对他人吐露的心声，得到了在精神层面上刻画这个人物的依据。

编创人员把深入生活的感动，凝聚成一个共识，把《挑山女人》搬上舞台，把挑山精神传播出去，所以没有生活中的汪美红，就没有《挑山女人》这部戏，这是一个不争的事实。但是生活的真实并不等于艺术的真实，艺术真实是需要锤炼的，而提炼得好不好，考量的就是艺术家的创作功力。我最近也看到不少戏，反映现实生活的戏剧作品。原来看报道的时候很感人，人物也很生动，但是搬到了舞台上，却因为不可信而不能打动人，原因可能就在于创作者对生活理解的肤浅，《挑山女人》的成功就在于成功地实现了从生活真实到艺术真实的跨越和提升。原型汪美红生活艰难，命运坎坷，讲故事必定会让人同情流泪，但是《挑山女人》更注重眼泪背后的理想志气和自强不息的精神，注重凸显主人公的精气神，是主创主演们共同的最大追求。华雯等表演者以他们饱满的表演激情和声情并茂的唱腔功力，准确地创造了舞台上的每一个角色。今天我们可以肯定地说，要演出挑山女人的精神追求是实现了。舞台上的华雯，她的举手投足，她的喜怒哀乐，她挑山的步履艰难，甚至于她坐在地上失声痛哭的形体形态等等，一切都让观众完全相信眼前这个人已不是演员华雯，而是山上那个永不低头的挑山女人。观众一次次为这个挑山女人的高尚品德感动流泪，一个具有勤劳勇敢、仁爱善良美德的中华民族女性的艺术形象，成功地树立在了舞台上。

生活是艺术创作的源泉，这是一个永恒的命题。《挑山女人》是一个从生活到艺术的成功范例，研究它是为了今后出现更多这样优秀的现代戏的作品。

感人的《挑山女人》

荣广润
（上海市戏剧家协会顾问，上海戏剧学院原院长）

近日，宝山沪剧团的新作《挑山女人》引起了戏剧界专业人士和观众的关注与好评。其实，这个戏迄今还只在宝山区内演过，但一演就是26场，且口碑越演越好，有观众甚至连看几场欲罢不能。看过者皆称赞此戏感人，颇为难得。

《挑山女人》取材于真人真事：皖南齐云山下的汪美红丧夫后做起了当地唯一的女挑夫，漫漫17年肩负重担上下于高达3700级台阶的山间，独立抚养三个孩子，培养一双龙凤胎儿女考上重点大学。这是一个平凡普通的女子，又是一个了不起的、令人肃然起敬的女子。但生活中感人的人和事，搬到舞台上未必一定能打动人心，有时甚至不能令人信服。这样的例子我们并不少见。而《挑山女人》不作太多刻意的雕琢，更不作华丽的包装，以平实的笔墨，深入到人物的心灵世界，将人物的真情实感娓娓地披露给观众，激起了观众的共鸣，取得了良好的艺术效果。

这个戏的主人公王美英没有豪言，没有光环，只是个山区的农妇。剧本着力展示的是她的命运跌宕以及由此而来的她的喜怒哀乐的情感世界。序幕中，简短的一段唱渲染了新嫁娘王美英对美好生活的憧憬。第一幕即是丈夫的意外死亡带来的她的命运变化：膝下5岁的大儿子先天失明，一双龙凤胎只有3岁；婆婆本就反对儿子的婚姻，儿子的死更使她认为儿媳是扫帚星，为防其改嫁，将三个孙儿全丢给王美英而置之不顾。沉重的打击下，王美英想到了死，而孩子的哭声让她把母爱化为了挺身面对厄运的勇气和责任。挑山，于男性都是极苦的重体力活，于女性，其艰辛，其繁重，更不待言，何况一挑就是17年。戏中，这些都凝聚到了第三、四场那第十年的除夕夜。靠好心人送来红烧肉才有荤腥的年夜饭，为得到三倍工钱而临时接下的冒雪上山送货的活，寥寥几笔，却道尽了王美英人生路的崎岖和她的坚韧。上山途中，一个细节令人动容：12岁的儿女随她一起上山送货，山陡路滑货重，令两个孩子摔倒崖边，也让孩子想到要帮帮妈妈，但他们用尽力气却无论如何也挑不起妈妈的担子，他们哭着抱住妈妈，真正感受到了妈妈肩上所负的生活重压。这样的笔墨，很朴素，很白描，却有很强的情感冲击力。

除了写王美英挑山育儿之外，戏里还从生活实际素材中提炼出了另一条情感线索。这条线时隐时现，若有若无，却真切实在地丰富了人物的大爱之心。挑山途中，一个憨厚的男子成子强默默地出现在了王美英身边，几次相助，又悄悄走开，年年除夕都送来红烧肉，却从不露面。王美英心中起了涟漪，却不愿去触碰。十年过后，成子强终下决心表露心迹，王美英也为此情所动，可12岁的女儿幺妹受奶奶影响怕妈妈离去，出面阻挠，王美英担心孩子因此影响学业，还是埋下了这份浓浓的感情。待等幺妹弟郎双双考上大学，幺妹为补7年前的冒失，进城去找成子强，谁知带回的竟是成子强救火遇难的噩耗。王美英闻讯，伤心欲绝，但在人前拼命克制，待送走孩子们，一人回屋，才号啕大哭一任悲情倾泻而出。这段情感写来含蓄内敛，人物克制的外表下奔腾着爱的汹涌，显得十分深沉，令人唏嘘难已。

饰演王美英的华雯在角色塑造上有新的突破。她根据《挑山女人》剧本题材的特点，基于实地深入生活的感受，表演上力求朴实无华情真意切，从而呈献给了观众一个感人的艺术形象。在戏的创作过程中，华雯两次到齐云山，和汪美红一起爬山，一起促膝谈心，还有机会读到了汪美红的日记，从其中含蓄的一句话体会到了她埋藏在内心深处的情爱。这给华雯的艺术创造打下了厚实的生活基础。在表演上，华雯特别着重于对角色的内心体验，并将体验与戏曲的抒情手段结合起来，使人物的情感表达更显真切。第六场，当幺妹表示为看牢妈妈情愿不读书时，王美英情急之中举手欲打女儿，华雯的表演是举起的手颤抖不已，最后却打向了自己的脸。失明的大郎以为母亲打了幺妹，待得知是母亲在自责时，由衷地倾诉了对妈妈的挚爱，此时，华雯以百感交集的情怀，用一段深沉委婉的唱，诉说了她对孩子们百般的爱，对成子强深藏的情，对生活磨难不屈的心。这样的表演，有艺术的美，有生活的真，因而有感人的力量。

宝山沪剧团现正在着手《挑山女人》的加工提高，因为他们不满足于首演的良好反响，他们的志向是要打造一个经得起时间和观众检验的精品，祝愿他们成功。

有此一精神，何事不成功！

戴　平
（上海戏剧学院原党委书记）

宝山沪剧团推出华雯主演的《挑山女人》，上演以来场场爆满，台上哭着演，台下流泪看，好评如潮。

这出戏取材于安徽齐云山下的一件真人真事："女挑夫"汪美红婚后五年丧夫，家中留下双眼失明的大儿和年仅三岁的一对双胞胎。婆婆怕媳妇改嫁，离家独居。她选择养家糊口的工作是连男人都觉得苦的"挑山工"，每天挑着沉重的担子往返于3700级台阶上，还要时刻担心捆绑在桌子边的三个孩子是否平安。十七年走过的挑山路，可绕地球两圈！十六年后，她将一双儿女"挑"进重点大学。2012年秋天，我第一次在宝山区党校礼堂看这出戏时，也多次被感动得热泪盈眶，放在座位前桌上的那包面巾纸，恰到好处地派上了用场。

著名编剧李莉将这位伟大的母亲的故事，改编成一出感人的沪剧。一级演员、宝山沪剧团团长华雯把这位生活在当代社会底层，勤劳善良、坚韧顽强的平民妇女形象，刻画得丰满、真切、动人。她的表演质朴而不失灵敏，演唱充满激情而不失沉稳，心理节奏掌控得徐疾有致而不失准确贴切。

《挑山女人》在艺术上极具感染力，在一条长长的悲剧主线上，编剧波浪式地安排了几个哭点，一个哭点刚过，另一个哭点又来，使观者不断潸然泪下。如第一场丈夫病逝；第三场冒着风雪和儿女一起挑山；第五场王美英给爱恋她的成子强写信，以及最后得到心爱男人的噩耗，婆婆向她下跪赔罪等，华雯都有大段唱腔，声情并茂地诉说这个挑山女人在山路上蹒跚独行的苦难，表现她以柔弱的双肩为孩子撑起了一片希望的天空，为给这个家庭打造一个宁静的港湾而把爱情深深埋进心中。在戏里，主人公的形象一变再变，从一开幕婚礼大轿中走出的漂亮新娘，到稍后的素颜寡妇，再到后来的挑山女工，直到最后已显苍老的华发母亲，虽然在外形上青春已逝，但她的大爱精神不断升华，令人备感可敬可亲。沪剧以贴近生活动作的较自然的形态进行表演，华雯在表现挑山女人的行动举止时，一方面注重形体步履的生活真实，又常在不知不觉中融入了越剧身段和舞蹈元素，使人物的姿态戏曲化，舞台呈现则更具美感和张力，这也是极为难得的。

苦戏更重唱。华雯在《挑山女人》中唱的是杨派，脍炙人口的"杨派"艺术是宝山沪剧团的一面旗帜。宝山沪剧团是上海乃至长三角地区建团最早的专业沪剧团之一，它的前身是沪剧"杨派"创始人杨飞飞创办的勤艺沪剧团。但是，当代的挑山女人毕竟不同于"为奴隶的母亲"。在这出戏中,杨派唱腔在传承中得到发展。华雯是有名的"出新花旦",她根据自己的嗓音条件,将杨飞飞的哀怨缠绵、沙哑醇厚、委婉悲切的唱腔,演化成为柔和中有高亢、迂回中显亮丽的杨派新腔,并融入了越剧袁派和吕派唱腔的某些韵味。最后一场戏,婆婆向媳妇下跪,感念她的万种辛劳,表达自己的深深愧疚,华雯又以近百句的赋子板,一气呵成,唱出了挑山女人的满腹辛酸:"婆婆呀!莫说还,莫道歉,恩怨相交十七年,曾经恨、曾经怨,曾经在丈夫坟前哭干泪。想过逃,想过死,想过改嫁另将丈夫选,抛不下呀,抛不下,三个幼儿将我牵……婆婆呀,回首往事无怨悔,一生辛苦已化甘甜。"字字血句句泪,深深打动人心。一曲终了,余味无穷,台上台下均泪流满面。

《挑山女人》既无曲折离奇的情节,又无缠绵悱恻的爱情故事,更无华美夺目的服装造型,这出戏的成功,再次证明,能真实表现平民百姓的喜怒哀乐、爱恨情仇的"接地气"的作品,是受广大观众欢迎的。沪剧的传统以反映现实生活擅长,它原是扎根在泥土中的草根艺术。《星星之火》、《借黄糠》、《阿必大》、《为奴隶的母亲》、《妓女泪》等名作,都因生活气息真实浓烈,而获得了持久的生命力。1986 年,22 岁的华雯主演的《东方女性》进京一炮打响,获得了第四届中国戏剧梅花奖。此后,华雯产生了一种"现代戏情结"。她四处寻觅素材,精心创排优秀现代戏。20 多年来,宝山沪剧团平均不到两年时间就推出一部原创现代大戏,引起上海戏剧界的关注。如《缉毒女警官》、《清水恋》、《东方彩虹》、《宝华春秋》、《红叶魂》等。他们出手不凡,端出一部、打响一部。他们的创作把乡镇、社区、农村的观众群体作为基本对象,所以舞美轻便,道具灵活,强调小制作,但创排之严格却丝毫不亚于大剧团。他们尝到了编演现代戏的甜头,走出了一条成功之路。学生版《江姐》一演就是 200 场,《缉毒女警官》连演 380 场,《家庭公案》、《东方女性》更是超过 500 场。从讴歌教师的《行知魂》到反映打假的《罪女泪》,从环保戏《清水恋》到廉政剧《红叶魂》,都受到了观众热烈欢迎。

我的老师、年逾九旬的北京大学美学教授杨辛曾写过一首赞美泰山挑山工的诗:"挑山工,挑山工,性实在,不谈空。步步稳,担担重,汗如泉,劲如松。顶烈日,迎寒风,春到夏,秋到冬……有此一精神,何事不成功!"其实,华雯也是一位挑山女人。她以挑山工的精神演《挑山女人》。她曾两次深入生活,随着汪美红一起爬齐云山,体验在这 3700 级台阶上一个铁骨柔情的母亲留下的汗水和泪水。有了台下的真切体验,台上的表演自然格外动人。现在,华雯挑着一个剧团的重担,一步一步往上登攀,领略了创演现代戏的无限风光。正是:"有此一精神,何事不成功!"

箭中靶心　绝非一日之功

黎中城

（上海京剧院原院长）

宝山沪剧团的原创现代沪剧《挑山女人》，荣获中国戏曲现代戏突出贡献奖，可谓实至名归。当人们为此欣喜，为其庆贺之际，可曾想到此剧诞生之不易？

今天举行的沪剧《挑山女人》艺术成就研讨会，以“从生活到艺术”命名，非常切题地向我们展示了剧组从无到有、从有到精、反复努力、一路行来的真实过程。作为此剧诞生的目击者、“知情人”，我亲眼看到宝山区有关文化领导和沪剧团主创团队是以怎样的决心与热情，选定题材，组织团队，亲赴齐云，体验生活，一步一个脚印，倾其全力投入此剧创作的。从搬上央视荧屏那一刻起，汪美红的事迹便如魂牵梦萦似地在他们心中盘旋。当团长华雯紧握汪美红有力的双手，含泪倾听她诉说养育三个子女艰辛过程的时候；当主演华雯挑起汪美红曾挑过的重担，一步一阶地试攀高峻险陡的齐云山道的时候；当编剧李莉、导演孙虹江和音乐舞美等一应创作人员，以及剧中各角色的扮演者，将满腔激情注入此剧的剧本、设计和舞台呈现的时候，一部感人肺腑、催人泪下、激励人心的艺术作品才渐渐显现出它迷人的风姿。然而精美的艺术来自丰富厚实的生活。从生活到艺术，却非几次短线采访便能迅速奏效，它必然是长期积累的结果。《挑山女人》的创作，也绝不是仅仅通过几次采访就“箭中靶心”的。宝山沪剧团向来善接地气，多年来贴近生活、贴近基层、贴近群众，创演过不止一部农村题材作品，积累了必要的经验。华雯本身就曾在多出新编现代戏中成功地塑造过各类人物形象（《宝华春秋》便可算得一例），这些都为她（们）今天演好《挑山女人》，打下了扎实的基础。

《挑山女人》的成功，给予我们的启示是多方面的。它告诉我们：在戏曲舞台上，现代戏仍占有着相当份额。植根于广大中国土地的戏曲现代戏至今仍然拥有比较可观的市场。而它的艺术价值、审美地位，仍然引世人瞩目，令国人自豪。

《挑山女人》的成功，又告诉我们：现代戏创作题材是丰富多样的，主旋律、正能量可以在各种不同题材的作品中体现。作为戏曲剧目创作主体的编剧、导演、管理者、制作人，应该放宽视野，放宽心胸，放开手脚，大胆突破以往某些狭窄观念的桎梏（如“主旋律即突出政治”、“正面英雄高大全”等等），多角度、多方位、多层次地体现主旋律的强音和正能量的辉芒。

《挑山女人》的成功，还告诉我们：作为上海土生土长的“非物质文化遗产”——沪剧，依然有着自己独特的魅力和广阔的发展前景。经过一个时段的困难与萎缩，必因它具备的丰厚家底和创新潜力而再次崛起。宝山沪剧团给了我们一个有力的证明。

《挑山女人》的横空出世，证明了戏的成功与否，和团的大小强弱没有必然的、绝对的联系。戏成功与否的决定因素在于：一、有没有正确的决策（从选题到立项，再到投资、推出）；二、有没有适时的理念（包括内涵开掘、思想提炼、风格定位、样式选择等等创作理念的确定）；三、有没有有效的方法（能否优化组建团队、整合各方资源、最大限度发挥艺术综合体各部门的创造力）。这也许正是一些资源丰富、声名显赫的大团多年未能推出理想的好戏，而宝山这样的小团却能箭中靶心、勇摘桂冠的重要原因吧。

再次祝贺宝山沪剧团《挑山女人》的成功！

盼望上海戏曲界能出现更多好戏！

美哉，《挑山女人》

沈鸿鑫
（上海艺术研究所研究员）

上海宝山沪剧团创作、演出的沪剧《挑山女人》是最近几年来出现的一出优秀的现代戏。这个戏描写了一个草根的故事和一位平凡而伟大的母亲的跌宕命运和情感世界，塑造了一位善良、包容而敢于担当的平民妇女形象，歌颂了平凡中的伟大。剧中的主人公王美英没有什么豪言壮语，也没有什么惊天动地的英雄行动，她只是在一个特定的环境里，用柔弱的肩膀坚忍不拔地挑起了家庭的重担、社会的责任，在崎岖陡峭的山路上留下了一串串艰辛而坚实的脚印。然而正是这十七年的挑山劳动，奏响了一曲雄壮动人的生命乐章，展现出一种坚韧顽强、不向命运屈服、积极向上、努力创造幸福生活的精神，折射出鲜明的时代的精神和人性的光辉，传递了催人奋进的正能量，令人震撼，令人感动！

《挑山女人》是在真人真事基础上创作出来的一部现代戏。从剧本看，也是很优秀的。剧本主干突出，情节曲折有致，人物形象鲜明，心理矛盾尖锐，故事发展层次分明。剧情从王美英与丈夫新婚开始。但接着剧情急转，丈夫病逝，又有一个孩子双目失明，很快生活的苦难替代了短暂的欢乐。婆婆责怪她命不好，克了丈夫，而且提防她丢下孩子改嫁，故意离家而去。她不得不回绝了乡里给她安排的固定工作，无奈选择了最艰苦的活计、连汉子也惧怕三分的挑山工。她第一次挑山就因为力气不支而砸碎了箩筐里的鸡蛋，收不抵赔，幸得同时挑山的成子强伸出援手，才化解了难题。从此王美英便开始了艰辛的挑山劳动，同时也埋下了她与成子强的恋情线索的伏笔。全剧有两条线索，一条是她与婆婆纠葛的线索，她含辛茹苦挑山不至，育儿成材，这是主线；另一条是副线，即她与成子强若隐若现的恋情的线索。后面，她为了赚三倍的工钱，除夕之夜带领儿女冒着风雪一起挑山，女儿差点摔下山坡。成子强是一个纯朴憨厚的汉子，他同情王美英的遭遇，也默默地爱着她，他年年除夕都要送来红烧肉，却从不露面。但王美英为了培养儿女读书成长，毅然拒绝了成子强的恋情。这是一出情感戏，戏中的情感的波澜，一浪推进着一浪。女儿幺妹受到奶奶影响，为阻挠母亲和成子强好，提出不愿再去读书，使王美英大为震惊和酸楚，她举起右手欲打女儿，但最终颤颤抖抖地打在了自己的脸上。几年后，幺妹、弟郎双双考上大学，幺妹为补救自己对母亲的歉疚，进城去找成子强，谁知只带回来一根扁担，子强为了救火而遇难，永远地走了。这个噩耗使王美英肝肠寸断，悲痛欲绝。最后，悄悄出走的婆婆回来了，她愧疚地跪在媳妇面前求她原谅，王美英与婆婆抱头痛哭。此时观众也被她们感动得热泪盈眶了。

华雯倾尽心血将王美英这个伟大的母亲的形象塑造得真实、可信、丰满、感人。华雯的表演朴实、自然、细腻，她注重内心体验，善于把形体、眼神及唱、念技巧结合起来。她的舞台动作爽利大度，既有生活真实的依据，又融入了戏曲化的舞蹈，显得既真又美。对整个舞台的节奏她拿捏得很精准。沪剧是重唱的，而唱也是华雯的强项。华雯曾得丁是娥、石筱英两位大家的传授，上个世纪90年代又拜杨飞飞为师。她的唱传承了丁派、石派、杨派的唱腔特点，又结合自己的嗓音条件，逐步形成自己委婉清丽、高低裕如、柔中有刚的演唱特色。《挑山女人》充分发挥了沪剧重唱的特点，通过安排在各个场次的唱段，推动剧情发展，把人物的情绪、感情、心理抒渲得动人心魄。而这些唱段华雯都能唱得声情并茂，酣畅淋漓，令人扼腕动容。如她与幺妹对手戏的那段唱，唱得深沉委婉；而最后70多句的赋子板，更像飞瀑奔泻，一气呵成，把人物感情和剧情的波澜推向了高潮。

观看《挑山女人》后，还有一点特别使我感动，那就是作为梅花奖的得主、宝山沪剧团团长的华雯，多年来对沪剧现代戏的执着探索和倾心打造的精神，我觉得在这方面华雯称得上是戏曲界一位值得钦佩的“挑山女人”!

沪剧是上海土生土长的地方剧种，她在上海这样的中西交会的大都市特殊文化环境里生长、发展。她起源于沪郊的民歌小调，本身就是扎根于农村的草根艺术。起初沿街卖唱，后受花鼓戏的影响，逐步发展成对子戏、同场戏的戏剧形式。后传入市区，经历了本滩、申曲等发展阶段。20世纪20年代，一批文明戏演员融入申曲班社，开始编演反映都市生活的戏目，逐步形成西装旗袍戏的格局，1941年定名为沪剧。从沪剧的发展历史看，她既是草根艺术，又是都市艺术，表现现代生活为其擅长，这在全国300多种地方剧种中，独放异彩。所以解放以后，她编演现代戏如鱼得水，得心应手，成为一支编演现代戏的劲旅。应该说，上个世纪90年代之后，沪剧现代戏方面的创作不是很兴旺，其原因是多方面的。但华雯和她领导的宝山沪剧团却以“咬住青山不放松”的精神，坚持编演现代戏。宝山沪剧团是一个区级剧团，剧团人员不足20人，连个乐队也没有，论人力、财力，编演现代戏都有很大的困难。但就是这样一个小剧团，从90年代至今，他们创排了八部原创的现代戏，包括产生很大反响的《红叶魂》、《红梅颂》等，而且每个戏不雷同，有个性。他们不仅在城市剧场演出，并深入社区、农村。这次又创排了《挑山女人》，取得极大的成功。这是很不容易的。

他们编演现代戏，有两个显著的特点。一是接地气，从生活中来。华雯编演现代戏，并非任务观点，要我写，要我演；而是我要写，我要演，表现出强烈的文化自觉。从几个戏的创作过程，往往首先是生活中的人物、故事感动了她，触动了她，她“有感而发”，进而要去表现他们。同时她又不是浮光掠影地把生活中的故事、人物搬上舞台。每次华雯都要和主创人员一起扎扎实实地深入到生活中去，去熟悉生活，感受生活；熟悉人物，感受人物。这次搞《挑山女人》，华雯和主创人员两度深入安徽齐云山，华雯与剧中主人公王美英的生活原型汪美红一起爬山，体验挑山生活的艰辛。所以她在舞台上富于真情实感，演的人物真切动人，有血有肉。以前我们经常提深入生活，现在不大提了，我觉得“深入生活”的口号并没有过时。为什么现在缺少好作品，为什么有不少作品显得单薄苍白，一个重要的原因就是作者远离了群众的生活。华雯几个戏的成功，是她带着强烈的感情去编，去演；在编演过程中又不断熟悉生活，积累生活素材。这样,不仅有了表现生活的愿望,而且有了丰富的生活内容和足够的表现手段,所以他们的作品有很强的生活的质感和真实的力量。华雯曾说:“我们明白了什么叫艺术从生活中提炼,明白了老百姓当中才真正蕴藏这艺术生命力。这条路我们要一直走下去。”这席话是出自肺腑的。

还有一点,是遵循艺术规律,用精品意识来打造和打磨作品。这一点很重要,以前有些人认为编演现代戏是为了配合形势,往往粗制滥造,就像猴子掰棒子,掰一个,丢一个。我们千万不要重蹈覆辙。华雯他们注意了这个问题。他们确定题材后,就组织精兵强将去创作,从剧本、音乐、舞美等各方面,以精品意识高标准,严要求,一丝不苟地锻造打磨,所以这些作品基本上达到了思想性、艺术性、观赏性的统一。2013 年 10 月《挑山女人》在第十届中国艺术节上获得文华优秀剧目奖、优秀表演奖、剧作奖和导演奖等系列殊荣;11 月《挑山女人》又荣获第十三届中国戏剧节优秀剧目奖,华雯荣获优秀表演奖。但是他们回来之后,最先召开的是《挑山女人》如何进一步修改、提高的专家研讨会,这种心不浮、气不躁、对艺术精益求精的精神很值得赞扬。《挑山女人》已经取得了令人瞩目的成绩,如再作一些梳理调整,修改加工,我相信一定能更上一层楼,打磨成为一部精品力作。

打捞做人的精气神

胡晓军
（上海市文联理论研究室主任，上海市文艺评论家协会副主席兼秘书长）

一

看沪剧《挑山女人》前，我已知道，这个社会不是每个女人都是臂挎普拉达或LV，开着宝马迷你或奔驰斯玛特的，许许多多的穷女人每天靠着胼手胝足地干，吃着粗茶淡饭地过。看沪剧《挑山女人》时，我才知道，还有不幸到如此地步、苦难到如此地步的穷女人；我更知道，居然还有坚强到如此地步、坚持到如此程度的穷女人。

挑着重担、爬着山路的女人，拎着名包、开着靓车的女人，自会面临各自的不幸与不同的苦难。但我总觉着，与“挑山女人”相比，那些只会坐在名车内抹眼泪、从名包掏出手纸擤鼻涕的女人们，所经受到的应算不得什么，而她们的态度和作为就更不怎么样了。

对于“挑山女人”，我们尽可对其低下的文化程度摇头，对其狭小的眼界见识不屑；但当看着她在痛失丈夫、全家生计无着，以一人之力爬山挑担十七年，将三个孩子抚养成人、调教成才的毅力，再看看那些都市“娇女”“嗲男”尽管拥有高学历、大眼界，但当生活出现一丝不如意、命运发生一点小挫折时，便不知所措的傻样、寻死觅活的丑态，境界谁高谁低、智慧孰优孰劣，不言自明。

物质再丰裕，也换不来精神的充足。不但如此，若听任物质的摆布，不但会消耗精神的储藏，还会磨损道德的光泽。近些年来频频出现的炫富男、拜金女，外表有模有样，言行无形无状，内心没羞没臊，惹人厌恶唾弃。老话说得好，“人活一口气”，说到底，人生在世是须要有一点精气神的，就是这点精气神，决定了做人的境界与智慧——这与贫富贵贱全无干系。更进一步，或许只有物质的匮乏和生活的困顿，方能充分唤醒人的那点“精气神”，从而激活其与生俱来的抗争勇气和生存本领。话至此处，不禁令人从“劳其筋骨”、“空乏其身”的古训，联想到目前中央大力倡导的艰苦奋斗、勤俭节约，是以何等的历史高度和未来远度看待我们国家和民族的前途——绝不仅仅是反腐倡廉、低碳环保，更是在倡导和践行着人类自始以来砥砺、淬炼精气神的良方，是“中国梦”得以实现的前提。

二

不幸和苦难对人乃至整个人类，不是或然的大概率事件，而是必然的全概率事件。当代国人须从越堆越高的物质堆里，打捞起被埋已久的做人的精气神——这是抵抗不幸、应对苦难的法宝。否则，不但会丧失抵御不幸和苦难的能力，更会加剧不幸和苦难的速度与程度。正有着许多人，生活的安乐非但没有使他们淡定反而更加狂躁，物质的奢靡非但没有让他们感恩反而愈发贪婪。狂躁和贪婪本身便是不幸，更会造成更大更多的苦难。过去，幸福感缺失的原因常被误以为是物质不足所致，但如今愈追求无尽的物质就愈丧失起码的幸福感的事实，将这一误会无情地击破了。二十年前添置冰箱或彩电，全家能高兴好几个月；现在许多人即便身处豪宅、轿车之中，也丝毫开心不起来。

物质享受与幸福感难成正比、甚至成为反比，只能证明一件事情，那就是精气神的羸弱到了何种程度。抵抗不幸、应对苦难的能力正在流失，而不幸和苦难则将随时随地显出可怕的面目。日本惊悚片《冰冷热带鱼》中，男主人公用尖刀指着叛逆而又脆弱的女儿说道："生活是残酷的啊！你做好了活下去的准备了吗？"以极端血腥的艺术手段，流露所要表达的忧虑。

三

精气神的缺失，最显性地表现为自信心的低落、同情心的丧失。当它像瘟疫那样从个体蔓延至群体，便是整个社会诚信体系的崩坏、人际关系的冷漠甚至敌对。试想一个人连对自己的信心都没有了，又哪能对别人产生什么信任？没有信任的社会，即使生活丰裕、秩序稳定，其实祸根早已埋下，一旦灾难降临，就能变成几何倍数于灾难本身的灾难，小灾变大灾，大灾成巨灾。就像法国社会学家托克维尔说的那样，社会不稳定的发生，"并非总因为人们的处境越来越坏，反而是处境越来越好就觉得越来越无法忍受"。至于同情心的丧失，不用去看不让座位、见死不救、落井下石之类时事新闻，只消回忆二十多年前万人空巷收看《星星知我心》的泪眼模糊，再看而今对《甄嬛传》的津津乐道，便可明了。更明显的例子是，从《孽债》1994 年高达 42.62%的收视率，到 2009《孽债 2》最多 5%的收视率，不幸对人的折磨依然、人对苦难的抗争依然，但在同一座城市里，二十年间发生的沧桑巨变真比电视剧情本身还要跌宕、令人心惊肉跳。无论是市场如日中天的电影，还是票房炙手可热的话剧，"喜剧"大量取代"苦戏"，这其中是否含有对同情的无意减弱、对不幸的故意回避？

没有自信心，就没有精神；没有同情心，就没有道德。没有精神支撑和道德凝聚的物质之塔，堆起来快，垮下去更快。

当然，我们为之奋斗了几十年的物质的极大丰富、生活的普遍满足，是大好事，绝非坏事。而且，苦行僧只能由极少的大彻大悟者们去做，我们绝大多数的人不该因为追求精气神而放弃已然拥有的物质生活享受。于是，开卷读书、看戏赏乐，用文学艺术来启迪、警醒、鞭策自己，便是一种简单易行又高雅时尚的行为，也是自古延续至今的修行方式。这就是那些生活穷困但志向远大的人物，他们知足感恩、不畏波折，他们勤奋努力、终成大器，于历代文艺作品之中流传至今的原因。令人担忧的是，有些人就连亲近这样的文艺作品也不愿意了。

不可否认，包括沪剧在内的地方戏曲早已淡出主流娱乐领域，失去了往昔的吸引力；但根据《孽债》到《孽债 2》的经验，可以设想，《挑山女人》这一题材即便换作了电影或音乐剧，她的票房恐也不会好到哪里去，《一九四二》票房大败、华谊兄弟股价大跌便是佐证（顺便说一句，这与《太囧》大红、《西游》大卖恰成对比。在经济效益重于社会效益的文化市场时空里，只此一例便能导致创作风向的“一边倒”、使得大量文艺家对艺术的道德教化作用避之唯恐不及）。抛开其他因素不论，有许多人便是因听说“戏太苦”而生畏、而止步的。“趋利避害”、“怕苦好甘”诚是人的本能，但“人无远虑、必有近忧”的危机意识，“生于忧患、死于安乐”的忧患意识，才是人类战胜自我、进步至今的唯一动力源泉。

沪剧《挑山女人》的可贵之处，在于既发现了当代人的“精气神贫乏症”，又发现了艺术界的“精气神贫乏症”，并以良知和自觉，用通常被认为已落伍、被淘汰的艺术品种，展现不畏磨难、吃苦耐劳，昭示知足常乐、感恩生活，呼唤做人的精气神。

沪剧是清末由上海城郊的田头山歌衍变、丰富而来的剧种，最初表现的是农村题材和农民生活，其中经典如《卖红菱》、《陆雅臣》至今传唱不衰。上海开埠后沪剧进入城市，在题材、主题和表现手法上渐趋市民化和城市化，但其直面生活、表现人性的现实主义风格一直不变。沪剧在以小人物的生活情感变化反映整个经济社会的变迁方面，具有深厚底蕴和充沛经验，尤其擅长突出人的道德及其抵御命运捉弄、邪恶诱惑、苦难折磨的能力，因此它是上海文化形态中弥足珍贵的一个精气神的载体。《挑山女人》继承和弘扬了这一传统和特长，简单明了的情节、朴实无华的唱做，酷肖当年“本滩”，只是故事发生的地点和主人公，成了安徽的齐云山和女挑夫。这看似沪剧历史的轮回；其实，这是一种进步和超越。“本滩”诞生于乡村，农民是它唯一的题材选择、出自直观的创演动机；而《挑山女人》则是从城市的浮华中经过思考后主动走出来的，她走出了光怪陆离的享乐世界，走出了消沉迷离的精神陷阱，用寂寞的“非遗”之身，去拥抱同样正被遗忘的山村、正被抛弃的道德、正被背离的艺术信念、正被埋没的精气神……

下生活接地气　扬优势破难题

余雍和
（上海沪剧院原艺术总监）

看宝山沪剧团最近推出的沪剧新戏《挑山女人》，深受感动，深受鼓舞。既为这个优秀作品在上海戏曲舞台的出现，感到由衷的欣喜。同时又觉得，它的成功为当前戏曲现代戏创作带来了很多值得研究探讨的重要经验。

一

戏曲作品，归根到底的任务是写人。这个戏在艺术上给我印象最深的突破是对一个草根女性的鲜活塑造。剧中没有豪华亮丽的服装布景，也没有风花雪月的时髦场面。女主人公王美英生活在贫困山区，平时似乎毫不显眼，但是在紧要关头，从她的身上却迸发出耀眼的人性火花，让观众看到了她坚忍不拔的感人品格和我们民族生生不息的顽强精神。“籽落石缝也要蓬蓬勃勃发新芽”，面对生存的困境和突然降临的苦难，她不怨天尤人，勇敢地和命运抗争，以自己羸弱的肩膀，毅然挑起了生活的重担，以连健壮男子也望而生畏的艰苦的挑山生涯，抚育三个幼小的孩子成人成才。这个人物没有被人为地拔高，写得有血有肉，生动饱满。无论对去世丈夫的思念，对婆婆乖张行为的宽容，对孩子的温馨挚爱，对恋人的矛盾心态，分寸拿捏准确稳妥，艺术处理丝丝入扣，动人心弦。戏里大郎和幺妹两个孩子的刻画也富有感染力，双目失明的大郎摸索着编织千千结，年幼不懂事的幺妹以跟踪方式阻挠母亲再婚，这些细节描绘既生动别致，又入情入理，不仅写活了孩子，对女主人公形象的塑造也起了有力的烘托作用。

戏曲长于抒情。这个剧目有不少情节深深打动了观众的心，很多人不由潸然泪下。更难得的是编导不仅仅满足于让大家一掬同情之泪，没完没了地煽情，一味营造渲染哭哭泣泣的场面，而是把苦情戏引向更深的层次，更高的品位。女主人公遭遇虽不幸，却未堕其志，未折其锋。她不气馁，不屈服，在悲痛中擦干了眼泪，挺直了腰杆，奋力向前。整个戏悲而不哀，悲而不伤，氤氲着自立自强的信念，具有一种昂扬向上、催人奋进的力量。

沪剧现代戏常常因为缺乏对戏曲表现手段的充分运用而被说成话剧加唱，而这个戏较好地克服了这一弊端，编导在戏曲化方面所作的努力引人注目。特别是第四场，女主人公在除夕风雪之夜，带着儿女挑担上山、途中教子的戏载歌载舞，不仅身段优美，唱腔清醇，而且意蕴深远。正是对戏曲艺术传统的这种虚心学习、传承发扬，使这个戏好看好听，魅力独具，赢得观众的青睐和赞誉。

二

近年来上海戏曲现代戏的创作遇到不少困难，出类拔萃的作品不是很多。因此沪剧《挑山女人》在舞台上的出现，更加使人感到振奋。应该说，这个戏取得的突破不是偶然的，与剧团对创作上几个关系的妥帖把握和处理是分不开的。

一是写现代戏和深入生活的关系。宝山沪剧团近年来接连推出了好几个沪剧现代戏的原创剧目，都具有一定的质量，很重要的一个原因在于他们把下生活作为现代戏创作的第一要素，长期信守，坚持不懈。这次为了搞《挑山女人》，主创人员驱车数百里，风尘仆仆来到生活原型汪美红的家乡齐云山，他们和汪美红倾心长谈，跟着挑担的她一起上山，实地感受，心灵受到强烈的震撼，产生了难以抑制的创作欲望和激情。正因为这样，这个戏从写剧本到投入排练，相对比较顺利。现在大家称赞它直面现实，敢接地气，这很大程度上来自于创作人员深入生活的体验和感悟。这个戏的编剧、著名女剧作家李莉深有体会地说，不到生活中去，凭空想象，闭门造车，戏曲现代戏不可能真正接上地气，也难以产生具有很强感染力生命力的优秀作品。

二是剧种特长和题材选择的关系。我国戏曲剧种有三百多个，不同的剧种有各自不同的特色。沪剧作为流行于浦江两岸的特有的地方剧种，长期来形成了清丽委婉细腻的独特风格，它特别擅长表现家长里短的家庭生活，《罗汉钱》、《星星之火》和《红灯记》都是从家庭戏着手反映现代生活的，《挑山女人》创作的成功也同样得益于对剧种这一特长的重视发挥。这个戏的情节围绕王美英一家人的遭遇和命运展开，女主人公与婆婆、儿女和恋人几条线的矛盾纠葛交错发展，构成一场场跌宕起伏、扣人心弦的好戏。实践再一次证明，戏曲现代戏创作的题材选择不能不考虑剧种特点的因素，扬长避短往往能取得事半功倍的成效。

三是剧团人才欠缺和上海整体优势的关系。宝山沪剧团是个只有十几个人的区属小团，眼下不仅没有专职的编导作曲舞美设计，连乐队演奏员也没几个。搞现代戏的创作，不得不借助团外的艺术力量。这次被请来参加《挑山女人》一二度创作的，都是上海国家大戏曲院团的专业人员。包括越剧院的编剧导演和舞美设计，沪剧院的作曲和服装设计。依靠上海戏曲人才的优化组合、齐心协力，搞出了一台好戏。这次成功也说明，目前上海在戏曲创作人才上确有短缺，但仍具有整体优势和实力，不必妄自菲薄。只要统筹整合，充分调动积极因素，各院团现有的创作力量完全能捏成拳头出击，在戏曲现代戏创作上是可以大有作为的。

沪剧《挑山女人》的艺术突破和创作经验值得重视。当然这个戏还不能说尽善尽美，目前还存在一些缺憾，剧中婆婆形象的刻画就是个需要解决的薄弱环节。这个人物线条较粗，不太合情理。她也是很早死了丈夫的寡妇，作为过来人，一再责骂媳妇是克夫的扫帚星，显得有些生硬。戏里对她恶的一面展露较多，对她善的一面很少表现。其实她也是个苦难的母亲，乡亲乡邻尚且能帮着照看三个失去父亲的年幼孩子，有着隔代亲情的她，对孙辈的爱理应甚于众人，怎么会一走了之，多少年不闻不问呢？现在光是戏的最后交代一笔她也关心着孩子的话，那是远远不够的。

这个戏在艺术上有进一步加工提高的较大空间，一些问题在修改加工中不难解决。相信宝山沪剧团的同志一定会再接再厉，继续磨砺，把沪剧《挑山女人》打造成经得起时间考验、具有强大生命力的艺术精品。

华雯，为你喝彩！

马莉莉
（沪剧表演艺术家）

在沪剧舞台上，人们记住了华雯塑造的一个个角色：进宝山沪剧团第一个主角《母与子》中的母亲桂珍，接着在《东方女性》中成功饰演方我素，该剧晋京演出获得好评，华雯也因此获得第四届中国戏剧梅花奖，那年她很年轻，又属区级剧团，这是很不容易的。以后又在《一夜生死恋》、《秋海棠》、《烛光恋影》、《筱丹桂之死》、《红伶冤》、《茶花女》、《罪女泪》、《缉毒女警官》、《清水恋》、《红梅赞》、《东方彩虹》、《田园梦》、《红叶魂》等剧中担任主演。

华雯是沪剧前辈、"杨派"创始人杨飞飞老师的学生。杨老师早年创建勤艺沪剧团并出任团长，"文革"后剧团恢复，改名为宝山沪剧团，杨老师又出任团长。其实，沪剧界过去各剧团的领衔主演都曾经是剧团的团长，像丁是娥、王雅琴、凌爱珍、顾月珍、汪秀英等，她们都为各自的剧团创造了辉煌，主要演员当团长对强化自己剧团艺术样式的独特性和鲜明性起了保障作用。华雯很年轻时也当上了宝山沪剧团的团长，但在团长位置上也曾经历几上几下，从人生来说这是一种修炼，但对一个年轻人来说毕竟蛮"折磨"的。难能可贵的是她坚持了下来，而且越来越成熟了，这从剧团最近几年创作演出的剧目情况可以得到佐证。演出剧目一个比一个成功，直至《挑山女人》更是达到了一定的高度，屡获国家级大奖，受到全国媒体的关注和好评，这样连篇累牍的报道至少在沪剧界是前所未有的。正是：实之名归，当之无愧。生活的磨砺让她更自信、坚定，从而对事物更具判断力和决策力。作为宝山沪剧团的演员，华雯也曾一度在外闯荡，她到过上海沪剧院，演了五台大戏，体味了国家院团的艺术氛围；又去过上海越剧院，演了古装戏又演了现代剧，并遇上可敬可爱的吕瑞英老师的指教；又在上海滑稽剧团演了些角色，还演过锡剧，可见她的艺术天赋和艺术适应能力。在外的"流离颠沛"让她认知了社会和周围的一切，在品味社会中又品味了兄弟剧种的风采。最后她回到了宝山沪剧团，但这时的她扩展了视野、增添了活力、看到了光亮，决心向更高的层次、更高的艺术境界挺进。她在传承和创作的剧目中对每一个不同角色的塑造，每一次不同身份的叠加，使华雯都有一种收获和提升，华雯以自己的搏击和灵性以及年华的积累在观众中留下深深的影响和光辉。一个艺术家的成长一定会有困惑，也会徘徊，也会遇到无法超越的困境，这种心路历程必定要由其独自走完，从而促使台上台下的自己去完成这二者间的融合。

宝山沪剧团有一"铁三角"组合：编剧李莉、导演孙虹江、作曲汝金山，他们是跨剧种的组合，这种合作的经验和默契使宝山沪剧团这几年佳作频频，直至《挑山女人》一剧，华雯和"铁三角”以及团队中的伙伴们硬是挑出了沪剧的一方天地。

《挑山女人》中的女主角是有生活原型的。华雯从报纸上看到一篇题为《齐云山最后的挑夫妈妈》的文章，她感到无比震撼。这位母亲具备了中华民族善良、坚韧、无私的崇高心灵，作为演员特有的冲动和欲望，她想把这故事搬上舞台。凑巧的是华雯和她同年，但在上海城市长大的华雯和这个农村底层劳动妇女背景悬殊，怎么去理解和演绎？于是华雯和编导去了生活原型的山村，深入体验生活，从创作到排练，用了将近一年时间，华雯和伙伴们把挑山女人挑起来了。

华雯和她的团队们努力进行艺术探寻，要把原型人物搬上舞台，不是简单的复制，当然也无法复制。舞台的魅力就在于它能把生活的故事变得更动人心弦，更栩栩如生，更难以忘怀。那么怎样才能达到这一境界？华雯一直牢记前辈丁是娥老师的话："沪剧要中听也要中看"，也就是要有好听的唱腔，也要有好的表演手段，二者不可缺一，二者不可相互替代，要同步进行。丁老师自己的艺术呈现为后辈作出了表率，她和其他沪剧表演艺术家的艺术造诣代表着沪剧乃至当代戏曲的最高境界。现在舞台上所要表现的这位挑夫妈妈，丈夫的去世给她留下三个幼小的儿女和年迈的婆婆，生活的窘迫一下子摆到了面前，怎么办？她直白地认为自己的孩子自己养，这是一个做母亲的责任。没有豪言壮语，只有默默承受，她硬是把连男人都畏惧的挑夫工作拿过来做，一年四季，年复一年挑山的岁月，其中的艰难和不易是可想而知。我看华雯在舞台上的表演，扳着手指在算一笔笔账，怎样才能交孩子的学费？怎样让孩子吃饱穿暖？怎样让三个孩子没有卑微的心理？华雯这时平实的表演使我忘却是在观看演出，我的心随着她一点点走进了这个平凡而又伟大母亲的世界里，她难过我流泪，她悲哀我痛楚，她痛苦我几乎窒息。特别戏中那段大年三十夜，为了能凑足钱交学费，带着一双儿女冒着严寒夜挑货物上山，母亲和儿女们跌跌撞撞，十分艰难地潜行。这时舞台上转台的运用，在风暴大雪的音效中，三位演员那既生活而又有身段表演的动作，跌倒、爬行、后退、转身等都带有生活气息和舞台美感。我和观众一起身临其境，为这位母亲的含辛茹苦、坚韧不拔，为一双儿女稚嫩身躯在山路上的摇晃而焦急不安、感慨万千，泪水情不止禁夺眶而出。其实这些接近生活原态而又具传统程式的表演，《挑山女人》从序幕新娘坐花轿进山村时就开始运用了，轿夫们的挑，华雯饰的新娘的扭步，姑娘的羞涩，美好的憧憬，喜悦的心情时丝巾的运用都恰到好处。孙虹江是上海越剧院的导演，这些动作的设计他是拿手的。剧中还有许多传统程式表演和静止时的雕塑感。而华雯表演上的成功在于她能把这些掌控在程式和生活之间，用表演艺术的再造达到艺术美感从而感染观众使其获得美的艺术享受。沪剧在其发展进程中，在强化演唱时历来非常注重舞台表演，而好的表演恰恰体现在没有锣鼓点但有锣鼓点的韵律，巧妙而不露痕迹地展现表演技巧。沪剧舞台上的《罗汉钱》、《星星之火》、《芦荡火种》、《红灯记》、《黄浦怒潮》、《赵一曼》、《为奴隶的母亲》、《史红梅》、《雷雨》、《日出》、《母亲的情怀》等剧已成为其发展进程中的丰硕成果，流传至今。现在问题的关键是当今的沪剧舞台如何进一步使其发扬光大，而《挑山女人》让我们看到它的成功和精彩。

沪剧擅长唱功，特别是剧中主角的静场咏叹调和更见功力的近百句赋子板。华雯有一条得天独厚的好嗓子，人称"唱不死的华雯"。她音质清澈，气息充沛，难能可贵的是她不在台上

"卖"嗓。作曲家汝金山熟知华雯的嗓音和优势，使其在《挑山女人》一剧的唱段中得以充分展示。值得一提的是为角色设计的杨飞飞老师的"杨"派旋律，华雯演唱得非常到位。她不追求刻意模仿而赢得的剧场掌声，而是把杨派唱腔缠绵悱恻、深沉婉约的旋律融化在人物跌宕起伏的情感中，这种神似胜过形似的继承流派，是继承流派特色和发挥演员特长的最佳结合点，我是非常欣赏的，观众也为之而倾倒。

越剧院李莉院长是该剧编剧。演员的冲动、团队的拼搏是离不开一个好剧本的奠基。李莉编剧思路敏捷，掌控生活原型和舞台艺术的融合，为人物唱词的正确度，心灵深处的呐喊声，触动心弦的台词，展施出一个女性编剧独特的视角和细腻的笔触。剧本乃一剧之本，当然，演员和编、导、作曲深交的情感也在《挑山女人》中展露无疑。

宝山沪剧团在编人员不多，都要身兼数职。1999年我组建马莉莉文化工作室，上演大型新创现代戏《宋庆龄在上海》，我选择了宝山沪剧团为合作伙伴，至今我仍深感正是由于他们的通力合作，才使演出获得成功。十五年过去了，宝山沪剧团基本上还是那些人，但剧团的环境、人的精神状态则有了质的变化，他们更具活力，更有精气神了。但缺憾的是由于某种原因，他们演出时大多使用伴奏带，这对一个专业团体，对戏曲演员不能不说是一种不便和束缚，特别是近百句的赋子板，任何演员不可能每天都保持在一个状态下，嗓子、气息、情绪都可能不同，所以，我既佩服华雯又为她有所担忧。这不得不说是目前宝山沪剧团的一个无奈。

一个好剧目的诞生，是和来自方方面面的支持、扶持分不开的。华雯带领剧团从濒危的边缘走到今天，取得如此好的成绩，是和宝山区委、区政府和主管文艺的领导的重视、关心、指导分不开的，这是最重彩浓墨的一笔。这一笔划出了一个剧团的重生，这一笔划出了剧团好戏连台，这一笔为沪剧的今天划出了绚丽多彩！

华雯团长，整个团队的同仁们，你们不仅为自身拼搏寻找生路已再次焕发光彩，更为沪剧在全国亮相取得辉煌成果立下赫赫战功，值得庆贺！为你们而高兴！

期待着宝山沪剧团再出佳作、力作。华雯加油！宝山沪剧团加油!!

沪剧《挑山女人》感悟二三

沈伟民
（上海市戏剧家协会副主席、秘书长）

2012年3月21日，沪剧《挑山女人》大型研讨会在沪上召开，时任上海市委常委、宣传部部长杨振武称赞该剧是一部直面人生、直通人情、直抵人心的好作品，充分展现了中华民族传统美德中知足常乐、坚韧达观，不向命运屈服、努力创造幸福生活的精神。一时间，沪上戏剧界、乃至中国戏剧界，对《挑山女人》的关注度越来越高。由沪上一个编制仅20人、在编人数目前仅14人的基层剧团——宝山沪剧艺术传承中心（宝山沪剧团）创作排演的这台剧目，自2012年10月26日首演至今，竟已达158场，这在当下戏曲演出市场不十分景气的状况下，实在当刮目相看。演出场次从一个侧面说明了这出戏的"被需求"，而进入剧场观看的大多数观众，无不被剧情所感动，无不被主演华雯的表演和创作团队的整体呈现所感染。就连我这个从小被注入了沪剧基因、自以为能较为冷峻地观剧、特别是观看沪剧的所谓圈内人，每看一次演出总会泪流满面。这倒不是说这出戏已经完美无缺，但这样一种现象是值得回味的，这样一种思想和艺术感染力是值得审视的。感悟由此而生发。

创作源于被深深打动。据介绍，这出戏的创作完全是一次偶遇，灵感邂逅于安徽齐云山。创作者们被安徽省黄山市休宁县岩脚村挑山女汪美红的真实经历所深深打动。这位三个孩子的母亲，17年来风雨无阻，每天要爬3700多级台阶的陡峭山路，艰难攀爬近20万公里，往返6000多个来回，磨破140多双解放鞋，挑断70多根扁担，独自把一双龙凤胎儿女"挑"进两所省重点大学。世界上不缺少美，但缺少发现美的眼睛。这样一个简单的故事，这样一连串简单的数字，主创们发现了其间蕴涵的不简单。这不是中国社会最底层草根女子生命和光阴中散发的光亮、散发的大美吗？其实，我们这个时代不乏坚韧和顽强，但由于物欲的膨胀、心态的浮躁，人们似乎有点视而不见了，似乎离坚韧和顽强渐行渐远了，"而最朴实的坚韧和顽强也最打动观众，首先我被深深打动了"，一次与华雯的交谈中她真诚地说。后来，在与编剧李莉、导演孙虹江、作曲汝金山等主创接触中，他们都传递给了我同样的感觉。正因为有这种强烈的感觉，便有了主创团队多次深入山区，感受女主人的生活环境，触摸女主人的灵魂深处，追寻撼动人心的艺术呈现。这是一次从生活到艺术的蜕变，也是一次从生活之山挑向艺术之山的过程。偶遇看似偶然，善于发现生活之美，勇于将这种生活之美提炼成艺术之美，文化自觉和戏剧责任成了《挑山女人》创作团队的一份担当，这是长期扎根于大众民间，近几年连续推出《红叶魂》、《红梅赞》等优秀现代剧目的宝山戏剧人的一种必然选择。

朴实中充满张力。在男声的伴唱声中，大幕徐徐拉开，映入观众眼帘的是80年代末安徽齐云山区的秋景：远处山峦起伏，轻云缭绕；近处竹姿挺拔，苍翠秀丽；一条朦胧如链的山道，逶迤曲折地伸向远方；简陋的小屋一角……《挑山女人》的舞台呈现完全是一派生活真实，似乎没有特别的讲究，有时会感觉略显“寒碜”。众所周知，舞台美术一定要为剧情服务，要有利于剧情的推进发展。《挑山女人》做到了这一点。这要归功于导演在二度呈现上把握住了“朴实无华”四个字。正是这种朴实无华，让观众不知不觉浸润于剧情之中，来一步、一步感受女主人公的人生遭际，与剧中人同呼吸、共命运。华雯所塑造的王美英这一女性形象更是张扬着本真，朴实无华中注满情感张力。这源于演员被汪美红这一生活原型的“深深打动”，以及她对人物内心的深刻体验和自身对人生岁月的感悟。“光荣和骄傲可能还不足以形容美红这么一位伟大的母亲，她用自己谦卑的朴素和真实的生活，给我一种震动，她的故事、她的精神，带给我的灵魂的，是一种救赎，只是，这故事那么辛酸，这精神那么深刻，这救赎那么沉重。”华雯将汪美红对她的震动提升到了“救赎”的境界，我问她为什么要用“救赎”二个字，是不是显得太沉重了点。她回答：每次演《挑山女人》，似乎不是我在演王美英，而是汪美红这个人物原型在一次次荡涤着我的灵魂，净化着我的内心，精神深处确实有一种被“救赎”的感觉。无怪乎，每一次演出，她总是忘我地演绎着对儿女的舐犊深情，对子强的内心愧疚，对婆婆的宽厚大度。特别是，在王美英受到委屈，面临绝境，爱情终究无望、恐难圆孩子读书成才之梦这一与丈夫共同的心愿时，华雯那一阵阵呼天抢地的呐喊，那一声声撕人魂魄的号啕，这哪儿是在演戏啊？完全是将自己所体验的、分不清究竟自己是戏中人，还是戏中人是自己的那份复杂情感一泻千里，真正地在演人、演情、走内心，诚如她自己说的，“每一次掉泪，每一次嘶喊，每一次号啕，都让我心跳加剧，脑子发胀，手脚发麻”。朴实无华的定位，真性情酣畅淋漓的流露，使华雯在这出戏中的表演可圈可点甚多。给笔者印象尤为深刻的是，当女儿不懂事不好好读书时，王美英欲教训女儿却狠狠地将巴掌打在自己的脸上，然后脚步沉沉走到张华遗像前，泪眼望着丈夫遗像倾诉那一段，按沪剧表演常规路数，演员完全可以通过唱来传情达意，但华雯大胆运用白口来抒发此时此刻的人物内心，时而纠结、时而悲切、时而哀怨，300多个字，高低起伏、抑扬顿挫，缓缓道来，字字击人心肺，句句催人泪下。每看到此，自己会想起童年时光在农村见到的农妇“哭丧”的情境，而华雯在这里的处理更具震撼，真正的源于生活却高于生活。这在自己所观看的沪剧表演中尚属首次，能对自己的心灵产生如此的冲击也是第一次，十分符合沪剧这一剧种的表演风格，这不能不说是演员对沪剧表演艺术的一个贡献，体现了演员不一般的功力和对人物的深刻理解把握。还有充满款款深情的那一段“日月星辰是天上宝，五谷花草是地上宝。忠臣良将是国中宝，爱心孝道是齐家宝……”，唱来舒缓流畅、荡气回肠，杨派韵味纯厚，传承中又恰到好处融合此情此景，一位伟大善良、充满家国情怀，可亲可爱的母亲形象跃然眼前。听团里的演员说，一次下大学演出结束后，好几位外地大学生挤到后台，紧紧地拥抱着华雯泪流满面，唤她“华妈妈”、“妈妈”，说看了演出，知道了自己母亲含辛茹苦将自己送进大学有多么的不容易，自己一定会好好读书，今后一定要好好照顾母亲，报答亲人。《挑山女人》所传递的力量和艺术感染力可见一斑。戏剧大家郭汉城评价“华雯演的挑山女人很有生活，对王美英这个人物有认识，情感很真实，充分发挥了沪剧演现代戏的优势”。确实，沪剧作为上海的本土戏曲剧种，正如上海这座城市“海纳百川”的特性，题材包容性很强，尤其擅长演现代戏。《罗汉钱》、《芦荡火种》、《红灯记》、《星星之火》、《一个明星的遭遇》、《风雨同龄人》、《明月照母心》等剧目中的一系列人物形象，特别是女性形象给观众留下了十分深刻的影响。毋庸置疑，华雯所塑造的王美英这一人物形象是可以毫无愧色地列入沪剧界、乃至中国戏曲界当代戏曲人物画廊的，《挑山女人》在沪剧史上必然会留下浓浓一笔。《挑山女人》与华雯的名字紧紧地连结在了一起，这对一位“以沪剧为人生追逐之梦”，并且“将坚定追逐下去”的演员来说，是值得欣慰的！更是值得骄傲的！

聚焦观众需求。在评价《挑山女人》的创作演出时，也有一种意见认为，看完全剧，似乎感受不到政府和组织的力量。据主创们介绍，其实，原型汪美红比剧中王美英的生活遭遇还要不尽如人意。笔者不想就这一话题展开议论，但剧中所传递的政府和组织要切切实实地关注、关心、改善“王美英们”的民生这一讯息，在当下实在是很有现实意义。2014 年 2 月 17 日，中央政治局委员、上海市委书记韩正在首都国家大剧院看完此剧，要求全市党员干部结合群众路线教育实践活动，都要看一场《挑山女人》。他说，“要让我们的干部流流泪，想想怎样更好地为老百姓服务。”于是，《挑山女人》就有了巡演上海 17 个区县的难忘经历。还有一个有趣的现象，该剧尽管在去年举行的第十届中国艺术节、第十三届中国戏剧节上先后获“优秀剧目奖”、“优秀编剧奖”、“优秀主演奖”、“优秀导演奖”、“优秀作曲奖”，今年又先后获颁“中国戏曲学会奖”、“中国现代戏曲突出贡献奖”。获奖无数，但没有出现文艺界一直诟病的创作剧目是为了冲奖，一旦获奖便“马放南山、刀枪入库”。相反，《挑山女人》“被需求”的势头越来越旺。今年 8 月，《挑山女人》将“挑”进香港文化艺术中心，兄弟省市的有些基层艺术院团也向宝山表达了移植该剧的意向，“《挑山女人》大家唱”、“我看《挑山女人》征文大赛”等活动正在紧锣密鼓地策划推进中。一出地方剧种的现代戏能在当下受到如此追捧，这与该剧创作一开始就始终怀有一颗平常心，始终将关注点聚焦在观众身上，而且根据剧团自身客观条件进行有关。看似简单的道理，却关乎艺术创作规律和创作心态这些重要问题。“只要观众喜欢，我们就会一直演下去”，华雯和她的团队自豪地说。

是啊！期待《挑山女人》越“挑”越高，挑山女王美英之精神感染更多人的内心，宝山戏剧人在现代戏创作实践过程中取得更为丰硕的成果。

为"经典"而喝彩

高　阳
(江苏太仓市原副市长)

我是一位戏曲爱好者,对周边的地方剧种情有独钟,如越剧《红楼梦》、锡剧《珍珠塔》、沪剧《罗汉钱》、《为奴隶的母亲》等经典的传统戏曲百看不厌。而现代题材的戏曲虽然也有不少好的作品,但总是成不了经典而无法长期流传下去。好多剧团为了维持生计,或者说为了一份坚持,不得不老戏翻新,在经典的传统戏上做文章,其中的酸甜苦辣只有当事人心里明白。而对我这样的老戏迷、对无数的戏曲爱好者来说,何尝不同样在苦苦地期盼着经典的现代戏出现。

沪剧《挑山女人》的横空出世,让广大戏曲爱好者,特别是沪剧的票友们奔走相告,欣喜若狂。《挑山女人》自 2012 年 10 月 26 日首演以来,南上北下,两年不到的时间,演出已超过一百五十场,观众达到了十几万人次。席卷地方舞台,威震四方,昂然挺进国家大剧院,成为首部走进国家大剧院演出的沪剧,并在《人民日报》的头版头条刊发重头文章。可见她的影响有多么的深远,她的成就有多么的辉煌,那么称她为经典之作也就不足为奇了。

一部精雕细琢的经典剧本

沪剧《挑山女人》是在真人真事的基础上改编而成,著名剧作家李莉和创作班子本着"源于生活,高于生活"的创作原则,将生活中的真实故事提炼升华,几度创作、修改、完善,终于完成了一部上乘的精品之作。

全剧七场,剧情简单明了,没有丝毫的哗众取宠、故弄玄虚的成分。山村女人王美英的丈夫因挑山劳累过度而去世,婆婆怕她改嫁故意住回老屋,将三个孩子扔给王美英独身承担。王美英为了把三个孩子养育成人,勇敢地接过丈夫的扁担,成为一名挑山女人,最后终于将一对双胞胎儿女"挑"进了重点大学。

一般像这样的故事很难编成一部经典之作。因为她缺少跌宕起伏的故事情节,人物之间也没有激烈的矛盾冲突,但李莉和创作班子通过刻画人物的内心情感和抓住故事细节,来拨动观众的心弦,冲击观众内心深处最柔情的地方,从而起到了事半功倍的效果。

在故事情节的编排上,每一场都有一个"戏眼",都有一个剧情高潮。在第一场中,婆婆认为儿媳是克夫命,又怕儿媳抛下三个孩子改嫁,竟然对着儿媳又是指责又是羞辱。面对婆婆毫无道理的横加指责和羞辱，王美英痛断心肠。面对丈夫的遗像她欲哭无泪，想到往后的生活压力又感到束手无策，甚至想到一了百了。但是，当听到了三个年幼孩子的呼唤时，王美英内心坚强的一面很快显现出来，为了孩子再苦再累，哪怕搭上一条命也要撑起这个家。通过这一系列内心的纠结和情感的变化，把一个真实的王美英推到了观众面前。

第二场一开始，通过挑夫的对话来描述挑夫的艰辛和对王美英的不理解，从而为王美英的第一次挑担出场作好了充分的铺垫。同时，在这一场中设计了一条若隐若现的爱情线，为以后的剧情发展埋下伏笔。从第三场开始，剧情的发展可以说是一环紧扣一环。故事情节的推进不是简单陈述王美英如何艰辛的过程，而是把对儿女的培养锻炼、对成子强的暗恋和对婆婆的宽容交织在一起。其中通过"三抱"的情节设计，基本上把一个善良勇敢的女人完整地呈现了观众面前。

第一"抱"，"抱"出了母亲对儿女的深深之爱。除夕夜的晚上，王美英为了锻炼孩子的意志和让孩子了解生活的艰辛，毅然带着两个孩子往山上送货。女儿幺妹不慎将年糕跌入山下，欲想下山寻找，被王美英不顾一切紧紧抱住，母爱的天性一下子暴露无遗。当孩子理解到挑山的艰辛后，王美英因势利导、语重心长地告诫孩子做人的道理。"娘要儿明生计肯勤劳，娘要儿尝艰辛心气高，娘要儿懂体谅知报效，娘要儿经风经雨脚踏实地走正道。"真实道不尽，绵绵细雨声震威。

第二"抱"，"抱"出了对成子强的暗恋之心。七年后，成子强在省城因救火而不幸身亡，唯一留下的遗物便是王美英送给他的一根扁担，在扁担上，刻了七个"等"字。当王美英得知这一消息后，再也按捺不住内心的悲痛和愧疚，她紧紧地将扁担抱在怀里，号啕大哭，痛不欲生。这么多年来，埋藏在内心深处的情感顷刻间得到了淋漓尽致的释放。真是流不干人间真情伤心泪。

第三"抱"，"抱"出了王美英对长辈的宽容和大度。婆婆悔恨当初错怪了儿媳，跪倒在儿媳面前表示谢罪，并表示"娘今生欠你，来世做牛做马也要还你啊！"王美英扑到婆婆面前，将婆婆紧紧地抱住，并安慰婆婆：十七年了，该骂的早在心里已骂过了，该怨的也早在心里怨过，如今你老了，我也老了，就让这个怨恨一起都老去了吧！真是以不尽孝道宽容唤人醒。

一部戏的成功与否，并能成为经典力作，剧本将起到决定性的作用，《挑山女人》剧本创作的成功，为这部戏的辉煌奠定了坚实的基础。

一场催人泪下的经典演出

有了一个好的剧本，就得通过舞台表演把剧本中的故事直接表演出来。能不能打动观众，能不能让剧中的故事和观众的心灵发生碰撞，并产生共鸣？要做到这一点，演员的表演艺术将起到决定性作用。

王美英的扮演者华雯是国家一级演员，28年前，22岁的华雯凭借沪剧《东方女性》一炮走红，获得第四届中国戏剧"梅花奖"，并先后二度获得上海白玉兰戏剧表演艺术奖主角奖。

为了演好王美英，华雯前往生活原型的所在地体验生活，用心体会王美英每天登上3700多个台阶的艰辛和不易，用情体会王美英柔情似水又坚强不屈的内心世界，从而为演好主人公打下了坚实的感情基础。精湛的表演艺术，加上情感的真实流露，使得华雯在演出中竟然忘记自己是一个演员，她和王美英完全融为一体。以至于在每场演出结束之后，仍久久不能“自拔”。

华雯从25岁一直演到47岁，20多年的时间的跨度，把出嫁新娘、素颜寡妇，中年村妇的挑山女人表演得惟妙惟肖，栩栩如生。如第二场亮相，挑担上山，无论是挺直的腰板、手臂的使用、还是上下爬坡的脚步，都演得自然真实，挑不出任何毛病，可见她在舞台下是下足了功夫的，在体验生活中是全身心投入的。在唱腔的运用上，她独到一绝，深入人心，让观众们听得如痴如醉。加上本来这是一部“苦情戏”，那种委婉哀怨、激情悲切、缠绵柔情和如诉如泣的韵律，完全把观众带入剧情之中，随着故事人物的情感变化而心潮起伏，情不自禁。可以说几乎每一场都会因为华雯的精湛表演而让我感动流泪。我从太仓到宝山，再到上海中心城区剧场先后看了十一次，对我而言，简直是一件不可思议的事情。如第一场中婆媳的对手戏，第四场中除夕之夜挑担上山的表演，第六场中挥手抽打自己的耳光和跌坐在丈夫遗像前的内心独白，最后一场中闻讯子强噩耗怀抱扁担跌坐在地以及和婆婆之间的对唱等等。这些高潮部分，都让每个观众看得泪流满面，泣不成声。台上哭着演，台下流泪看，整个剧场里面掌声和哭泣声交织一起。一部戏能演到这个份上，确实在戏曲舞台上是相当地罕见。这得归功于用心用情的精湛表演，也归功于其他几位配角的全身心的投入。不管是婆婆、大郎、弟郎还是幺妹和子强，都演得自然逼真，无瑕可击。如幺妹怕母亲改嫁，跪地求娘，表演得真实感人；如大郎爬到母亲身边，手捧麻绳结，充满深情的唱段；如婆婆在最后一场戏中的痛心疾首的精彩表演，都让每一位观众为之动容，唏嘘不已。

一部戏获得巨大成功，除了剧本，演员起到的举足轻重的作用外，作曲，舞美，灯光等幕后配合不可有丝毫的闪失，《挑山女人》剧组恰恰达到了这样一个完美的组合。这是团队的力量，是凝聚了团体中每个人的心血和智慧。所以我要感谢宝山沪剧团的每一位演职人员。由于他们的共同努力和无私奉献，让我们看到了一部撼动天地、催人泪下、心情久久不能平静的好戏。

一位至善至美的经典人物

沪剧《挑山女人》为我们塑造了一位平凡善良的中国妇女的形象。王美英的人物原型来自于安徽齐云山区。王美英她丈夫去世时才30岁，她勇敢地面对自己的苦难人生。独自承担起了抚养3个孩子重任，毅然接过丈夫的扁担，成了齐云山区唯一的一个女“挑夫”。整整17年，她行走了20多万公里的山路，往返上山下山6000多次，相当绕地球走了2圈。她每天挑着一百多斤重的货物，攀登3700多个台阶，不计寒暑，风雨无阻。17年里，她一共磨破了140多双解放鞋，挑断了70多根扁担。这是一位平凡而伟大的母亲，她的平凡来自平常百姓的平常琐事，她的伟大来自于一个女人强大的内心世界对人性真善美的苦苦追求。在这个女人身上，看到了我们中华民族脊梁的缩影；在这个女人身上，看到了勤奋、坚忍、无私的优良品质；在这个女人身上，看到了对责任，诚信的担当和希望；在这个女人身上，看到了母爱，感恩，宽容的博大胸怀；在这个女人身上，看到了对爱情应持有纯洁的萌生和渴望，呵护和思考。在当下物欲横流、享乐至上的现代社会，弘扬主旋律，传递正能量，践行社会主义核心价值观，已成当务之急。我们的社会需要担当，需要这种精神。这种精神是我们国家的脊梁，是我们屹立于世界民族之林的魂，我们必须为之奋斗。在《挑山女人》这部戏中，我们看到了一种忍辱负重、坚忍不拔、诚实善良、吃苦耐劳、甘于奉献的精神，这种精神正是当今我们社会急需挖掘和发扬光大的精神。如果这样的精神能够得到传递，并且永远传下去，我们这个社会必将充满着温暖，我们的国家必将世世代代兴旺。

经典人物可以是领袖，可以是先贤，可以是英雄，也可以是平民百姓，因为在他们身上都具有一种共同的精神。我认为，王美英身上完全具备了这样一种精神，所以她在我们心中已经成为一位经典人物。沪剧《挑山女人》这部经典之作，将会被后人传诵，并产生深远的社会影响。

大男人看了也流泪的好戏

周　平

（沪剧观众）

一大早打开微信，就看到华雯前一晚在国家大剧院演好《挑山女人》后发的留言："终于可以平静下来了！……韩正书记对我说：'好戏，我热泪盈眶了……'"

哦，原来看这戏流泪的男人果然不只是我这小百姓戏迷啊！

那是 2012 年 10 月的一个下午，专程赶往观赏宝山沪剧团最新原创现代沪剧《挑山女人》的首演。刚进剧场就有些惊讶：只看见观众席上除了放有矿泉水外，还放着些面巾纸，不觉暗自笑出声来："华团是不是有点过分啊？"谁料还未看完全剧，面巾纸则早已用完。我，一个大男人，居然流泪三次有余！于是，当晚就在自己的沪剧博客上发了个帖子：《挑山女人》，一出催人数度泪下的煽情戏，一个令人由衷敬佩的"美丽女人"。宝山沪剧团又一次成功推出新戏，华雯再一次成功塑造舞台新形象。

沪剧《挑山女人》，源于安徽齐云山下一个真实的故事，女主人公王美英——一个再普通不过的山里女人，在丈夫不幸离世后，历经十七年，蹒跚独行着把包括一个还是盲童的仨孩子抚养长大成人。与华雯以往塑造的一些女性形象相比，王美英或许更缺少"高大"，更为"草根"。但正因为如此，她也就更接近我们，更让人感动、感激、敬仰乃至流泪……

《挑山女人》的成功首先是因其选材对路——一个家庭故事，一位女性主角，一段坎坷经历。

纵观这百多年的沪剧历史，家庭故事绝对是众多成功剧目的法宝之一。无论是滩簧时期的《卖红菱》、《陆雅臣》、《阿必大》，还是西装旗袍戏时期的《叛逆女性》、《大雷雨》、《碧落黄泉》，抑或是解放后的《罗汉钱》、《红灯记》、《星星之火》，即使是新时期的《金绣娘》、《姊妹俩》、《东方女性》等，都无不把视角投在家庭上，写家庭的悲欢离合，写家庭成员的喜怒哀乐。这些家庭戏多少年来历演不衰，始终深受沪剧铁杆"粉丝"们的青睐、热捧。深谙其道的《挑山女人》主创者们，十分智慧地也把该剧的视角设定于一个家庭、而且是一个破碎的家庭——丈夫掉下深山离世，婆婆怨恨她克夫离家回山中老屋，留下的一个盲孩子和一双龙凤胎都才只有 3、5 岁。王美英只得独自选择了连一般男人都望而却步的活儿——挑山，来赚钱过日子。十七年的挑担，风雨无阻艰难行进二十多万公里陡峭山路，往返六千多个来回，磨破一百四十多双解放鞋，挑断七十多根扁担……挑山女人王美英，用她那柔弱的双肩挑起生活重担，硬是将一双龙凤胎儿女"挑"进了重点大学。如此正能量的家庭故事，自然得到了沪剧观众的接受乃至欢迎。

女性作为全剧绝对主角也是绝大部分沪剧剧目的特色，因而也成就了众多的女沪剧名家。丁是娥、杨飞飞、凌爱珍、汪秀英、石筱英、顾月珍、筱爱琴等沪剧前辈是如此，现状更是如此：不仅名家中有堪称“五朵金花”的马莉莉们，三大院团的一号领导茅善玉、华雯、陈甦萍，以及民营剧团的当家人王勤、郭懋勤、王慧莉等也都是娘子军。近年来，华雯连续饰演了金兰云（《宝华春秋》）、王瑛（《红叶魂》）、江姐（《红梅颂》）等几个女干部、女英雄的角色，个个都在观众心中留下了深刻印象。但我以为，这次她尝试塑造的这个全新普通母亲形象，一定会更铭刻于观众心中。

几十年的舞台生涯历练，加上一贯对艺术几近苛刻的追求之习惯，使得华雯塑造的王美英，成了沪剧舞台上的又一个“美丽母亲”。从一开始婚礼大轿上的漂亮新娘，到稍后的素颜寡妇，再到后来的女挑山工，直到最后已显苍老的华发母亲，华雯不惜外在形象上的步步失美，却给人以艺术形象上的始终美丽，最终定格在“母爱大美”上。在目前讲求懂得感恩、道德回归，倡导大爱，面对困难敢于担当与坚守的时候，“王美英”的贡献实在是及时的。

《挑山女人》的成功也在其叙述结构上——一条悲剧主线上，恰如其分地排列着几个泪点。

沪剧擅演悲剧，甚至到了有点过分的地步——以至于现在喜庆一点的场合想唱点适合气氛的沪剧段子都感觉颇难。但也正因为这点，才能被那么多沪剧迷所痴迷。

《挑山女人》开戏不久，就把人们带进了苦味汤中：新婚没几年的王美英生下了一个盲孩子，两年后又是一双龙凤胎降临到这个不太富裕的山里人家中；添了三张嘴巴，正是需要多点钱进账时，大祸从天降，家中的顶梁柱丈夫坠山而亡……编剧的确很懂得观众的看戏路道及悲剧欣赏心理，波浪式地安排情节，设置泪点，让观众在刚擦拭掉眼泪不久，以为能舒口气时，又让你再一次眼泪情不自禁地流下来。一而再再而三，直到一个个哭红了眼圈，走出剧场一边想不明白“迭个女人哪能嘎罪过啊?”一边却感叹“今天真的是看了一只好戏”！

《挑山女人》的成功还在其舞美、音乐及其他综合艺术方面，都有突破或很好地保持了特色。

《挑山女人》的舞美设置，比之宝山团以往的《红叶魂》、《红梅颂》，又有了一个跳跃。立体逼真的场景，山是山来水是水，大雪纷飞烟雾缭；换景的电脑控制，转瞬间，屋内就变成了山间……当然，如此舞美，真正下乡巡演怕是无法复原的，必定还得准备另外一套简约布景。

《挑山女人》还让笔者再次感受到区级沪剧团对新戏中保留、运用沪剧传统唱腔做得比较好，老观众能在新戏中听到熟悉、喜爱、痴迷的流派唱腔。如戏中弟郎在母亲面前埋怨奶奶的唱段，用了人们熟悉的邵派唱腔，感觉更为亲近；华雯戏中的好多唱段，都能让人听出其老师杨飞飞“杨派”的韵味，那段赋子板则更是来得是时候，绝对的“不吐不快”！

难能可贵的是，对于这么一台甫一推出就广受观众和专家欢呼、点赞的好戏，华雯和她的伙伴们，并没有一点点的沾沾自喜，而是一次次地放下身段，真心听取圈内外各界的“挑刺”“献计”。一次次地修改，无论是情节、唱词、对白，乃至道具，力求更为合理、恰当地为剧情服务。就说那根扁担吧，在首轮演出中是一封在成子强枕头底下压了多年的信，后来改换成扁担后，不仅很好地串起了戏——美英匆忙赶回家遗忘山下；子强上门送还，美英让作留念；幺妹省城带回遗物，美英睹物欲哭无泪……同时也避免了沪剧剧目中常有的"读信"桥段的再现。如同"花园会"一样，"读信"已经因为它的成功变成了沪剧中的一种现象，但笔者的确不希望它是沪剧中的"亘古不变"，动不动就将它牵出来溜溜。

戏中还有一例创新手法，也让人拍案叫绝。面对不再想读书的幺妹，实在感到有些力不从心的王美英，并没有像观众们想当然那样的来上一大段唱，而是设计了沪剧中罕见的长达3分半钟的大段独白。华雯那充满感情的泣诉，借鉴话剧剧种，抑扬有别，快慢不一，令人无不动容动情直至泪下。看完演出，这一段念白与众多唱段一样，也牢牢地被烙在了观众们的心中。

总之，华雯们的《挑山女人》，剧情不复杂，但感动人；人物不高大，但可信；唱段留得下，听得出流派韵味；实在是一出近年来沪剧舞台上难得一见的感人好戏。我们喜欢！

传统的演绎都打破了

赵爕雨

（沪剧观众，美籍华人）

一部“三无”剧目《挑山女人》——毫无曲折离奇的故事情节，亦无缠绵悱恻的爱情纠葛，更无华丽夺目的服装舞美，褒奖文字多得犹如满山盛开的杜鹃叫人应接不暇。凭什么她能得到如此普罗大众热烈持久的赞赏呢？从一个出身沪剧老艺人家庭的资深戏迷眼光来看——正就是因为《挑山女人》一朝问世，把传统的演绎都打破了。

沪剧擅长现代剧目，当年的四面红旗之一。历来好戏多多，确是事实，绝对不错。但是只要清理一下演出海报，不难发现基本上属于两大类型——要么歌颂历史伟人英雄模范表彰先进人物，要么抒发情爱纠缠感叹伦常剧变。前者比如《张志新之死》、《白莲花》、《寻娘记》、《陶行知》、《宋庆龄在上海》、《敦煌女儿》、《霓虹灯下的哨兵》等等，直到今年最新出台的两部原创大戏《小巷总理》和《51 把钥匙》。后者最近的新作则以《海上花》最为典型，不用再多举例子。就是移植于经典名著的一系列优秀剧目像《雷雨》、《日出》、《家》、《断线风筝》、《今生今世》中的人物无一例外地缺乏新世纪的时代感。哪怕是同样反映现代农村生活的《三接新娘》、《宝华春秋》等剧目，既没有也不可能像《挑山女人》王美英那样接地气深植民心。

王美英挑着沉重的担子从齐云山走进了上海滩。一个全新的题材，一个从来没有占领过沪剧舞台中心的小人物，普通得不能再普通的农村女性。她既不是石派名剧《母亲》中投身地下斗争的革命老妈妈，也不是《明月照母心》里的优秀人民教师金晓晖。柔弱而又坚韧的王美英屹立在戏曲舞台上，她用一颗既平凡又伟大的慈母之心感动了全场观众，无论是否专家学者，也不论是否上海本土。说题材出奇制胜，说人物全然出新，就在于这个剧目的主题，一反沪剧往常不是鸳鸯蝴蝶言情剧就是革命壮志斗争剧的常态，写了一个普通农村妇女，还是一个带着三个孩子的寡妇的平凡奋斗史。

文艺评论家毛时安先生对《挑山女人》评价道：“故事简单明了，但简单不单薄，蕴含着丰厚的人生底蕴，是一部走情走心走人物的戏。它摒弃了当下流行时尚戏曲剧中附加的苍白的浮光掠影式的好看元素，让戏剧回归到艺术本真的原点。”说得何等地好啊！这里说的“三走”：走情走心走人物，最终都得由演员来体现在观众面前。

关于女主演演绎的精彩纷呈有众多美誉，我只想再补充一个往往被忽略的重要方面。戏曲的净场唱，是阐述人物情感的一个极其紧要的手段。在《挑山女人》中固然运用自如多次呈现，可还有一个绝佳片段就是第六场中女主人公对张华遗像的独白倾诉——因为舞台上聚光的关系，正可以相当于净场唱！从“十年了，张华啊……”到反复强调“张华，你真的都看见了吗？”“张华，我难啊！”一直到痛责自己没有做好一个母亲，整整时长三分半钟的大段内心独白，其难度丝毫不输于随后引出的“千千结结千千”的净场唱段。

梨园行都知道“千斤道白四两唱”。而这样大段内心纠结自忏自谴的独白在话剧里时常有见——特别彰显话剧演员的功底，但在戏曲舞台上实属稀罕，尤其在沪剧舞台更是从来没有看到过的第一例。如此撕心裂肺，如此深刻动人——其实那真不是在演戏。每一次掉泪，每一次嘶喊，每一次号啕，都是女主演全身心的付出，以至于她自己感到仿佛就在梦游。而与之相反，在某些剧目中没有真爱真情的所谓“爱”的体现，再怎么在舞台上大声地痛苦呐喊，观众也不会觉得感人更不可能入戏。不要忘记，这般精妙的无唱腔处置，在最后一场中又出现了一次。那是她得知成子强噩耗之后，还要倒转来安慰幺妹把心放宽，直到送走子女再急奔上场拿起扁担，这才放声大哭。从一名草根编剧的角度看，如此演绎可谓有胆有识令人钦佩！

还有，第五场是痛苦的抉择。王美英一句台词——“美英祝你幸福”说出口，直到成子强“美英保重”转身离开，这一桥段并无常规爱情戏里比如“楼台会”那样司空见惯的惜别对唱。男女两位角色先是眼神紧扣对视，面露尴尬强忍悲痛，到彻底理解了决绝的不可挽回，双方突然爆发出一阵苦恼人的笑，再次给观众深深地带来对于“美英不能求两全”的心灵震撼。这样的演绎也是一种非常难得的突破。

一台好戏，讲究的是整体感强。诚如文化部前高部长曾经赞赏过黄梅戏大师黄新德梅花剧作《柯老二入党》的一句评语：八大金刚满台生辉。《挑山女人》她同样满台生辉个个出色无可挑剔。女一号男一号今年分别摘得白玉兰主角配角奖自不待言。男二号那个失明长子——本来残疾人要由身心健康的演员来出演就有难度——演出效果就赛如《二泉映月》里的瞎子阿炳。这位优秀演员还在序幕中出演轿夫之一，体现了全团“一棵菜”精神。哦，还有那个 5 岁的小演员照样演绎盲童十分难得。两个年龄不小的女演员扮演弟郎幺妹双胞胎，刚出场时只有 12 岁，年龄的巨大反差这个难题得到了圆满的解决。“迎风冒雪上山道”中兄妹俩的舞蹈，有几场幺妹和妈妈的对手戏都给出了最好的回答。眼前一亮的舞台呈现，使我联想起少年时代看到过中国福利会儿童艺术剧院方掬芬等老前辈的杰出表演。

现代戏创作中《挑山女人》的成功经验，反映了在弘扬社会主义核心价值体系中沪剧人的责任担当。她接二连三地创造了沪剧史上的奇迹，包括再三再四地刷新获奖纪录。中国戏曲学会会长薛若琳甚至说，“《挑山女人》还应该再得大奖，得所有大奖！”与会专家都笑着认同。我还想郑重地提议——这应该是一台像谢涛主演的晋剧《傅山进京》那样大满贯的大戏新戏，何况《挑山女人》她并不是清初明君康熙和明末遗老傅山之间和为贵的清装戏，而是那么贴近生活拥抱真实的现代农村新编剧目。

宝山沪剧团在艺海剧院演出时，我买到第一张票 1 排 2 座看的现场，而后看了一遍“七彩戏剧”频道的录像，又看了 N 遍“九州大戏台”播放的全剧和各分场次。套用电影《一代宗师》里面，宫二姑娘对叶问诉衷肠的一句话：“我在最好的时间碰到你，是我的运气。”对于《挑山女人》完全可以说：观众在戏曲大环境不景气的当代能够看到这样一部原创好戏，是广大戏迷们的福音，是沪剧这个剧种的福音，是海派文化的福音，更是地方戏曲的福音！

在赞赏之余，附加还想说两条建议，供宝山沪剧团和有关方面参考——

第一，《挑山女人》不仅应该有舞台版，还应该有电影版。由于沪剧作为上海本土剧种的代表，早早便和电影结缘。建国以来，享负盛誉的《罗汉钱》、《星星之火》就是最好的例子，惜乎后来由于种种原因断档了多少年。这也是沪剧赶不上其他剧种的表现之一。近年来，戏曲为了走出困境结合多媒体传播，戏曲电影又得到很大的关注。最近接连听到拍摄戏曲电影的好消息。有早已获奖的越剧电影《蝴蝶梦》，有去年第22届金鸡百花电影节获奖的《蓝梅记》和《红楼梦》（另外获得提名还有《大脚皇后》、《玉卿嫂》、《铡刀下的红梅》），更不用说文化部倾全力打造的京剧电影三部曲《龙凤呈祥》、《霸王别姬》和《萧何月下追韩信》，《霸王别姬》还进入奥斯卡殿堂首映。其他剧种也有若干动作喜讯频频，比如有《村官李天成》、《老表轶事》、《刘海砍樵》等等，唯独没有沪剧这一剧种的戏曲电影。敬请有关方面及时作好准备。拖一个尾巴，不希望有电视连续剧版本以免被掺入太多水分，破坏了《挑山女人》原有的真善美。

第二，优秀剧目，戏曲精品的传唱是振兴戏曲至关重要的一个手段。就是单拿沪剧来讲，不说老戏，诸如《董梅卿》"送寒郎"、《樱花》"皎皎明月"、《深秋的泪痕》"相见恨晚"等等，都是广为传播的名段。相对来说，宝山沪剧团在这方面需要迎头赶上。特别是《挑山女人》这样一部好戏，接地气也应该要接在广大戏迷票友热情学唱上面。感谢演员和作曲，非常棒的唱段可以举出很多——"籽落石缝它也要蓬蓬勃勃发新芽"、"迎风冒雪上山道"、"收起泪水莫长抛"、"十年光景十年长"、"我的好妈妈"、"妈妈妈妈你莫伤心"和"终收获这风雨过后艳阳天"等。希望能够重视当下网络手段的运用，在网上可看到相关唱段的视频音频以及卡拉OK，便于学唱利于传播扩大影响。

我的妈妈和《挑山女人》

汪力胜

(《挑山女人》原型汪美红小儿子)

老实说，我所了解的戏剧并不多，只知道京剧、黄梅戏此类大剧种，而且没有很高的兴趣。暑假期间，华雯阿姨为我提供了一份兼职，在她剧团打杂工，我欣然答应了。之后我才知道华雯阿姨所在的剧团名为宝山沪剧团，是当地方言的小剧种，而且正在巡演《挑山女人》这部戏，是以我妈妈以及我的家为背景创作的。戏中有我还有我长大的历程，对此我很期待。在剧团第一次出演时，华雯阿姨卸下我的工作，让我做一名观众，正儿八经看次演出，说这对我应该挺有意义的，我想也是的。

大幕拉开，华雯阿姨所饰演的王美英在山上踏着云雾走来，我知道那山是我儿时经常玩耍的齐云山，那王美英的原型是我的妈妈。我的思绪一下被这情景带入回忆，年轻时妈妈一定也是同样的美丽，有过许多追求者，最后被爸爸娶回家。然而在有了我们之后父亲却意外去世了，妈妈却没有抛弃我们，而是挑起了整个家。戏一幕幕地演着，我的回忆我的心却一直跟随着剧情，是因为它确实很震撼，虽然我能猜到剧情的大致发展，虽然是讲述我妈妈的故事，但以沪剧剧种来展示的时候，让我感到原来自己也能打动自己，妈妈的故事是这么的感人！剧情的一幕幕是那样的衔接紧凑，惊心动魄，就好像跟妈妈的故事不是同一个故事，我想这就是沪剧的魅力所在，还有华雯阿姨以及诸位演员的演技精湛和编剧的高明之处。直到剧终，我才醒悟，才知道后背不知什么时候已经湿透了，也不知自己哭了多少次。我并不害臊，因为在场没有不哭的。我很欣慰，母亲多年来的努力、付出，能换来这么多人的感动、流泪，传递伟大的母爱，还有我能健健康康地坐在位子上看母亲的故事，这一切都是妈妈您无私奉献换来的，您很成功，您很了不起，我以您而自豪。观众包括我全都自发地向华雯阿姨起立鼓掌，阿姨，您也是成功的。

我心目中的母亲就像戏中所演的那样：坚强、勤俭、严厉又慈祥。风风雨雨走过了十几年，独自一人养育我们茁壮成长，供我们读书，挑起整个家，可以说男子汉都没有几个能做到，母亲却做到了，妈妈的毅力、坚强令人敬佩。在我眼中，妈妈既是慈母又是严父。她所给我们的不仅是母爱，更是让我在失去父亲后能感受到父一般的爱。在学习、原则上对我们一丝不苟，虽没有戏中那样说的气势恢宏，但也经常把要好好读书、该看书写作业了、该睡觉了之类的挂在嘴边。生活上母爱总是在不经意间，桌角遗留下来的饼干、裤子上补丁等都能感受到母亲的温柔。母亲的勤俭是出了名的，至少我是这么想的。虽然我会跟着受罪，有过抱怨，但正是因为母亲的精打细算，才让我们家渡过一道道难关。现在的日子渐好，但母亲并未改掉毛病，在家中我们还能做些什么，但在外就读的我们难免有些担心，母亲不会善待自己，更别提享受，至少我清楚不逢节不买肉。我不会强迫她改掉什么，只希望以后能多陪陪她。想起妈妈现在略显苍老的面庞，母亲本应享受爸爸的呵护，本应能像村里婶婶一样闲暇时打打麻将、聊聊天，然而妈妈却常日在劳累中度过，我心里愧疚、感激万分。妈妈，您辛苦了，感谢有您。

作为一名观众来说，沪剧《挑山女人》带给他们的是感动是教育，而对于我作为戏中王美英原型的儿子来说，更多的是对人生的一种思考。妈妈为我们付出了这么多，社会上好心人帮助了我们那么多，我应该做些什么？我该做些什么报答他们？虽然这些之前我有想过，虽然我知道他们初衷不是谋求回报，但我不应心安理得地去承受，有一种需要重新认清自己的冲动。在看《挑山女人》演出时，我就潜意识里经常地对比戏中的弟郎和自己，比照自己与他的不同。戏中弟郎的优点有些我没有，比如他乖巧懂事，但我的缺点他都没有表现出来，像我贪玩、粗心、有时叛逆等。我知道，剧本剧情是沪剧表演需要，华雯阿姨她们为了表演不知苦练多少功夫，就像我妈妈在看完后说的那样：剧中的王美英演的是我，但华雯演的比我好哦。我觉得妈妈已经很成功了，而自己仍需努力。

此次观看让我体会到了沪剧的魅力，改变了我对戏剧的看法。有些东西或许不是自己不感兴趣，而是自己没有近距离接触过。以单纯的观众角度来看，观众则看到了中华民族的善良、勤奋、坚韧、无私的优良品质，加深了对于责任、担当、感恩、宽容的思考和理解，意义非凡。表演的内容、剧情、演技不比演唱会、电影来得差，也能身临其境，受益颇多。最后，祝愿华雯阿姨所在的宝山沪剧团发展得越来越好。

“好作品是会自己说话的”

我和《挑山女人》不得不说的故事

许霈霖
（资深经纪人）

在遇到《挑山女人》之前，我和沪剧的交集非常有限，虽然我从事演出经纪行业有大半辈子，做过各种地方戏曲甚至是芭蕾或交响乐，但涉及最多的还是越剧和评弹，很少做沪剧。可因为和华雯是好朋友，她搞了新戏总不忘让我去看看，我也很关注她和宝山沪剧团的发展，所以每次也欣然赴约。此前，我也看过《红叶魂》、《红梅颂》等作品，虽然也是让人感动的好作品，但总觉得定向戏市场前景不足，我并不是特别留心，直到那天看了《挑山女人》，这份震动让我至今记忆犹新。

还记得那是 2012 年 10 月 26 日的下午，《挑山女人》在宝山区委党校首演，我由于自身对戏曲的热爱，加上又是大半辈子都在这个领域工作，自问看戏不下数百部，近年来已鲜少能有作品让我“失态”。但那一天，我是真的被感动了，不是普通的动情，甚至可以说是流着泪看到最后的。相信每个看过《挑山女人》的观众，都跟我有过一样的感动到落泪的体会。我对这个戏最大的感触就是“没有官话”，作品表现的是一个女人以柔弱的肩膀挑起一家子的生计，歌颂的是中国女性勤劳朴实的传统美德，但是通篇听不到一句“高大上”的口号式的言语，也没有那种激进的赞美之词。真的就是用最生活化的情景、最生活化的语言、最生活化的细节、最生活化的表演体现了女主人公王美英为撑起一个家、养大三个孩子度过种种生活磨难。

我当时就觉得，这个戏有观众，也具备市场化操作的条件，即便有政府拨款，还是应该凭借市场运作让它走得更好、走得更远。于是在华雯问我感想的时候，我就知无不言了。我对她说：“这是一部好戏，一部值得花心思好好做的戏。它就像是个有潜力的孩子，你要给他喂食、细心呵护他长大，我相信他长大后是会给你回报的。”当时，华雯听了也很激动，可是他们团队里缺乏有市场运作经验的人，她就邀请我来帮她一起运作《挑山女人》，我和这部戏也就此结缘。

在完成宝山固定的 26 场演出之后，《挑山女人》正式开始了市场探险之旅。当然，在跨出这第一步的时候，几乎没有什么戏进行过大规模市场运作的宝山沪剧团还是比较谨慎的。华雯找到我，她很担心《挑山女人》一旦放在市场上演会亏本，毕竟沪剧走出去一直是比较难的，这个戏如果市场运作了就牵扯国家、集体和个人的三者关系。为让她安心，打消她的顾虑，也为帮好友壮胆，我拍胸脯跟她说：“我们就以两万为界限，如果票房不足两万，我来填；如果超过两万，超出的部分我们一人一半。”有了2万票房保底，华雯显然安心了很多，《挑山女人》的市场运营之路就起步了。

万事开头难，起步阶段真的是很艰苦的，我们联系了宁波、常州、杭州、绍兴等地去巡演。最初要价很低，记得在太仓原本计划演2场，当时是2万一场，演完的结果却让人喜出望外。这就要说到我在《挑山女人》这个戏里获得的另外经验，那就是：“好作品是自己会说话的！”《挑山女人》在太仓首演的时候，我们并没有太高的期待，只是想要让她走出去尽可能地见观众。但在演出结束的时候，我敢说剧场里90%以上的观众已经被戏折服。其实，那时候《挑山女人》在上海已小有名气，并积累了一些粉丝，上海粉丝竟自己组团包车去捧场，或许也在一定程度上为这个戏在太仓的演出造势。但关键还是戏本身！首演谢幕的时候，太仓方面的相关领导就找到我们，表达了希望我们能够再加演几场的愿望。数周后，加演合同敲定的时候，演出费已经从2场4万涨到6场40万，这都不是我们坐地起价，而是作品本身的优秀让对方看到了你的价值，愿意帮你走得更远。

在上海乃至江浙周边证实了《挑山女人》的实力后，我又将目光瞄准了北京国家大剧院的舞台，这是上海地方戏——沪剧从未曾踏上的一方舞台，我希望《挑山女人》可以完成这个里程碑式的跨越。比当初走市场的决定还要遇到更多的阻力，方方面面对于是否要让《挑山女人》登上国家大剧院的意见很不统一。有观点认为花这么多钱上北京，去国家大剧院演两场有什么意义，沪剧本来就是以沪语为主体的上海地方戏，根本越不过江的，去到那里语言也不通，谁要看？有赞同的人又觉得，事情虽好做起来太难，比如谁去联络国家大剧院，人家肯不肯搭理我们。对于这些反对意见，我都很理解，但我觉得《挑山女人》要做大、要成为能立足戏剧界的作品，必须要过这一关。

当时正是艺术节期间，我恰巧在做国家京剧院的《赤壁》，国家大剧院副院长邓一江来上海看戏，我就邀请他看了一场《挑山女人》，我印象深刻的是，当时一散场他当即拍板，说欢迎我们进入国家大剧院演出。这再度让我深信：“好戏是自己会说话的！她不怕向任何人证明她的优秀，大家对好剧目都是有爱的。”之后的进京之路就越发顺利了，2014年2月18日、19日，沪剧《挑山女人》首度站上中国国家大剧院的舞台，这也是代表上海本土艺术的沪剧首度登上国家大剧院的舞台。同年10月，《挑山女人》获中宣部第13届精神文明建设“五个一工程”优秀作品奖，并于当月11日、12日再度获邀晋京亮相长安大戏院，参加国庆65周年全国11台优秀剧目集中展演。而就在刚刚过去的10月26、27日，为纪念习近平总书记在文艺座谈会上的讲话，深入贯彻文艺作品当“服务人民·书写时代”的讲话精神，《挑山女人》受邀中国国家大剧院，在“中国故事·当代精神”系列展演中演出。这是沪剧《挑山女人》第三次站上了首都的舞台，距离首度登上国家大剧院舞台，刚好一年半时间。

两年里三度进京，这对于一个地方剧种，尤其是南方语系主导的沪剧而言，具有里程碑的意义。10月26日的演出，恰好是《挑山女人》的第200场，站在这个时间节点回望，这部作品的每一次的成长、每一次的进步、每一次的成功，都证明了——好戏是需要在台上不断地滚、不断地打磨的，她需要不断地见观众，用观众的口碑一砖一瓦地建立起她的丰碑，而在这个不断演出的过程中也让自身日臻完美。《挑山女人》自2012年10月26日首演到2015年初，短短两年多的时间，先后获得第10届中国艺术节"优秀表演奖"、第14届文华奖、第13届中国戏剧节的"优秀剧目奖"、"文华剧作奖"、"文华导演奖"、"优秀表演奖"、"优秀音乐奖"、中宣部的"五个一工程奖"等17个奖项，而华雯凭借在剧中出色地诠释了王美英一角获得了第24届上海白玉兰戏剧表演艺术奖主角奖(二度兰)，并于2015年5月在第27届中国戏剧梅花奖评选中摘得"二度梅"。不断获奖的同时，剧场的邀请也接连不断，演出价码也不断上升，我数次向剧团提出修改合同，原因很简单，当一个演出经纪人觉得报酬拿到手发烫的感觉是常人不能理喻的，毕竟有个国家、集体、个人的三者关系。

《挑山女人》这一路走来，获得过无数的掌声和追捧、赞誉和奖项。然而最为难得和可贵的，还是我们从未在面对赞誉和掌声时迷失，也没有因为获奖而停下前进的脚步。我深刻感受到，一部作品除了要创造首演时的"一鸣惊人"外，更重要的是能成为各大剧场争相邀约的对象。不论是太仓大剧院演完2场，又再加价邀约6场的诚意；还是在山东参加"七艺节"时，台下观众挂着泪珠谢幕长达五分钟。不论是首度亮相香港文化中心，康乐署的领导激动地在散场后拉着主创和演员聊了整整三小时；还是在苏州演出时，爱戏心切的观众将《挑山女人》称为第九个样板戏；或是浦江镇从最初4场演出增加到7场，再增加到8场，甚至在隔了一年后的现在，浦江镇又向《挑山女人》伸出橄榄枝，希望我们再去演两场的口碑效应……这些肯定、热爱、牵念、再度邀约，都被我们视作这是对一部优秀原创作品的最大肯定。

说到底，戏好不好就看观众买账不买账，好的剧目就是要做市场"回锅肉"，这是我一个戏剧经纪人在《挑山女人》运营过程中的最大感悟。最后，我期待《挑山女人》可以走得更远，尽快进行全国规模性巡演，相信她会有更多的反响、更多的故事。

扁担，挑起了一份重重的责任

——沪剧《挑山女人》金曲大赛参赛感想

严 蓉

（沪剧爱好者）

第一次观看沪剧《挑山女人》，是出于对宝山沪剧团的一份敬佩之情。一个区级剧团，近年来，一直不断地在推出反映时代气息的新剧，培养了一批在沪剧界有影响的青年演员，在当今戏剧市场并不景气的情况下，能有这份创新的坚持，实属不易，令人敬佩。

《挑山女人》剧情并不复杂，女主人公王美英因为丈夫意外身亡，家里顿失顶梁柱，面对嗷嗷待哺的幼儿、失子之痛的婆婆，她只能擦干眼泪、挑起扁担、换上解放鞋，做一名艰苦的挑山工。凭着每挑一百斤物品换取的五六元收入、凭着一份对家庭的责任、凭着一位母亲对儿女的无私情怀，一挑就是17年，含辛茹苦地将三个孩子抚养成人，供他们读书，教他们做人。在艰难的生活面前，王美英没有怨天尤人，而是独自默默地承受着生命的苦难和生活的历练。

当我满含热泪和周围同样红着眼圈的观众一起面对演员谢幕，把最由衷的掌声献给演员时，发觉自己已经被舞台上王美英这份朴实的情感深深地吸引了。这出戏，我接连看了三遍，脑海中一直回味着凄苦的剧情和主人公优美的唱腔旋律。

直到有一天，无意中获悉《挑山女人》剧组要举行金曲大赛的消息后，我突然有了自己的想法——我想参赛。这是一个城市女人和一个乡村女人的对话，虽然我们的生活相差甚远，可是我们却有一个共同点——因为我们都是母亲。不料我的参赛想法，遭到了家人和朋友的异议。可是，我已被剧中博大的母亲情怀所感动。果断地前往报名，我就是想要学会剧中的每一段唱腔，熟悉每一句唱词。当我拿到了原唱和伴奏带后，一遍遍地播放着，再次被那些朴实的唱词打动心扉："籽落石缝也要蓬蓬勃勃发新芽。"一句唱词尽显这个尝尽生活坎坷的普通女性的坚韧不拔；"无论在哪里，都要记得做人为先；无论在何时，不能忘记做人的良心。"在三个孩子长大成人的过程中，王美英用最朴素的话语教育子女牢记做人的道理……

通过初赛后，组委会组织我们进入复赛的选手，驱车700多公里来到了安徽休宁齐云山，让我们每一位参赛者实地体验挑山女人的艰辛不易，感受挑山女人的坚韧不拔。当我在分到的一组中，第一个挑起装着浅浅的柴火和矿泉水的担子，跑上蜿蜒的山路时，面对着脚下青滑的石路、扑鼻而来的刺骨寒风，我忍不住心头一酸，想象着家中儿女在盼着自己拿钱回家缴学费、买文具时，我咬咬牙挑起扁担，以百米冲刺的速度，一口气奔上山去，到了交换扁担的赛区，自己已是完全脱力了，心脏似乎要跳出胸腔，从胃里冒出一股股反酸味，奔到路边呕吐起来，这时，眼泪再也忍不住了，夺眶而出！我深深地钦佩王美英，钦佩她用自己羸弱的肩膀，顽强地挑起了这副艰难的生活重担！她每天往返在这三千多级台阶上，一路的艰辛和不易，只能自己默默地承受着。但也正是这位坚强的母亲，用自己柔弱的双肩，用 70 多条扁担，为孩子挑出了一片希望的天空，为家庭织就了一片幸福的港湾！

通过复赛后，组委会通知我们每位参赛选手要在决赛时准备一段念白。俗话说：“千斤念白四两唱”，领到这份任务后，自己倍觉压力沉重。这段念白表现的是剧中王美英被生活的重担和亲人的歧视、不解压得无法喘息的时候，面对丈夫的遗像，她只有一个人声嘶力竭地哭诉，要把受到的委屈向丈夫倾吐。决赛前的一个星期，每天晚上，我都深深地沉浸在念白词中，一个人对着镜子，模仿着华雯老师的表演，一遍又一遍地练习着。每一次掉泪、每一次嘶喊、每一次嚎啕大哭，都让自己感觉心跳加剧，脑子发胀，手脚发麻，跪倒在地上不能自拔。通过一段时间自己用心地学习、模仿和领悟，更深地理解了王美英这个“挑山女人”在山路上蹒跚独行的苦难，也更钦佩王美英以生命的“扁担”，挑起生活“大山”的伟大。

决赛前一天，由于自己过度沉浸在角色中，倍感疲劳，嗓子有些嘶哑，但我仍然选择了具有高难度的剧中王美英演唱的大段“赋子板”作为自己参赛的选曲。“含泪再把‘等’字想，这‘等’字原来撑住天。寸土之上两竿竹，亦苦亦乐相并联。苦在美英心怀里，乐在孩子成长间。苦乐全有是人生，经风经雨根越坚。”当我饱含深情演唱结束后，获得了专家评委的好评，赢得了全场观众的掌声。此时此刻，我忽然觉得奖项并不那么重要，重要的是，通过比赛我认识了一位生长于草野的平凡而伟大的母亲！体会到了一种凄而不苦、苦而向上的正能量！

感谢宝山沪剧团给观众带来了这样一出好戏，感谢组委会给沪剧爱好者提供了一个学习交流的机会。荣获本次金曲大赛金奖后，让我倍觉生命的意义，激励自己今后无论在生活还是工作中，遇到困难必须迎难而上不逃避，遇到责任必须勇于担当不推诿。

挑山女人——王美英，加深了我对责任和担当的理解。

谢不了幕的《挑山女人》

滕根泉
（摄影家）

去年深秋，在宝山区文化广播影视管理局党委书记曹正兴推荐下，我观看了宝山沪剧团排演的《挑山女人》。我这个自以为比较坚强的男子汉，在看戏的过程中，竟然涕泪交流，情不能已。

该剧取材于一个真实的故事：上世纪80年代末，安徽齐云山下，一个年轻美丽的女人生下了一个双目失明的残疾孩子，不久又有了一对龙凤胎。谁知，两年后丈夫离世。为了抚育三个孩子，这个女人毅然选择了挑山。从此，无论风雨，不计寒暑，女人每天挑着一两百斤重的货物，数次往返于齐云山那三千七百级石阶上，一挑就挑了整整17年……直到她的孩子一个个都考入大学。

从这个挑山女人的身上，我们看到了中华民族善良、勤奋、坚韧、无私的优良品质，看到了中国母亲以朴实的言行呼唤当下人们对诚信、担当、感恩、坚忍的思考和感悟。

不言而喻，宝山沪剧团向社会奉献了一部感天动地的平民史诗，一部荡气回肠的戏曲佳作。于是，我重新背起了相机，端起了镜头，聚焦这部感天动地、荡气回肠的沪剧佳作。

淄博，掌声经久不息

淄博。齐文化的发祥地。

秋初。高铁，在齐鲁大地上奔驰。宝山沪剧团《挑山女人》剧组成员坐在北上的列车上。齐鲁平原，在车窗外展现着她的广袤和悠远。原野上，笼着一层烟霭。凭窗而坐的宝山沪剧团团长、主演华雯充满了自信，此前，《挑山女人》在上海演出时获得了广泛好评，《人民日报》在头版头条推出了对这部戏的报道，《文汇报》组织的专家座谈会对这出戏也好评如潮；但华雯的心情也并不轻松，此次北上淄博，剧组是应文化部第十届“中国艺术节”之邀去参加演出，“北方方言区”的观众能否理解、接受“吴侬方言区”的上海地方剧种呢？

演出在淄博大剧院如期举行。让人意外的是，剧院内座无虚席，演出期间没有一名观众提前离席，不少观众随着剧情的进展掩面而泣。当红色的帷幕徐徐合拢的时候，观众主动起立，报以经久不息的热烈掌声。演员多次返场谢幕，但热情的观众长时间不愿离去。语言的差异并没有阻隔观众对剧情的理解，华雯所刻画的王美英这一含辛茹苦、自强不息的南方母亲形象，得到了广大北方观众的高度认可。一位女观众拭着眼泪，红着眼睛，用山东话激动地说：“谢谢你们！了不起的母亲！了不起的挑山女人！”

地不分南北，中华民族的人心其实都是相通的。虽然地方剧种的方言在一定程度上可能影响传情达意，但《挑山女人》所讴歌的女性、母性、人性，所赞美的担当、坚忍、感恩，却是人世间共同崇仰的最朴素的感情和精神。所以，沪剧《挑山女人》突破了方言的阻碍，在北方方言区同样赢得了艺术的知音。

在淄博，我一直被台上的演员、台下的观众感动着，不断地按下快门，为艺术家和观众群的心灵共鸣定格。

上海，主演频频返场

上海。沪剧艺术的发源地。

回到上海，捷报频传，沪剧《挑山女人》一举夺得了文化部第 14 届文华优秀剧目奖、第十届“中国艺术节”优秀表演奖、文华剧作奖、文华导演奖等 4 项大奖。

在此期间，沪剧《挑山女人》已在苏州以及上海的逸夫舞台、上海大剧院等处多次巡回演出。在苏州，剧组谢幕的时候，先后获得了 20 多次掌声。在上海，一批对《挑山女人》情有独钟的剧迷，“追踪”剧组到各个剧场，看了又看，欲罢不能，看一次落一次泪。他们说：“金杯银杯，不如口碑。《挑山女人》就是一部看不厌的佳作。作为上海人，我们为‘本滩’能有这样既好看、又感人的剧目深感自豪。”

为了拍好《挑山女人》的演出花絮，我背着相机，常常在演出前两小时就来到剧场，又在演出后编、导、演和观众全部离开剧场的时候才离去。我被《挑山女人》真真切切地感动了，想把所有感人的画面无遗漏地记录下来。和观众一样，每看一次，我都热泪盈眶，并努力把我的感动、我的感悟都融入我的镜头。

沪剧《挑山女人》的影响在不断扩大。剧中的“挑山精神”，已逐渐演化为现实生活中的精神文化，剧中所迸发的正能量对当今社会道德风尚形成了正效应。在与亲戚、朋友交谈时，我也会情不自禁地向他们介绍《挑山女人》的剧情。一位外地的朋友，虽然没有亲睹沪剧《挑山女人》，但听了我叙述的情节，不禁潸然泪下。

我觉得，人世间最无私的爱，是母亲的爱。而母爱往往又是“随风潜入夜，润物细无声”的爱，她不需要儿女的回报。沪剧《挑山女人》以戏曲载体，艺术地再现和塑造了一位平凡的“草根”母亲形象，集中而灼热地反映了这样一种伟大的爱。这出戏之所以催人泪下、发人深省、教人奋进，是因为它颇接地气，在现实生活中触动了人们心灵最柔软的地方。

每到一地演出，《挑山女人》幕落的时候，台下总是掌声雷动，观众不愿离去。在上海大剧院，演员谢幕以后，一次次被掌声和叫好声催使着返场。主演华雯不得不一次次撩开大幕，向观众频频致意。

我一次又一次地被感动着。我要引领我的团队，把这一幅幅感人的画面记录下来，汇总起来，制作成一本图文并茂的画册，献给宝山沪剧团，献给我的家乡宝山，献给普天下最无私的母亲，献给我们这勇于担当、敢于负责的伟大的民族。画册的名字就叫《谢不了幕的〈挑山女人〉》吧，因为“挑山女人”的精神永远不会谢幕。

不久，从第13届中国戏剧节上又传来喜讯，《挑山女人》一举夺得本届戏剧节的优秀剧目奖、优秀表演奖和优秀音乐奖。反映民生，讴歌“草根”，让观众从舞台形象的一呼一吸中，体悟疾苦和甘甜，从而汲取真善美的正能量。《挑山女人》赢得了观众，取得了成功。

北京，洋溢融融春意

北京。中国文化精粹的集聚地。

2014年2月17日至18日，应国家文化部之邀，《挑山女人》在国家大剧院公演。

沪剧，作为地方戏曲的一个剧种，还是第一次登上这座名闻遐迩的艺术殿堂。华雯和她的伙伴们，挟着黄浦江畔清新的气息，带着这部感人肺腑的沪剧，踏上了国家大剧院的红氍毹。

北京的早春二月，依旧春寒料峭，但国家大剧院却洋溢着融融春意。中共中央政治局委员、上海市委书记韩正来了，北京市委副书记、北京市市长王安顺来了，上海市妇联党组书记焦阳等领导来了……

演出结束后，韩正动情地说：“谢谢你们，为观众奉献了这么一出好戏。在北京听到家乡戏，我感到特别亲切。”焦阳握着编剧李莉、主演华雯的手，诙谐地说：“《挑山女人》的编剧是女性，主演是女性，主人公王美英是女性，我也是女性。事实证明，妇女能顶半边天啊！”

此后，中国戏剧家协会、中共上海市委宣传部、上海市文化广播影视管理局、上海市文学艺术联合会、上海市宝山区人民政府联袂在中国文联大楼举行了《挑山女人》进京演出座谈会，与会专家对《挑山女人》这部戏给予高度肯定，一致认为这部戏是“真人真事真实感人，真情真爱真诚动人”。

作为摄影师，我见证了《挑山女人》在国家大剧院的成功，耳闻了各级领导对《挑山女人》的肯定，不由得想起了习近平总书记掷地有声的话语：“中国梦归根到底是人民的梦，必须紧紧依靠人民来实现，必须不断为人民造福。”

《挑山女人》所颂扬的淳正质朴的家风、守望相助的民风、不畏艰难的意志、坚忍刻苦的毅力，以及对美好生活孜孜不倦的热爱和向往，正是在追求和实现美丽“中国梦”的历程中我们这个民族必须坚持和弘扬的高尚情操。

我坚信，《挑山女人》所弘扬的这种伟大精神，永远不会谢幕。

《中国·记忆文库》编辑出版说明

“记忆”是一种文化再聚合。《中国·记忆文库》是上海三联书店出版社约请著名文化人、编辑家组织策划的文化项目，旨在将中国历史上、特别是近现代乃至当代时空中闪烁奇彩“记忆”的人与事聚合在一起，以产生新的“文化力”和“正能量”。入选“文库”的图书项目应该具有这样的特征：十年八年，或更长的年月后，当我们回首望，依然能见他们如“标杆”在各自领域挺立，如风帆带领着人们向“理想的海平线”奋进。这种文化的再聚合，是历史前行中的价值积淀；是事物发展中趋向性推进的闪亮轨迹；是一种让人永远充满激情的生命的律动；当然，也是一个民族得以生生不息、代代传承的智慧、梦想和财富。

我们热切地期待这项文化项目能得到社会各界的支持，聚合起更多的文化正能量，凸显中国的软实力。

“中国·记忆文库”编选工作室